江西财经大学信毅学术文库

本专著受到国家社会科学基金重点课题"工业机器人替代与我国就业市场的失衡和再平衡问题研究"（项目编号：17AJY007）、教育部人文社会科学研究青年基金项目"人工智能驱动现代产业体系优化升级研究：机制、效应与政策仿真"（项目编号：21YJC790041）以及江西省教育厅科技研究一般项目"新一代人工智能技术进步评估及对经济增长的影响研究"（项目编号：GJJ210514）的资助支持。

工业机器人应用对就业与经济增长的影响研究

韩青江　韩民春　夏　蕾　著

中国财经出版传媒集团
中国财政经济出版社

图书在版编目（CIP）数据

工业机器人应用对就业与经济增长的影响研究 / 韩青江，韩民春，夏蕾著. --北京：中国财政经济出版社，2023.3

（江西财经大学信毅学术文库）

ISBN 978-7-5223-1843-1

Ⅰ.①工… Ⅱ.①韩…②韩…③夏… Ⅲ.①工业机器人-应用-影响-劳动就业-研究②工业机器人-应用-影响-经济增长-研究 Ⅳ.①F241.4②F061.2

中国国家版本馆CIP数据核字（2023）第018301号

责任编辑：宋学军　罗　荀　　责任校对：胡永立
封面设计：王　颖　　　　　　　责任印制：党　辉

中国财政经济出版社 出版

URL：http://www.cfeph.cn
E-mail：cfeph@cfemg.cn

（版权所有　翻印必究）

社址：北京市海淀区阜成路甲28号　邮政编码：100142
营销中心电话：010-88191522
天猫网店：中国财政经济出版社旗舰店
网址：https://zgczjjcbs.tmall.com
北京财经印刷厂印装　各地新华书店经销
成品尺寸：170mm×230mm　16开　14.75印张　230 000字
2023年3月第1版　2023年3月北京第1次印刷
定价：68.00元
ISBN 978-7-5223-1843-1
（图书出现印装问题，本社负责调换，电话：010-88190548）
本社质量投诉电话：010-88190744
打击盗版举报热线：010-88191661　QQ：2242791300

总　序

　　书籍是人类进步的阶梯。通过书籍出版，由语言文字所承载的人类智慧得到较为完好的保存，作者思想得到快速传播，这大大地方便了知识传承与人类学习交流活动。当前，国家和社会对知识创新的高度重视和巨大需求促成了中国学术出版事业的新一轮繁荣。学术能力已成为高校综合服务水平的重要体现，是高校价值追求和价值创造的关键衡量指标。

　　科学合理的学科专业、引领学术前沿的师资队伍、作为知识载体和传播媒介的优秀作品，是高校作为学术创新主体必备的三大要素。江西财经大学较为合理的学科结构和相对优秀的师资队伍，为学校学术发展与繁荣奠定了坚实的基础。近年来，学校教师教材、学术专著编撰和出版活动相当活跃。

　　为加强我校学术专著出版管理，锤炼教师学术科研能力，提高学术科研质量和教师整体科研水平，将师资、学科、学术等优势转化为人才培养优势，我校决定分批次出版高质量专著系列；并选取学校"信敏廉毅"校训精神的前尾两字，将该专著系列命名为"信毅学术文库"。在此之前，我校已分批出版"江西财经大学学术文库"和"江西财经大学博士论文文库"。为打造学术品牌，突出江财特色，学校在上述两个文库出版经验的基础上，推出"信毅学术文库"。在复旦大学出版社的大力支持下，"信毅学术文库"已成功出版两期，获得了业界的广泛好评。

　　"信毅学术文库"每年选取10部学术专著予以资助出版。这些学术专著囊括经济、管理、法律、社会等方面内容，均为关注社会热点论题或有重要研究参考价值的选题。这些专著不仅对专业研究人员开展研究工作具有参考价值，也贴近人们的实际生活，有一定的学术价值和现实指导意义。专著的作者既有学术领域的资深学者，也有初出茅庐的优秀博士。资深学者因其学术涵养深厚，他们的学术观点代表着专业研究领域的理论前沿，对他们专著的出版能够带来较好的学术影响和社会效益。优秀博士作为青年学者，他们学术思维活跃，容易提出新的甚至是有突破性的学术观点，从而成为学术研究或学术争论的焦点，出版他们学术成果的社会效益也不言自明。一般而言，国家级科研基金资助项目具有较强的创新性，该类研究成果常常在国内甚至国际专业研究领域处于领先水平，基于以上考虑，我们在本次出版的专著中也吸纳了国家级科研课题项目研究成果。

"信毅学术文库"将分期分批出版问世，我们将严格质量管理，努力提升学术专著水平，力争将"信毅学术文库"打造成为业内有影响力的高端品牌。

王 乔

2016 年 11 月

前　言

近年来，随着工业机器人、人工智能等新技术的发展与应用，智能机器人开始逐渐替代人工开展各项工作。"机器换人"已经成为新技术发展形势下的必然趋势。机器人等新技术的发展为人类带来了新的机遇与挑战。一方面，机器人大大提高了生产效率，提升了产品质量；另一方面，机器人的普遍应用对人类的就业产生了广泛的影响。如何在推进机器人广泛应用的同时保持就业市场的稳定、促进经济的高质量增长是政府在实施制造业产业转型升级过程中需要考虑的重大问题之一。

目前，中国已成为全球最大的工业机器人市场。根据国际机器人联合会（IFR）发布的统计数据，自2013年以来，中国已经连续七年成为全球工业机器人销量最大的国家，也是全球工业机器人保有量增速最快的地区，这一快速增长的背后是我国正在大力推进的制造业转型升级计划。2015年我国颁布《中国制造2025》计划，旨在通过智能制造实现制造业的升级，以机器人产业和工业机器人应用为代表的自动化、智能化制造成为我国实现由制造大国到制造强国转型的重大战略，为此国家出台了一系列政策文件鼓励机器人产业发展。工信部颁布《机器人产业"十三五"发展规划》，积极推动机器人产业的发展，推广机器人应用。我国各省市也出台了强有力的机器人产业及"机器换人"相关政策，其中浙江省发布《浙江省"机器人+"行动计划》，广东省发布《广东省人民政府办公厅关于推动新一轮技术改造促进产业转型升级的意见》，山东省推出《推动资本市场发展和重点产业转型升级财政政策措施》等。东莞、佛山、嘉兴、温州等地也相继出台了一系列地方政策，有针对性地促进地方产业升级。大规模工业机器人投入使用在提质增效的同时必将对传统制造业岗位产生影响，使就业市场结构发生变化。一方面，对原有就业岗位和就业平衡产生冲击；另一方面，新产业也将带来新的就业机会。与此同时，以工业机器人为代表的智能制造的普及也会促进经济增长方式的转型。本书以工业机器人作为主要研究对象，重点分析工业机器人的应用对中国制造业就业以及经济增长的影响，分别分析工业机器人影响就业的机制、路径和对我国现实就业影响的大小，同时研究其对经济高质量增长的贡献，并有针对性地给出相关政策建议。本书的主要研究内容和结论如下：

第一，本书首先对工业机器人的概念进行界定，同时结合国际机器人联合会以及中国统计年鉴数据，对中国工业机器人的数据与变动、中国制造业就业数据的变动以及中国经济增长质量的变化进行了计算和统计分析。统计发现，中国工业机器人数量增长迅速，2013年以来中国已经连续七年成为全球最大的工业机器人市场，中国制造业工业机器人密度由2012的1.46台每千人增加到2017年的8.81台每千人，增长了近6倍。而中国制造业就业总量出现下降，就业结构也出现调整。2013年以后就业总量减少了653万人，其中仅东部地区就减少400万人，而东北地区下降了30%。对就业的技能结构而言，2012年以来，高技能劳动者的数量呈逐步上升的趋势，低技能劳动者则不断下降，两者的比值由2012年的3.60%上升至2018年5.06%。对性别结构而言，男、女性别劳动者就业总量比例的变化比较一致，女性受到的冲击比男性稍高一些。中国第二产业近年来的劳动生产率、全要素生产率和绿色全要素生产率都在提升，统计分析为我们理解工业机器人对就业和经济增长的影响建立了直观的感受。

第二，本书进一步从理论层面分析了工业机器人应用对制造业就业和劳动者社会福利的影响机制。理论分析分为两个部分：第一部分以技术进步的就业效应为研究起点，分析了工业机器人影响就业的机制。分析发现，工业机器人主要通过机械化效应、价格效应和收入效应影响就业总量，通过产业结构效应、技能取向效应、分工效应和信息化效应等影响就业结构。进一步基于技术进步偏向和投资专有技术进步视角的分析发现，工业机器人属于技能偏向型的技术进步，对技能劳动的就业有促进作用。而作为专有设备，工业机器人随着技术进步其相对价格持续下降，使设备的投入逐渐增大，对就业产生抑制作用。随后本书分析了工业机器人影响就业的新特征，主要表现在四个方面：促进社会全要素生产率的提升；使机器人技术进步的速度越来越快；对人工替代的范围越来越广泛；加速了社会资本的积累。第二部分聚焦于全要素生产率的上升,通过建立均衡模型分析了工业机器人生产率提升对就业影响的一般规律。首先建立基于单部门的均衡模型,研究发现,机器人技术进步对低技能劳动者的就业和工资均产生负向影响,对高技能劳动者的就业和工资则产生正向影响。随后建了两部门的模型,将服务业纳入模型的考察范围。分析发现,机器人技术进步对制造业劳动者的就业会产生负向影响,对服务业劳动者的就业产生正向影响。进一步分析发现,机器人技术进步的持续提升将导致经济萎缩和社会福利长期下降,需要政府进行干预以实现财富的再分配和社会福利水平以及就业的稳定。

第三,在均衡分析的基础上,本书构建了基于新凯恩斯框架的动态随机一般均衡(DSGE)模型,将机器人技术进步和影响就业的新特征全部纳入模型之后,综合考量机器人技术进步下多种冲击影响的综合效应。这些新特征在模型中分别以全要素生产率冲击、要素替代冲击和投资转化率冲击等三种形式出现,并通过不同的技术冲击乘数模拟冲击的强弱。数值模拟的最后,本书对应对工业机器人技术进步冲击的宏观调控政策进行模拟检验,验证各类财政政策以及货币政策的调控效果。综合模拟研究发现,工业机器人技术进步在短期对就业有促进作用,但是长期将导致就业率下降,同时劳动者的工资将随着技术进步而提升。短期内,财政政策中政府财政支出政策和资本税政策对稳定就业有促进作用,扭曲性的劳动税政策对技术冲击无效果。同时宽松的货币政策对促进就业也有积极的正向作用。但长期来看,财政政策和货币政策均对稳定就业无效,只可作为短期的宏观调控手段。以上两部分为定性和预测分析,为了解工业机器人的影响奠定了理论基础。

第四,本书就工业机器人应用对中国制造业就业的影响进行了实证分析,实证的数据是 2013~2017 年中国 286 个地级市的面板数据。研究中,本书构造了衡量中国工业机器人分布密度的核心解释变量"机器人渗透度",计算了全国 286 个地级市的机器人分布程度。基于该数据,本书实证检验了机器人分布密度的变化对制造业就业的影响,并对结果进行了内生性处理和稳健性检验。研究发现,一单位机器人渗透度的提升将导致中国制造业就业总量下降 3.66 个百分点,即每千人中增加一台机器人将减少就业人数 36.6 人。由此可见,工业机器人应用对中国制造业的就业总量存在显著的负向影响。

第五，在对就业总量影响分析的基础之上，本书进一步分析了工业机器人对就业结构的影响。在地区层面，工业机器人的影响迥异，对东部地区有显著的负向影响，对西部和东北地区的影响并不显著；在行业层面上，工业机器人对各行业就业存在普遍的负向影响；在技能层面，对低技能劳动者的就业有显著的负向影响，对高技能劳动者的就业存在正向影响，但是结果不显著；在性别层面，对男、女劳动者的就业均存在显著的负向影响，其中对男性劳动者的影响更大，是对女性影响水平的4倍。以上研究表明，工业机器人对就业有普遍的负向影响。据此，我们对"机器人替代"背后的深层要素进行了剖析，发现快速发展的服务业等第三产业吸纳了很大一部分制造业的劳动者，对制造业就业产生了一定的冲击，同时劳动力成本上升也是导致企业使用工业机器人替代的主要原因之一。因此工业机器人替代是劳动力就业结构转变和劳动力成本上升等多方因素共同作用下的综合效应。

第六，进一步分析以工业机器人为代表的制造业智能化对经济高质量增长的影响。在理论层面，智能化的影响主要表现在两个方面：一是推动了企业的技术进步，拓展了企业的生产可能性边界，从而实现提高产量、改善质量和创新产品并促进全要素生产率提升及经济高质量增长；二是提高了企业的技术效率，降低了企业的生产成本，减少了企业的污染物排放，从而在促进全要素生产率提升的同时兼顾绿色发展与可持续发展，进而实现经济高质量增长。在实证层面，本书以工业机器人的分布密度为代理变量模拟制造业智能化的发展，以全要素生产率、绿色全要素生产率和劳动生产率为代理变量表示经济高质量增长，基于2013~2018年中国286个地级市的面板数据，实证研究了制造业智能化发展对中国经济高质量增长的影响。研究发现，制造业智能化显著促进了中国第二产业全要素生产率、绿色全要素生产率以及劳动生产率的提升。在机制分析中，本书进一步从全要生产率分为技术效率、技术进步、纯技术效率、纯技术进步、规模效率和规模技术六个维度，深入分析了制造业智能化在资源约束以及无资源约束的情况下对经济高质量增长的影响。研究发现，制造业智能化通过技术进步促进全要素生产率提升，其中纯技术进步的贡献占70%；而对绿色全要素生产率的影响主要通过技术效率发挥作用，其中纯技术效率的贡献最大。第二产业的结构升级、政府的适当干预以及基础设施建设的改善均有助于促进生产率的提升。本书研究表明，要实现智能化对经济增长的促进作用需要充分促进前沿技术的研发并发挥新技术的带动作用；而要实现创新发展与绿色发展的协调统一，则需要进一步提升企业的规模效率。

综上所述，本书对工业机器人的社会经济价值进行了分析，认为工业机器人在我国制造业产业升级与就业结构变迁中扮演了重要的角色，一方面能够有力促进我国制造业提质增效；另一方面能够填补我国劳动力产业间转移时出现的就业空白，对促进我国保障制造业的稳步发展意义重大。工业机器人替代效应是多方因素综合影响的结果，因此不能消极的对待，政府在制定智能制造的产业政策时应根据地方企业发展需求和就业结构情况制定灵活的政策，以实现产业升级与就业稳定的协调。同时，为促进经济的高质量增长，要大力推进智能制造，促进智能技术与制造业企业的深度融合，实施"智能+"行动方案，鼓励传统企业进行智能化改造，实现产业的智能化。大力鼓励制造业智能化前沿技术的研发与应用，促进人工智能技术的发展及其与产业的深度融合，鼓励企业进行技术创新，通过采用最先进的技术提升全要素生产率。进一步深入实施绿色发展计划，进一步提升企业智能化改造之后的规模效率，在提高企业全要素生产率的同时控制企业污染物的排放，实现创新发展与绿色发展的协调统一。

韩青江
2022 年 7 月

目 录

第 1 章 绪论 ·· 1

1.1 研究的背景与意义 ····························· 1
1.2 研究的思路、方法与创新点 ··············· 3
1.3 研究的内容与结构安排 ······················· 7

第 2 章 文献综述 ·································· 10

2.1 技术进步对就业的影响 ····················· 10
2.2 技术进步偏向对就业的影响 ··············· 17
2.3 投资专有技术对就业的影响 ··············· 21
2.4 工业机器人替代对就业的影响 ··········· 23
2.5 智能制造与经济增长 ························· 29
2.6 本章小结 ··· 31

第 3 章 工业机器人的发展与应用现状分析 ··········· 35

3.1 工业机器人的概念与特征描述 ··········· 35
3.2 全球工业机器人的发展现状分析 ······· 40
3.3 中国工业机器人的发展现状分析 ······· 53
3.4 本章小结 ··· 62

第4章 中国就业数据与经济增长的统计分析 …… 64

4.1 中国制造业就业总量的变动分析 …… 64
4.2 中国制造业就业区域结构的变动分析 …… 67
4.3 中国制造业就业技能结构的变动分析 …… 69
4.4 中国制造业就业性别结构的变动分析 …… 73
4.5 中国经济增长质量的变动分析 …… 74
4.6 本章小结 …… 84

第5章 工业机器人应用对就业影响的理论分析 …… 86

5.1 技术进步及技术进步偏向视角下工业机器人应用影响就业的机制分析 …… 87
5.2 工业机器人影响就业的机制与特征分析 …… 90
5.3 工业机器人影响就业的均衡分析 …… 95
5.4 本章小结 …… 104

第6章 工业机器人应用影响就业与社会福利的长期分析 …… 106

6.1 单部门模型的均衡分析 …… 106
6.2 两部门模型的设定 …… 114
6.3 本章小结 …… 118

第7章 基于动态随机一般均衡模型的模拟分析 …… 120

7.1 动态随机一般均衡模型简介 …… 120
7.2 模型的对数线性化 …… 122
7.3 DSGE 模型的构建 …… 123
7.4 模型稳态值的计算 …… 135
7.5 模型参数校准与估计 …… 138
7.6 技术进步冲击的模拟分析 …… 140

7.7 宏观调控政策分析检验……144
7.8 本章小结……147

第8章 工业机器人应用对中国制造业就业总量影响的实证分析……149

8.1 理论模型的背景……150
8.2 机器人渗透度的构造与计算……152
8.3 实证模型与数据描述……154
8.4 基准回归……156
8.5 内生性处理……158
8.6 稳健性检验……160
8.7 本章小结……163

第9章 工业机器人应用对中国制造业就业结构影响的实证分析……165

9.1 对不同地区制造业就业的影响……165
9.2 对不同行业就业的影响……167
9.3 对不同技能劳动者就业的影响……169
9.4 对不同性别劳动者就业的影响……171
9.5 本章小结……172

第10章 "机器人替代"现象的深层原因剖析……174

10.1 工业机器人替代的深层次原因剖析与检验……174
10.2 工业机器人在制造业产业升级与就业结构变迁中的核心作用……178
10.3 本章小结……184

第11章 工业机器人促进经济高质量增长的机制分析……185

11.1 制造业智能化促进经济增长的理论分析……186
11.2 实证模型与数据分析……188
11.3 实证分析……191
11.4 本章小结……201

第 12 章　结论与政策建议 ·· 203

　12.1　研究结论 ··· 203

　12.2　政策建议 ··· 206

　12.3　未来进一步研究展望 ··· 209

参考文献 ··· 211

第1章 绪 论

1.1 研究的背景与意义

1.1.1 研究背景

当下,全球正处于新一轮的技术变革之中,以工业机器人为代表的新技术应用正在深刻地改变着人类的生产方式。为了抓住新一轮技术变革的机遇,各国相继出台了战略计划以促进本国制造业特别是高端制造业的发展,旨在抢占未来国际竞争的制高点。在此环境下,我国也于2015年正式颁布了《中国制造2025》计划,以实现我国由制造大国向制造强国的转变。该计划提出要通过"智能化、机器人替代"等方式促进我国制造业转型升级,要求到2025年制造业全员劳动生产率明显提高。

随着《中国制造2025》的颁布与实施,我国制造业产业升级正成为核心战略,国家和各省市相继出台了一系列政策文件鼓励工业机器人的应用和机器人产业的发展。工信部颁布《机器人产业"十三五"发展规划》,在重点制造领域推广机器人应用,浙江省发布《浙江省"机器人+"行动计划》,广东省发布《广东省人民政府办公厅关于推动新一轮技术改造促进产业转型升级的意见》,山东省推出《推动资本市场发展和重点产业转型升级财政政策措施》等,都在大力推进机器人及相关制造业的发展。不仅如此,东莞、佛山、武汉、温州等地也相继出台了一系列地方政策,有针对性地鼓励地方制造业产业升级。然而,大规模的工业机器人应用在提升制造业生产效率的同时，必将对传统制造业岗位带来冲击。根据国际机器人联合会（IFR）发布的统计数据，2013年以来，中国已经连续多年成为全球最大的工业机器人市场，也是全球工业机器人保有量最大的国家，占据了全球总销量的30%以上。2013年，中国工业机器人市场的销量和保有量分别是22987台和96924台，而2017年分别是156176台和501185台，每年的增长率均在10%以上。随着各地智能制造战略的实施，未来中国的工业机器人数量还将进一步大幅度提升。如此大规模的机器人应用短期内将会对制造业就业产生一定的影响，一方面会减少原有就业岗位，另一方面在某些新的领域也将创造一定数量的新岗位。由于一些生产岗位机器人替代率已达70%，其结果必将会打破既有的就业平衡。虽然我国近几年劳动力总量在减少，但绝对数量仍有9亿之多，各地出现招工难的主要原因还是劳动力市场的结构性和横向分割问题，因此，保障就业仍是政府长期首要关注的问题。与此同时，以工业机器人应用为代表的智能制造将促进经济增长方式的转变。那么机器人替代的产业升级战略对我国制造业就业市场将会带来哪些冲击？这些冲击效应是短期性的还是长期性的呢？这种冲击对劳动力资源禀赋不同的地区影响有何差异？各地政府如何在推进工业机器人广泛应用的同时保持就业市场的稳定？如何通过实施智能制造促进经济的高质量增长？这是一系列深刻关系着我国经济发展与社会稳定的重大问题，也是政府在推进智能制造与产业升级中需要考虑的重大因素之一。针对这些问题的研究也引起了学者的广泛关注，本书将针对这一系列问题展开深入系统的研究，挖掘工业机器人替代人工的一般规律以及当下对我国就业的实际影响，并为我国相关产业政策的制定提供参考建议。

1.1.2 研究意义

本书所选的研究课题紧扣当下我国制造业产业转型升级的重大问题，也是目前全球在机器人、人工智能等新技术快速发展的形势下共同面临的社会问题，因此本书所研究的内容无论在理论层面还是应用层面，均具有深刻的现实意义。首先，在理论层面，本书的研究有助于填补目前研究机器人技术进步对就业影响的理论空白。有关机器人技术进步对就业影响的理论分析由来已久，但大多数研究多专注于从技术进步或技术进步偏向等角度进行分析。这样的研究视角虽然能够把握住机器人技术进步的一般特征，但对当下工业机器人技术的新表现研究仍然过于笼统。随着工业机器人由自动化向智能化发展，其技术进步及对就业的影响表现出新的特征，需要我们进行深入挖掘。本书在总结工业机器人的发展历程与不同阶段技术特点的前提下，深入分析了当下机器人技术进步的新特征，随后分别建立了理论模型，将新特征内化入模型，从而深入研究机器人技术进步导致就业失衡的机理，丰富了有关工业机器人应用对就业影响的理论研究。其次，在现实层面，目前鲜有文献直接实证分析工业机器人对中国制造业就业的影响。本书以中国的统计数据为依据，利用现代计量经济学方法，研究了当下工业机器人应用对中国制造业就业总量和就业结构的影响，有助于清晰地认识中国制造业自动化、智能化发展对劳动者就业带来的现实影响，为理解工业机器人替代与制造业就业变化的关系提供了实证依据。再次，本书对机器人替代背后的深层次推动力量进行了检验分析，为理解当下工业机器人的现实意义提供了有力的支撑，为各级政府考虑制定与工业机器人影响经济增长以及就业稳定的相关政策提供了现实依据。最后，本书就制造业智能化与经济增长的影响内涵进行了阐释，对研究智能制造的具体方法具有一定的边际贡献。从理论层面，系统分析了基于大数据、算法和算力技术的智能制造对我国经济高质量增长的作用机制，从实证层面，本书以工业机器人和地级市数据为样本，深入研究了我国制造业智能化发展程度及其对经济高质量增长贡献与差异，并对理论机制进行了检验。本书从理论到实证对工业机器人的就业影响进行了全面的分析，对该领域相关问题的研究具有积极的贡献作用。书中相关的研究结论均基于系统分析而得，研究结果对相关政策的制定具有积极的参考价值。

1.2 研究的思路、方法与创新点

1.2.1 研究思路

本书的定位主要聚焦于三个问题，一是工业机器人应用对中国制造业就业的影响是怎样的？二是如何在推进我国制造业产业转型升级的同时实现就业市场的稳定？三是如何通过实施智能制造实现经济高质量增长。只有清晰地回答这三个问题，我们才能够准确把握当下工业机器人的价值，并为相关政策的制定提供有力依据。为了解答上述问题，本书分别从理论层面、统计层面和实证层面对工业机器人的影响展开分析，结合中国的现实数据进行模拟和估计，得出对中国制造业就业影响最真实的结果。综合理论和实证的分析结果，我们对"机器人替代"背后的核心推动力量作出进一步剖析，以准确把握工业机器人的现实价值和时代意义，同时给出了相关政策建议。基于以上的思路，本书研究的思路框架如下图1-1所示。

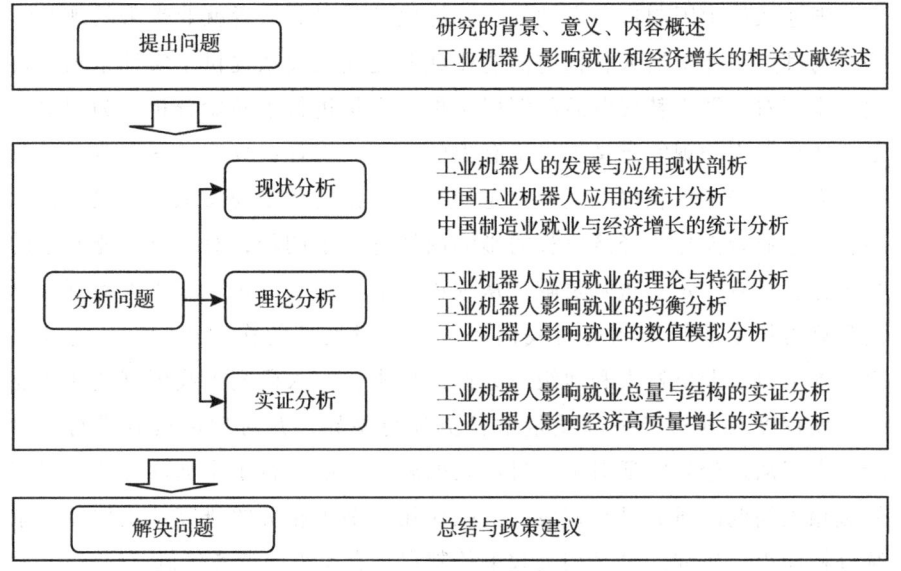

图1-1 研究思路框架

1.2.2 研究方法

本书综合运用了多种方法对选题进行了细致系统地研究，具体而言包括文献分析、调查研究、统计归纳、数理分析、实证研究等，在不同的章节针对不同侧重点，本书采用相应的方法进行研究。

（1）文献分析法：通过充分阅读和分析国内外有关技术进步、有偏技术进步、机器人、人工智能等对劳动力市场与经济增长影响的大量文献，充分掌握了关于该问题研究的最新理论成果，准确把握研究的主要内容，分析了已有研究的局限与不足，明确了研究的重点和难点，为本书研究工作的开展奠定了坚实的理论基础。

（2）调查研究法：本书研究的课题为国家社会科学基金支持的重点项目，在课题的支持下，我们到东莞、深圳、武汉等地进行实地调研，主要调研对象包括使用机器人替换人工的制造企业、机器人研发生产企业、行业协会、人才市场等机构，深入一线了解机器人应用对行业的影响以及一线人员的理解与感受，收集机器人行业发展总体情况和机器换人的相关数据，为本书的后续研究提供了现实支撑。

（3）统计归纳法：在进行实证研究之前，本书首先基于调研的发现和官方统计年鉴的数据，对中国制造业的就业数据和中国工业机器人的销售、安装数据进行了统计与总结归纳，发现了近年来我国制造业就业数据的变动规律以及工业机器人销量和使用量的变动规律，不仅在统计层面对两者的变动建立了直观的联系，也为后续的实证研究奠定了基础。

（4）数理分析法：本书在理论分析部分采用了多种数理方法建立理论模型并进行分析。首先是均衡分析部分，为了考察在均衡状态下机器人技术进步对就业和劳动者社会福利的影响，本书分别建立了单部门的和多部门的理论模型，在均衡状态下分析了机器人劳动生产率的提升对劳动力市场各要素的影响，并就影响机制进行了剖析。其次，在数值模拟部分，本书建立了动态随机一般均衡模型对机器人技术进步可能影响经济的结果进行模拟分析，验证了各类宏观经济政策应对技术冲击的调控效果。本书在建立模型之前，对技术进步的替代模型进行了总结，综合分析出机器人技术进步的新特点，在建模环节，将机器人的新特点融入模型之中，建立了理论机制与模型之间的通道，为后续的模型参数估计与相关影响结果的检验打下坚实的基础。

（5）实证研究法：为了检验工业机器人对我国就业与经济增长的实际影响，本书结合统计数据通过建立模型进行了实证研究。实证的数据是基于我国 2013~2017 年 286 个地级市的统计数据。数据主要来源于国际机器人联合会发布的工业机器人数据以及中国各类统计年鉴的就业统计数据。实证研究分多个层次分别进行，分别就工业机器人对制造业就业总量的影响、对不同地区就业的影响、对不同行业就业的影响、对不同技能劳动者就业的影响、对不同性别劳动者就业的影响进行综合分析，同时进一步剖析了推动机器人替代的根本原因，分析了工业机器人的现实价值。此外，基于第二产业的相关数据还分析了工业机器人应用对经济增长的影响。在上述研究的基础上本书给出了促进制造业产生升级、保持劳动力市场就业稳定的政策建议。

1.2.3 文章创新点

本书专注于研究工业机器人应用对制造业就业和经济增长的影响，目前的文献研究中多为针对机器人技术进步的就业效应，专注于研究工业机器人的应用对制造业就业影响的文献还较少，国外有若干学者分别针对美国、欧洲等国家和地区的数据进行了分析，国内的相关研究则非常鲜见。本书以工业机器人为研究对象，对其影响中国制造业就业总量和结构的现状进行了系统分析，填补了现有研究的空白。此外，此前有关工业机器人影响经济增长质量的分析，多为基于省级层面的生产率数据分析，相关研究不够深入细致，本书基于地级市的数据，分别针对劳动生产率、全要素生产率和绿色全要素生产率进行了深入分析，拓展了现有研究的空间。同时，本书在研究方法和研究内容方面也有一定的创新之处。

（1）研究方法的创新：本书在理论部分充分分析了工业机器人影响就业的新特征，并将这些新特征融入理论模型之中，通过构建均衡模型和动态随机一般均衡模型对机器人技术进步以及工业机器人影响就业的新特征作出分析，并基于中国的现实经济进行了数值模拟，对应对机器人技术冲击的宏观政策进行了检验，在理论层面为分析工业机器人技术进步的就业影响提供了新的思路。

（2）实证研究的创新：本书基于世界机器人联合会的数据库以及中国统计年鉴的数据对工业机器人的就业影响和经济增长影响进行了实证研究，通过构造机器人渗透度分析了中国工业机器人的分布现状，并基于此实证分析了工业机器人的分布对中国制造业就业总量、就业结构和经济高质量增长的影响，为理解目前中国工业机器人的现实影响程度提供了直观的依据，也为相关政策的制定提供了参考。这一翔实的实证分析在国内尚属首次，填补了实证分析的空白。

（3）本书在分析工业机器人影响的同时对推动工业机器人替代的背后核心因素进行了分析，研究了目前导致工业机器人替代的深层次原因，并就目前工业机器人在中国就业产业结构变化中以及中国先进制造业升级中扮演的作用加以分析，为正确认识工业机器人的现实价值提供了新的依据。

1.3 研究的内容与结构安排

相关的研究内容在本书中通过 12 个章展开，各章的具体研究内容如下：

第 1 章绪论。该部分主要阐述本书的研究背景、研究意义、研究思路、研究方法、研究的创新之处以及研究的内容和框架。

第 2 章文献综述。该部分围绕本书主题梳理了相关研究文献。从技术进步到机器人，文献的梳理由宽到窄，逐渐聚焦于工业机器人这一主题，通过对过往研究文献的全面梳理，详细了解国内外有关这一问题的研究成果和不足，为本书研究的开展提供了有力的支撑。

第 3 章工业机器人的发展与应用现状分析。针对本书研究的客观载体工业机器人，就其概念特征、国际发展现状以及中国的发展现状进行了总结分析。结合世界机器人联合会对全球工业机器人的统计数据，本章详细介绍了工业机器人近几年在全球和中国的发展历程，并就其现状进行了统计分析。工业机器人是智能制造的重要形式，中国在促进制造业转型升级方面出台了一系列文件，鼓励工业机器人的产业发展与推广应用。本章也对当前的政策环境进行了深入介绍，对认清工业机器人的应用背景和使用价值有了初步认知。

第 4 章中国就业数据与经济增长统计分析。该章结合近几年来的就业统计数据以及相关年鉴的统计数据，对中国制造业就业的变动情况以及以工业为主导的第二产业的经济增长情况进行了统计分析和初步测算。前者包括中国制造业就业总量、区域结构、技能结构和性别结构等方面的变化情况，相关统计数据揭示了中国近年来制造业就业的变动规律；后者包括中国近年来的劳动生产率、全要素生产率、绿色全要素生产率等变化，为理解工业机器人对就业和经济增长的影响提供直观展示，为下一步的实证分析建立基础。

第5章工业机器人应用对就业影响的理论分析。该章是本书理论分析的第一部分，首先分析了技术进步以技术进步偏向影响就业的一般机制，工业机器人是当下技术进步的典型体现，对技术进步和有偏技术进步就业效应的把握有助于加强对工业机器人影响就业的理解。其次，分析了工业机器人技术进步和影响就业的新特征，这些新特征的提炼对准确把握工业机器人影响就业的机制和特点有很大的促进作用。最后，在均衡状态下分析了机器人生产率的变化对就业的影响。

第6章工业机器人应用影响就业与社会福利的长期分析。在前面几章就业分析的基础之上，本章继续从单部门模型过渡到两部门模型，分别分析了在只有制造业以及制造业和服务业并存的情况下机器人生产率的提升对劳动者社会福利的影响，通过本章的均衡分析，初步了解了机器人技术进步的就业效应和福利效应，并为应对工业机器人的长期影响提供了预测和应对机制，本章研究内容是对上一章内容的拓展与提升。

第7章基于动态随机一般均衡模型的模拟分析。本章在上述均衡分析的基础上，通过建立基于新凯恩斯假设的DSGE模型，并引入了工业机器人技术进步的全要素生产率冲击、机器人要素替代冲击以及投资专有技术进步冲击三种不同类型的冲击，动态分析了各类技术冲击对劳动力市场的影响。在研究各类技术进步冲击的基础上，还就进一步应对这一系列技术冲击的宏观调控政策进行了检验，分别建立了扭曲的财政政策与基于利率调整的货币政策，在模型中模拟了财政政策和货币政策冲击应对机器人技术进步的效果，为制定适当的宏观调控政策提供了坚实的理论基础。

第8章工业机器人应用对中国制造业就业总量影响的实证分析。本章是实证研究的第一部分，基于中国2013～2017年286个地级市的面板数据，通过构建静态面板模型，实证分析了工业机器人对制造业就业的现实影响。因为工业机器人数据的统计口径不足，本书建立基于任务制的理论模型，构造机器人渗透度这一核心解释变量，成为衡量各个地级市机器人分布程度的指标。同时，通过构造适用于中国面板数据的数量模型，实证研究了工业机器人密度的变化对制造业就业总量的影响，研究中分别对研究结果进行了内生性处理和稳健性检验。研究发现，近年来工业机器人的应用对中国制造业就业总量产生了负面影响，对中国制造业就业具有破坏作用。

第9章工业机器人应用对中国制造业就业结构影响的实证分析。本章是实证研究的第二部分，在第8章总量分析的基础上，进一步研究了工业机器人应用对就业结构的影响，分别对制造业就业的区域结构、行业结构、性别结构、技能结构等影响作出分析，发现工业机器人对不同就业结构的影响迥异，丰富了分析的结果。

第10章"机器人替代"现象的深层原因剖析。在结构分析的基础上，本章进一步分析了"机器人替代"背后的深层影响因素，发现第三产业的扩容以及劳动力成本上升是推动企业采用机器人替代人工的核心要素，工业机器人在中国制造业产业升级与就业结构变迁中扮演着重要的角色。以上分析对正确认识工业机器人的作用意义重大。通过前述实证研究深入分析了当下工业机器人影响中国就业的现状及根本原因，是对当下工业机器人影响就业的定性分析，对相关政策的制定提供了具有现实意义的参考依据。

第11章工业机器人促进经济高质量增长的机制分析。本章对以工业机器人为代表的制造业智能化对经济增长的影响进行了实证分析。制造业智能化是实现中国经济高质量增长的重要抓手。理论机制分析认为，制造业智能化将分别通过产量提升、质量改善和产品创新三个途径提高要素生产率，通过成本节约与污染减排提高可持续发展水平。实证研究发现，制造业智能化通过技术进步提高了全要素生产率，通过技术效率改善提高了绿色全要素生产率，但是还需要进一步提升企业的规模效率以提高智能化的贡献。

第12章总结与政策建议。本章总结了全书的主要研究内容和结论，结合书中的分析，给出了促进中国制造业产业升级、实现就业市场稳定、促进工业机器人应用与就业结构调整协调发展和经济高质量增长的政策建议。同时针对本书研究的局限和不足提出了未来进一步研究的方向。

第 2 章 文 献 综 述

工业机器人作为技术进步的典型体现，其对就业和经济增长的影响遵循技术进步影响的一般规律，因此本章先从技术进步的角度入手，分别从就业和经济增长两个方面进行相关文献的梳理。由于工业机器人是投资于专有技术形成的有偏技术进步，因此技术进步偏向以及投资专有技术进步对就业影响的文献也是本书研究的重点之一，本节也将对其进行逐一梳理。综上，我们将聚焦于机器人、工业机器人影响就业的专题研究，深入剖析该专题相关文献的研究内容，为本书的研究建立立足点。此外，结合智能机器的发展，我们也将关注人工智能等新技术影响就业的研究，对制造业智能化影响经济增长的文献进行梳理。最后本章将对相关研究内容和结论进行总结评述，并阐明本书的研究目标和创新点。

2.1 技术进步对就业的影响

有关技术进步对就业影响的研究文献非常丰富，相关研究可追溯到第一次工业革命时期。亚当·斯密、马克思、大卫·李嘉图等经济学家都曾对机器人应用对就业的影响进行了研究，此后古典和新古典的经济学者也相继开展了这方面的系统分析。本章将先行梳理有关技术进步就业效应的相关文献，为本书的研究确定理论基础和出发点。

2.1.1 马克思关于技术进步的就业效应理论

马克思是最早系统论述机器替代对就业影响的学者之一。他曾在《资本论》中记载了机器体系对应用劳动者造成的深刻影响:"劳动资料一作为机器出现,就立刻成为了工人本身的竞争者。"在马克思的记载中,机器对就业的破坏效应是非常巨大的,"卢德分子"捣毁机器和工厂,造成了大量工人失业,工厂只能雇佣童工或女工等低技能的劳动者协助生产。此后机器人技术改良使得这一情况进一步加剧,马克思在《资本论》中记载了技术改良对就业带来的冲击。"英国的棉纺织业从1861年到1868年,因为更高效纺织机械的应用,纱锭增加了1612547个,而在业工人却减少了50505名。棉业危机压在工人身上的'暂时的'贫困,由于机器迅速不断的进步而加剧和持久了。"由此可见,机器的广泛应用和技术的不断进步,对劳动者的就业带来了广泛而持久的负面影响。不过马克思也曾指出,机器的应用也会给劳动者的就业带来一定的补偿。他在《资本论》的《关于被机器排挤的工人会得到补偿的理论》中有过论述:"随着机器生产在一个工业部门的扩大,给这个工业部门提供生产资料的那些部门的生产会首先增加,就业工人的数量也会因此增加。"这一补偿主要得益于生产规模的扩大和生产效率的提升。尽管如此,马克思认为这种补偿是非常有限的,无法弥补由就业冲击而带来的损失。马克思在《资本论》中进一步写到"詹姆斯·穆勒、麦克库·洛赫、托伦斯、西尼耳、约翰系图亚特穆勒等一整批资产阶级经济学家断言,所有排挤工人的机器,总是同时的而且必然地游离出相应的资本,去如数雇用这些被排挤的工人"。但"机器的这种作用,在这里被说成是对工人阶级的补偿,其实正相反,它是对工人极端可怕的鞭笞"。因为与破坏相比,补偿是难以弥补的。马克思利用资本的有机构成理论系统地分析了资本主义条件下人口的相对过程问题,也就是劳动者的失业问题。资本有机构成是指由资本技术构成决定并且反映技术构成变化的资本价值构成,其表达式为 C/V,即不变资本/可变资本。从资本主义发展的历史来看,资本有机构成是不断提高的,因为资本家为了追求更多的剩余价值并在竞争中立于不败之地,必然将不断采用新的设备和工艺,引进新的技术和生产手段,从而提高劳动生产率,这一动因必将导致不变资本在总资本中的比重不断提高。从物质形式上看,资本由一定数量的生产资料和劳动力构成,两者的比例由生产的技术水平决定。在一定的技术条件下,生产资料与劳动力的比例是固定的。当技术发生进步之后,新增加的资本将不需要那么多的劳动力与之匹配,会导致劳动者的数量相对减少，但总数的绝对值仍是增加的。只有技术进步导致原有的固定资本与劳动者的比例关系也发生变化，才会导致原有的劳动者数量下降。只要新增加的资本带来的劳动者需求增量小于原有资本对应的劳动者数量的减少量，那么总就业人口的需求便开始下降。生产资料在扩大规模的同时也在越来越小的程度上成为工人就业的手段，成为了直接竞争者。同时，在对劳动者需求下降的同时，劳动者的供给却在不断增多。一方面因为技术进步使得生产操作变得简单，使更多的人能够胜任工作进而用于劳动力市场；另一方面技术进步使得众多中小生产者破产从而沦落为受雇佣的劳动者。需求的减少和供给的增加使得资本主义出现人口相对过剩，也就是失业。

此外，马克思也分析了资本有机构成变动下就业的补偿机制。一是资本有机构成的提高能带来就业绝对量的增加，因为较高的资本有机构成能够提高劳动生产率，创造更高的利润，从而有利于扩大再生产。虽然单位资本对劳动力的需求在下降，但是可变资本总量的增加将能够带来就业总量的提升。因此马克思认为，解决失业问题的根本途径是大力发展生产力，通过技术进步提高资本的有机构成进而扩大再生产。二是机器人等新设备的运用能够拓展就业领域，促进就业的增长。马克思指出："虽然机器在应用它的劳动部门必然排挤工人，但是它能引起其他劳动部门就业的增加。"因为机器人等新设备的应用能够促进产业上下游相关产业链的发展，进而带动就业。机器人生产还将产生大量的半成品，对半成品的加工也将需要大量的劳动者。同时，非生产性劳动的就业比重在增加。马克思指出："大工业领域内生产力的极度提高，使工人阶级中越来越大的部分有可能被用于非生产劳动。"并举例说："旧式家庭奴隶在仆役阶级的名称下越来越大规模的被再生产出来。"这一非生产劳动在今天的新社会制度下可被理解为非生产性服务业。这一补偿得益于新技术带来的新产业发展。综合来看，马克思认为机器大生产对就业的影响是双向性的，整体来看，破坏效应大于补偿效应。马克思基于资本有机构成理论的分析有其合理性，不过现在，资本有机构成的变化有了新的特征。因为技术创新使得人的价值越来越大，因此投资于人的比例越来越高，资本的有机构成有下降的趋势，这对就业的影响规律将不同于以往，需要在新的形势下进行综合分析。

2.1.2 古典与新古典经济学家关于技术进步的就业效应分析

古典经济学家对机器影响就业的研究由来已久。他们对机器的就业破坏效应基本达成共识，其争论的焦点是机器的就业补偿理论。第一次工业革命时期，部分西方经济学家认为补偿效应总是能够平衡破坏效应的冲击。马克思对该观点进行了严厉的批判，但亚当·斯密、萨伊等经济学家却表达了自己乐观的态度。亚当·斯密（1776）在研究国民财富增长的条件时指出，不断扩张过程的前提是随着"生产性"劳动增加，会带来就业结构的变化。萨伊在其著作《供给的逻辑政治经济学概论》中指出，"制造机器需要大量的劳动力，这就让因机器使用而失业的人们得到了工作的机会"。此后大卫·李嘉图也论述了机器应用对就业的影响，其在《经济学赋税原理》中论述了节约劳动的机器除了会带来暂时性的困难之外，还会给作为消费者的各个阶级带来好处，表达了其乐观的态度。不过他后来也发现失业的存在，并认为机器对就业的影响存在不确定性。他前后出现的截然相反的态度，被称为"李嘉图之谜"。这一时期古典经济学家们关于机器的就业破坏效应和补偿效应的对比并未形成系统的理论，直到新古典经济学家建立关于生产过程的生产函数，才将技术对就业的影响进行了清晰地描述。

新古典经济学家基于要素价值论建立了数学形式的生产函数用于描述商品生产。这一时期的新古典经济学家们通常将技术作为不变的因素进行考量，认为社会生产过程是在一定的技术水平下投入（资本、劳动）与产出（商品）之间的关系，因而更多考量生产要素的配置和在一定技术条件下资本对劳动的替代。技术的外生性导致直接分析技术进步对就业的短期影响失效。其实新古典经济学家很少会将技术进步对就业的影响作为一个独立的话题进行研究，因为我们很难发现直接的关于技术进步就业效应的系统论断。凯恩斯（Keynes，1930）论述了技术进步对就业破坏的可能性，他写道"我们正在经历一种新的疾病折磨，一些读者可能还没听说过它的名字，但未来几年他们将会听到，即技术失业。这意味着我们节约劳动的速度超越了我们发现劳动新用途的速度"。但凯恩斯接着说，"这只是一个暂时的阶段失调",并且预测未来100年后人们可以享受更多的闲暇。可见凯恩斯对技术进步的就业冲击保持乐观的态度。不过,列昂惕夫(Leontief,1952)表达了其悲观的态度,他曾预测劳动将变得越来越不重要,越来越多的工人将被机器取代。虽然这一预测在接下来的几十年中并未变成现实,但是随着自动化、工业机器人、人工智能等技术的发展,人们对这一问题的担忧也越来越严重。新古典时期,美国学派的学者对该问题的分析曾提供了新的概念。基于资本对劳动力替代的分析范式,美国学者帕森·史密斯(Parson Smith,1972)提出了用工业开发的自然能量所测度的资本生产率学说,将能量作为要素投入基础单位进行对比分析。该学说认为生产过程投入的要素诸如资本、劳动、土地等都具有共同的特征,即都可以转化为某种抽象的促进生物成长的能量。正是在能量提供及其效率这种共同要素投入的基础上,资本、劳动和土地之间存在着竞争,并由此产生资本能量对劳动能量的替代。该理论认为通过对新技术的开发利用提高资本的生产率即可实现对人力的替代,但其分析主要体现了技术进步对体力劳动的替代,并未说明技术对脑力劳动的补充。尽管如此,这一创新的研究为分析新形势的技术进步与就业的替代关系提供了新的研究思路。

2.1.3 熊彼特及其创新理论对技术进步影响就业的解释

在西方经济学者中,真正从理论上研究技术进步影响就业作用机理的当属美籍奥地利著名经济学家约瑟夫·熊彼特,其"创新理论"为理解技术进步条件下的结构性失业提供了新的思路。1912年,熊彼特在其出版的《经济发展理论》一书中首次提出"创新理论",认为技术创新在经济发展中发挥着至高无上的作用。熊彼特提出的"创造性破坏"循环流转解释了技术进步与失业的关系。他认为对旧的生产方式的创造性破坏是产生新一轮经济增长的前提,而每一次破坏也不可避免地对经济发展和就业产生冲击,旧的经济范式下形成的就业市场的稳定被打破,新的技术对劳动者的技能和组织提出新的要求,但是旧范式下的劳动者难以快速适应新经济发展的需求,由此产生了结构性失业。熊彼特基于"创造性破坏"的创新理论成功地解释了结构性失业、技术性失业和经济周期的问题。虽然熊彼特的创新理论提供了研究技术进步的就业效应的新思路，但并没有形成关于技术创新对就业影响的微观机制，也没有从历史发展的视角，为从第一次工业革命以来各历史时期机器替代人力提供详细的解释。虽然存在以上问题，但熊彼特创新理论的提出让西方经济学界开始关注技术进步对经济发展的深刻作用，并在此基础上形成了后来的技术—经济范式理论。该理论的主要代表人物是克里斯托弗·弗里曼和卡洛塔·佩雷斯，也被称为新熊彼特学派。技术—经济范式理论明确阐述了其演变对就业影响的作用机理，该理论认为科学技术的发展必然与一定的社会经济发展水平和社会制度相适应，由此形成了所谓的"技术—经济范式"。新的技术—经济范式通常是在旧格局中发展起来的，此时的社会制度仍适应于旧的范式，在此情况下重大技术创新必然会引起社会制度的变革。但是当技术进步的速度过快时，社会制度的调整无法快速适应新技术发展的要求，从而导致新技术与旧制度之间出现矛盾与对抗。因此，在新兴的技术—经济范式和适应于旧有技术范式的社会制度之间必然出现一个结构性失调时期。只有在社会制度适应新范式的要求出现广泛变化、两者之间实现和谐之后，新技术范式的潜力才有可能发挥出来，并成为主导范式。当新技术范式与旧社会制度不相适应时便会出现经济萧条，并造成失业。当社会制度演变并与新技术范式和谐时，社会经济出现复苏繁荣，失业率才会降低，由此解释了技术进步对社会就业的影响和作用机制。技术—经济范式理论跳出了熊彼特的分析框架，将技术创新与社会制度对就业的共同影响考虑其中，提出了经济萧条时的失业并非技术所致，而是社会制度发展的制约，为解决就业问题提供了新视角和新思路。

2.1.4 新增长理论以来有关技术进步的就业效应的研究

新古典经济学家建立的基于数学方程的生产函数对后续的经济学分析产生了巨大的影响。经过多年的发展，在20世纪80年代之后，数学工作的引入将经济学的分析视角提高到了新的维度。经济学家不再认为生产函数技术为中性，希克斯（Hicks，1932）提出了技术进步偏向的思想，认为技术进步呈现出向某种生产要素偏向的特征，究竟偏向于哪种生产要素，取决于生产要素的相对价格。而肯尼迪（Kennedy，1964）则认为，技术进步既可以节约劳动，也可以节约资本，而劳动节约量和资本节约量间存在一定关系，肯尼迪将此称为"创新可能性边界"，技术进步的选择将受到"创新可能性边界"的约束。技术进步偏向的思想启发了有关技术进步对不同技能水平劳动者替代的研究，尤其是在增长理论模型中对劳动者技能进行划分之后。增长理论学派最具代表性的学者有罗默、斯科特、卢卡斯等人。罗默（Romer，1982）在其"收益递增的经济增长模式"中将"知识"作为一个独立的因素引入，认为劳动的知识积累可以导致生产规模收益报酬递增。他还将投入的劳动划分为一般意义的物质劳动或"原始劳动"和具有专业化知识的人力资本两种形式，认为只有人力资本才能促进经济增长，这是在舒尔茨人力资本理论的基础上进行的延伸。因此增长理论学者普遍的共识是技术进步可以提高劳动的知识积累，提高专业化人力资本的积累，而知识与人力资本的积累可以促进经济的增长从而带动就业。从新古典到内生增长理论，技术由外生的变量成为内生变量，体现了西方经济学中技术在生产力发展中作用的演变。专业化人力资本概念的延伸，体现了新增长理论学者们对不同层次劳动力水平差异的重视，为后续学者分析技术进步对不同技能水平劳动者就业的影响奠定了基础。

2.1.5 国内研究

国内学者关于技术进步的研究也非常丰富，相关文献卷帙浩繁。赵利（2009）、张红霞（2011）和王君等（2017）研究总结技术进步通过多种机制对就业产生破坏和补偿。其中，破坏效应主要体现在机械化效应、管理效应、生命周期效应、波动效应、滞后效应等方面；补偿效应主要体现在价格效应、收入效应、技术乘数效应、时间效应、资本化效应、扩散效应、国际化效应等方面。同时技术进步还会通过产业结构效应、技能取向效应、分工效应和信息化效应影响就业结构。肖六亿（2007）建模分析了技术进步对就业的影响，基于中国的数据实证测算了技术进步对就业的影响，结果显示，因技术进步导致每年将减少3000~3500个就业岗位，这一破坏效应抵消了大部分因为生产规模的扩大而带来的就业增加，这一现象导致了中国高增长与低就业的并存。颜品（2014）研究发现正是技术进步使得城市的外来劳动力提升了城市的全要素生产率，这一促进作用主要得益于外来劳动力非技能偏向型的技术进步，这意味着在技术进步的促进下，外来劳动力主要是低技能的劳动者，其存在与城市中的高技能劳动者形成互补，能够有效地提升城市的生产效率。其综合影响是对城市高技能劳动者的就业有促进作用。朱翠华（2012）利用1999~2009年中国大中型工业企业的统计数据，基于随机前沿的分析方法研究技术进步就业效应，研究发现技术进步对中国大中型企业每年就业增长的贡献是2.9万人，但是这些企业每年新增就业的总量是6万人，这意味着技术进步对就业的贡献是47.85%，而剩余部分的增长则是由投资扩张引起的。这一研究结果表明技术进步的就业促进作用弱于投资，因此技术进步对大中型企业的就业创造效果需要进一步提高。

2.2 技术进步偏向对就业的影响

2.2.1 国外研究综述

工业机器人的技术进步属于有偏技术进步的范畴，其对就业的影响也需要从技术进步偏向的角度进行分析，为此，众多的学者沿着这一方向开展了诸多研究。技术进步偏向的思想最早由希克斯（1932）提出，他的思想启发了后人对工业机器人替代诱导机制的研究。肯尼迪的研究则指出技术进步的选择将受到"创新可能性边界"的约束。在随后的研究中，大多数学者们均沿着肯尼迪的思路，从不同角度对"创新可能性边界"的思想进行了拓展研究。然而早期的研究因为没有充分考虑研发主体的决策行为，均缺乏微观理论基础。阿西莫格鲁（Acemoglu，2002a）的研究给予了技术进步偏向严格的数理定义，并将技术研发厂商纳入模型之中，为技术进步偏向理论建立了坚实的微观基础。对技术研发厂商而言，其技术进步偏向的决策取决于两个因素，一是价格，二是市场规模。前者激励厂商研发偏向于价格相对高昂的要素技术，后者则激励厂商研发偏向于要素更加丰裕的技术，最终技术进步偏向于何种要素取决于两者影响的大小。有关技术进步偏向对就业影响的研究则主要集中在两个方向：一是技术进步偏向对就业分化和技能溢价的影响，二是技术进步偏向对劳动力市场极化的影响。

就业分化和技能溢价分别指技能劳动者的就业和工资相对于非技能劳动者而言不断上升，研究普遍认为技能偏向型技术进步是导致这一结果的原因。格里利克斯（Griliches，1969）研究发现，相对于非技能劳动，技能劳动与资本的互补性更强，因此技术进步一般更倾向于技能劳动。卡茨和摩菲（Katz and Murphy，1992）基于供需框架利用美国1963~1987年的数据研究发现，高学历与高技能以及女性劳动者就业的上升是导致劳动者工资结构变化的驱动力量，拥有大学学历劳动者供给的增加与劳动者工资的溢价具有强烈的相关性。克鲁格（Krueger，1993）的实证研究发现，使用电脑进行工作的劳动者比不使用电脑的劳动者收入高10~15个百分点，进一步研究发现，电脑的普及可以解释20世纪80年代美国教育回报率涨幅30%~50%的原因。关于技术进步偏向导致技能溢价的原因，不同学者给出了不同角度的解释。米尔格罗姆和罗伯茨（Milgrom and Roberts，1990）认为是信息技术的应用导致企业生产更加灵活，对市场的反应更加敏捷，企业对员工的要求也逐渐提高，促进了对高技能劳动者的需求。阿西莫格鲁等（Acemolgu et al.，2001）则认为技能偏向型的技术进步表现出去工会化的特征，因为工会总试图使工会内部员工之间的收入差距缩小，这导致高技能劳动者为了获得更高的报酬而退出工会，最终的结果是不同技能劳动者之间的收入差距拉大。阿西莫格鲁（1998）对此给出了更清晰的解释，他指出技术进步并非总是偏向于技能劳动，当存在更多的技能劳动时，在利润最大化的驱动下，研发偏向技能劳动的技术；相反，如果技能劳动的数量不够充足，研发则偏向于非技能劳动的技术。卡德和迪纳尔多（Card and Di Nardo，2002）通过分组研究发现，技能偏向型的技术进步与计算机技术的应用加剧了工资不平等。此后，相关学者开发出了标准模型用于研究偏向型技术进步对就业的技能溢价的影响。根据阿西莫格鲁和奥特（Acemoglu and Autor，2010）的研究，标准模型的生产函数为CES形式，通过对模型的推导研究发现，技能偏向型技术进步将导致技能溢价，当技术进步偏向于技能劳动时，技能劳动者的需求将增加，因此技能劳动相对于非技能劳动的就业将上升，技能劳动者的工资将增加。此外还有研究发现国际贸易会导致技术进步的偏向。

此外有关技术进步偏向与劳动力市场极化的研究也越来越多。所谓劳动力市场极化是指高技能劳动者与低技能劳动者的就业和收入相对中等技能的劳动者而言不断提升，社会对中等技能劳动者的需求越来越少。奥特等（2003）指出，造成劳动力市场两极化的是一种特殊类型的技术进步，即计算机和通信技术进步，这类技术进步的特点是：为高技能工作提供辅助，对中等技能工作（流程化工作）形成替代，而对低技能工作影响甚微。随着计算机和通信设备价格的不断下降，企业更倾向于引入新设备来完成流程化工作，其对中等技能劳动的需求下降；同时，高技能劳动由于具有较强的学习和适应能力，能够凭借新技术提高边际产出，进而使企业对其需求增大；低技能劳动所从事的工作往往无法实现设定程度，因而不受技术进步的影响。最终结果是，相对于中等技能劳动，高技能劳动就业和低技能劳动的就业（收入）增大，形成劳动力市场两极化现象。欧文（Oener，2006）基于1979~1999年德国的数据研究发现信息化促进了对高低技能劳动者的需求，降低了对中等技能劳动者的需求。奥特等（2006）的研究发现20世纪80年代以来，美国的高技能劳动者与低技能劳动者的工资均获得了较大的提升，进一步建模分析发现，流程化的工作容易被计算机替代，而非流程化的人工工作则无法被替代，这导致了劳动力市场极化的产生。迈克尔斯等（Michaels et al.，2010）基于美国、欧洲和日本的数据研究发现技能偏向型的技术进步导致了劳动力市场的极化，这一作用能够解释高技能劳动者就业上升25%的原因。在理论研究方面，阿西莫格鲁和奥特（2010）建立了一个基于任务的模型（Task-based Model）以研究劳动力市场极化问题。该模型假设高、中、低技能的劳动者分别从事着高、中、低技能的工作，同时引入比较优势理论，认为对于简单工作任务而言，低技能劳动者具有比较优势；相反复杂任务高技能劳动者具有比较优势。当技术进步偏向于高技能劳动时，市场对中等技能劳动者的需求降低，导致其转岗到高技能或者低技能的岗位，由于高技能岗位存在技术壁垒，导致大量的中等技能劳动者只能转岗到低技能的就业岗位，引发了劳动力市场的极化。奥特和多恩（Autor and Dorn，2009，2013）进一步分析指出，因为低技能劳动者主要集中在服务业，这个行业的岗位大多是非流程化的，需要人工进行个性化处理，因此在发生技能偏向型技术进步时，大量中等技能的劳动者将被替代并涌入服务业。计算机与通信技术的普及导致大量的流程化工作被替代，因此被排挤的劳动者都将进入服务业，由此使得服务业的就业率将增加。

2.2.2 国内研究综述

国内有关技术进步偏向对就业影响的文献可分为两类：一类是研究要素偏向型技术进步，即劳动偏向型及资本偏向型技术进步对就业的影响；另一类是研究技能偏向型技术进步，即技能偏向型及非技能偏向型技术进步对就业的影响。其中关于前者的研究文献梳理如下：钟世川和雷钦礼（2013）利用中国工业部门1979~2011年的数据进行了实证分析，发现中国工业部门的技术进步在1987年之后表现为偏向于资本，资本偏向型的技术进步是中国劳动收入份额下降的主要原因。王光栋和芦欢欢（2015）将技术进步的来源分为自主创新和技术引进，通过实证测算发现，中国大多数省份的自主创新具有劳动偏向型特征，因而他们的研究认为自主创新使得企业用劳动替代了资本。钟世川（2015）利用1987~2013年中国制造业数据进行实证测算发现，中国制造业的技术进步偏向于资本，在研究样本期内其各行业的技术进步也基本偏向资本。同时，资本偏向型的技术进步对制造业就业的增长具有抑制作用，但2000~2013年与1987~1999年相比，这种抑制作用在下降。刘国晖等（2016）利用1978~2014年的数据进行测算发现，中国的技术进步偏向于资本，进一步检验发现，资本偏向型的技术进步促进了就业。研究进一步表明，资本偏向型的技术进步加速了资本积累从而带动就业增长，但是短期内资本偏向型的技术进步对低技能劳动者具有挤出效应。关于后者的研究主要有：成艾华等（2012）基于大中型工业细分行业数据的实证研究发现工业行业技术进步与技能劳动力就业份额正相关。陈勇和柏喆（2019）运用1988年、1995年、2002年、2013年中国家庭收入调查的微观数据实证研究发现，1988~2013年中国各地区之间的工资差距在增大，并且这种增大主要表现为高技能劳动者的地区工资之间的差距。这一现象之所以会在很长一段时期存在，主要原因是技能偏向型技术进步与集聚效应的综合影响，后一因素对这一现象的形成有促进作用。冯钟（2018）测度了1999~2011年中国制造业整体以及 28 个细分行业的技术进步偏向指数，结果发现中国制造业整体偏向于技能劳动，同时他实证检验了技术进步偏向对制造业就业总量以及就业结构的影响及其所有制差异，结果显示技术进步技能偏向对制造业就业总量具有正向影响，且对国有企业的影响更大。对制造业非技能劳动的就业具有显著正向作用，对技能劳动就业的影响不显著。进一步的门槛效应检验表明，技术进步技能偏向对制造业技能劳动就业的影响存在门槛效应：即存在研发资本存量和研发积累水平的门槛，如果没有跨越门槛，则影响不显著。杨飞（2013）构建了包含高、中、低技能劳动的理论模型，分析了技术进步偏向对劳动力市场极化的影响；同时利用欧美国家 1970~2007 年的数据进行实证研究，结果表明 1970~1990 年，高技能劳动与中低技能劳动存在替代关系，高技能劳动相对供给上升促进了高技能偏向性技术进步。1990~2007 年高技能劳动与低技能劳动变为互补关系，高技能劳动相对供给上升并促进了高、低技能偏向性技术进步，但抑制了中等技能偏向性技术进步；同时南北贸易和发达国家间贸易显著促进了技能偏向性技术进步，但其效应小于劳动禀赋结构对技能偏向性技术进步的影响。

2.3　投资专有技术对就业的影响

投资专有技术进步是对技术进步部门中性的松绑。有偏技术进步认为技术进步可能偏向于某种生产要素，这一认知打破了技术进步的要素中性假设，同样的，技术进步也有可能在不同的生产部门间存在差异。早期中性的技术进步认为技术进步既表现为要素中性也表现为部门中性，后者意味着对于不同的社会生产部门，其技术进步的水平是一致的。但是现实中不同行业的技术进步水平和速度存在较大差异。对于优先使用智能机器人进行生产的部门，其技术进步水平快于依赖人工进行生产的部门。因此考察和研究技术进步偏向对经济的冲击时也有部分学者从投资专有技术进步的角度进行分析。

投资专有技术进步的一个直接表现是生产设备价格的下降。有研究发现，第二次世界大战之后，美国的设备投资品的相对价格呈现下降趋势。戈登（Gordon，1990）的研究就曾揭示战后美国经济中设备投资的相对价格不断下降，与此相反，设备投资在国民总收入中的份额不断上升。格林伍德等（Greenwood et al.，1997）同样基于美国战后的数据研究发现，20世纪50年代中期至90年代，新设备的价格以超过每年3%的速度在递减，而设备投资的总额却在不断上升，两者之间呈现出负相关性。费希尔（Fisher，2003）的研究表明，不仅仅是设备投资的价格在下降，总投资的价格也呈现同样的趋势。霍恩（Huhn，1992）运用质量价格调整指数对美国的投资专有技术进步进行计算发现，1949~1983年，美国的专有技术进步速度达到3.44%。康明斯和维奥兰特（Cummins and Violante，2002）基于戈登的研究进一步发现，美国的专有技术进步投资在不断加速，由20世纪七八十年代的4%提高到了20世纪90年代的5.6%。以上研究均表明，在中性的技术进步之外必然存在着针对专有设备投资的技术冲击。在此分析的基础上，格林伍德等（Greenwood et al.，2001）采用动态一般均衡模型通过引入投资专有技术进步冲击来研究专项技术改进对经济的影响。针对特定于投资的技术变革在美国战后经济增长中所起的作用发现，引入新的、更有效的资本货物是生产率变化的一个重要来源。该研究试图将其影响从传统的希克斯中性形式的技术进步中分离出来，模型的平衡增长路径是根据美国国民收入和产品账户数据进行描述和校准的。定量分析表明，投资相关的技术变化是经济增长的主要原因。莫利纳里等（Molinari et al.，2013）通过研究投资专有技术冲击对美国经济波动的影响，发现信息和通信技术创新在后10年样本中的作用比较显著，它能够解释美国总产出波动的20%。国内目前专注于从投资专有技术冲击的角度对技术进步的就业效应进行分析的文献相对较少，核心的研究成果主要由以下部分：唐文健、李琦（2008）基于国家统计局公布的统计数据测算，1980~2005年中国设备专有技术进步的平均速度达到3%，根据美国各类设备专有技术进步间接估计，1985~2005年中国设备专有技术进步平均速度达到4%。这一研究是对中国设备专有技术进步的精确测算。陈师和赵磊（2009a，2009b）分别分析了投资专有技术变迁与中国经济周期，研究发现投资专有技术进步在短期上对中国宏观经济波动存在着影响，同时引入的传播机制对于将技术冲击放大和传播到经济环境中起到了重要作用。华昱（2016）研究了设备投资专有技术冲击对宏观经济波动的影响，研究发现正向投资专有技术冲击对就业有促进作用。进一步分析发现，专有技术投资减少了资本重置成本，资本重置成本的降低导致企业更多地使用现存设备，结果促进了就业，扩大了产出。易小丽（2014）研究了投资专有技术冲击对中国宏观经济波动的影响，研究发现投资专有技术冲击能带来产出、消费、投资的增加，投资专有技术进步有利于促进经济增长，但是该种技术冲击也带来了一定的负面影响，即导致就业下降。陈银忠和易小丽（2016）研究了投资专有技术变迁与中国经济波动特征，研究发现引入投资专有技术变迁的模型能够有效解释中国经济的波动。

2.4 工业机器人替代对就业的影响

2.4.1 国外研究综述

国外关于工业机器人应用对就业影响的文献由来已久，多涉及自动化、机器人和人工智能等话题。诸多学者的研究表明，人类面临被自动化或机器人大规模替代的风险。弗雷和奥斯伯恩（Frey and Osborne，2013）以基于任务制的分析方法对702个就业岗位自动化的难易程度进行分类发现，在接下来的20年中，美国47%的就业岗位存在被自动化替代的风险。麦肯锡全球研究院于2017年12月发布的一份报告称，估计到2030年，全球将有4亿~8亿个工作岗位被机器人取代。世界银行在2016年《世界发展报告》中指出，经济合作与发展组织（OECD）国家57%的就业岗位在未来20年有被自动化替代的风险。这一系列的研究让人们再次担忧新技术的发展会造成严重的就业危机，"卢德分子"可能再次出现。多数学者对机器人应用的就业破坏效应表示担忧，同时来自文献中的大量证据表明，机器人对中、低等技能劳动岗位的替代加剧了工资不平等和劳动力市场极化。但是机器人替代对劳动力的大范围冲击并未在现实中被准确的观察到，也没有准确的证据表明机器人应用造成了失业率上升，因此也有部分学者对机器人替代的影响持乐观态度。米舍尔（Mishel et al.，2013）认为机器替代人工并非美国20世纪70年代之后出现劳动力市场极化的核心因素，这一现象的背后另有其因。尼尔森和费尔普斯（Nelson and Phelps，1966）的研究也揭示了工资不平等可能来自于有丰富技能的劳动者更容易接受技术的变革，并且他们认为工资的不平等只是暂时的。此后，学者们越来越聚焦于机器人本身，专项研究其对就业的影响。

对机器人替代问题进行专项系统理论和实证研究的学者当属杰弗瑞·萨克斯（Jeffrey D. Sachs）和德隆·阿西莫格鲁（Daron Acemoglu）等，他们分别从不同的角度，对机器人替代影响就业和经济增长的问题进行系统研究。萨克斯和克里克夫（Sachs and Kotlikoff，2012）构建了一个简单的理论模型框架以分析机器人生产率的变化对劳动者工资和社会福利的影响。其中效用函数是基于 OLG 模型进行构建，年轻一代提供低技能劳动并获得报酬，然后将报酬用于消费和投资，其投资分为对设备和高技能的投资。老年一代通过提供设备和高技能或者报酬并全部用于消费。每个个体都通过选择恰当的投资组合以最大化其两期的终生效用，生产函数是双重 CES 形式。模型假设机器人技术进步对低技能劳动者进行替代，对高技能劳动者进行互补，因此 CES 生产函数中首先由智能机器与低技能劳动者相结合生产中间品，然后中间品再与高技能劳动者相结合生产最终品。智能机器的技术进步对低技能劳动者产生替代。模型通过理论分析发现机器人生产率的提升对低技能劳动者的工资产生负影响，对高技能劳动者的工资产生正影响，因此机器人技术进步会降低年轻一代的社会福利水平，提升老年一代的福利水平。但是因为年轻一代收入的下降，其储蓄和投资也跟着下降，导致其下一代的初始资本减少进而降低下一代的福利水平。依此类推，每一代的社会福利都会比上一代变得更差。但是，可以通过构建社会财富的代际转移政策以保障下一代的收入保持稳定，从而实现世代社会福利的逐渐提升。

萨克斯等（Sachs et al.，2015）构建了一个更加丰富的模型对机器人技术进步的影响进行了模拟分析。模型依然采用 OLG 形式的家庭效用函数，生产函数采用 Cobb‐Douglas 形式。他们首先构建了一个只含制造业的单部门生产模型，有两类企业同时生产无差别的最终产品，一类采用传统设备与人工进行生产，另一类采用机器人进行生产。其中机器企业与传统企业是相互竞争的，机器生产率的提升造成了机器对人工的替代。研究发现，在单部门模型下，机器人生产率的提升将导致劳动者工资与社会福利水平的下降。他们进一步分析了通过征收资本所得税对社会财富进行转移支付以实现年轻一代的收入和社会福利保持稳定。随后又构建了既包含制造业又包含服务业的两部门模型进行综合分析。其中服务业设定为机器人无法替代的行业，只能由人工和专用的设备进行生产。研究发现，在两部门模型下社会资本积累水平的不同将导致三种不同生产情况的产生，分别是机器人无法替代人工、机器人完全替代人工及机器人与人工生产并存。在后两种生产模型的情况下，机器人生产率的提升都将对社会福利产生负的影响。最后通过使用校准的参数对两部门生产过程的变量变化进行动态模拟。模拟结果显示，机器生产率的提升将在短期内增加产出，但同时将降低对劳动的需求。长期来看，对工资、社会资本积累和社会福利水平都将产生负面影响。萨克斯等将其称为机器生产率悖论，即创新会提升生产率和机器投资，经过一个代际之后将会降低机器生产率和产出，并随之降低后续所有代际居民的社会福利水平。因此他们认为政府的干预是非常有必要的，将社会财富在各个代际之间重新分配有利于提升社会福利。通过数值模拟发现，在增加转移支付之后，福利、工资、投资、就业等变量在后世代际获得了明显的改善。

此后，贝纳利等（Benzell et al., 2015）基于同样的研究方法，通过不同的视角对该问题进行了模拟分析。他们同样构建了包含产品生产和服务生产的两部门模型，不过在进行生产函数建模的过程中引入了高技能的劳动者。生产函数采用CES形式，将智能机器人抽象为传统设备与软件代码的组合，因此产品生产部门的投入要素为资本和代码，其中代码由高技能劳动者进行生产，代码在生产中的占比越高说明智能机器人对传统资本的替代性越大。而服务的生产者设定为由高技能劳动者与低技能劳动者联合进行生产，因此服务业部门生产函数的投入要素为高、低技能劳动者，不含资本。产品部门的高技能劳动者在两个部门之间流动。产品生产函数中的代码由包含高技能劳动者的线性生产函数表示，代码存在折旧问题，因此代码的留存率决定了产品部门雇佣高技能劳动者数量的多寡。通过考察代码留存率以观察自动化程度以及机器对人工的替代率，从而考察机器替代对就业和劳动者工资的影响。他们通过建模分析发现，机器人的技术进步，即代码留存率的提升对高技能劳动者和低技能劳动者的收入都存在负向影响。由于收入的降低限制了年轻一代的储蓄与投资，也意味着老年阶段可使用资本的降低，从而导致产品生产的下降。长期来看，技术进步是没有意义的，因为虽然技术在不断发展，就业者总能找到相应的工作，但是人们获得的报酬并没有增加，从而导致人们没有足够的资本去购买机器或产生消费。以上分析是基于代码具有排他性的前提下，如果是在开源的环境下，分析结果与上述结论一致。最后贝纳利等强调开源是不可取的，会造成工资的长期下降和收入的降低。

基于类似研究框架的论文还有安德鲁等（Andrew et al.，2017）发表于国际国币基金组织的工作论文。他们重点研究了机器人生产率的提升对劳动者工资与经济增长的影响，根据机器人对人类替代程度的不同，分四种情况建立了三种不同类型的模型，分别是机器人可以完全替代人工、机器人只能部分替代人工，机器人无法替代高技能劳动者。基于最后一个模型，安德鲁等拓展分析了增加服务业生产部门的情形，建模中使用的生产函数依然为CES形式。第一种情况下，机器人与人工结合生产中间品，然后中间品与资本相结合生产最终产品；第二种情况下，机器人与部分劳动者相结合生产中间品一，资本与部分劳动者相结合生产中间品二，然后中间品一与中间品二相结合生产最终产品；第三种情况下，中间品一由机器人与低技能劳动者生产，中间品二由资本与高技能劳动者生产；第四种情况是引入了非自动化生产部门。通过以上四种情况的循序渐进，他们分析了机器人替代对人类影响的各种可能情形，最终通过参数校准，对模型的结果进行了模拟分析。研究发现机器人的技术进步有益于经济增长但是会加剧社会的不平等，因为资本产出的增加提升了社会的资本积累，促进了GDP增长，但是非机器资本的提升提高了高技能劳动者的收益，也使得低技能劳动者的低工资周期延长。虽然工资在上涨，但是工资收入在总收入中的份额在下降，因此总产出越高，收入的不平等越严重。

上述分析框架经过多位学者的延伸与发展已经成为研究机器人技术进步对经济增长和就业影响的经典模式。在此框架之外，也有学者尝试了不同的方法对机器人的技术进步作出剖析。阿西莫格鲁和雷斯特雷波（Acemoglu and Restrepo，2016）就曾建立了基于任务制的模型（Task - based model）分析框架对机器人替代人工的模式进行研究，为人们分析机器人替代提供了新的思路。在基于任务制的模型建模过程中，他们将生产过程的任务分为两大类：一类是通过自动化运作更加具有比较优势的工作岗位，另一类是通过人工操作更有比较优势的工作岗位。自动化的发展使得前者的工作岗位越来越多，同时也创造了更多更复杂的有人工操作更有比较优势的工作岗位。他们还建立了均衡模型，并分析了要素价格如何决定企业在技术和人力资本之间进行选择，并进行任务分配。结果表明在静态模型中，自动化会减少就业和劳动力在国民收入中的份额，甚至可能降低工资，而创建更复杂的任务则会产生相反的效果。在完整模型下，即资本积累和自动化都是内生的，此时自动化和创造更复杂的工作并行不悖、均衡发展。自动化的增加降低了使用劳动力生产的成本，从而阻碍了进一步的自动化，并鼓励更快地创建新的复杂任务。技术的内生性使劳动份额和就业恢复到最初的水平。最后，他们将模型扩展到包含不同技能的工人，发现不平等在转型过程中会增加，但模型中的自我纠正力量也会限制不平等在长期内的增加。

除理论分析之外，在实证层面，阿西莫格鲁和雷斯特雷波（Acemoglu and Restrepo，2017）从工业机器人（Industrial Robots）的视角分析了工业机器人应用对美国劳动力市场的均衡影响。在阿西莫格鲁和奥特（Acemoglu and Autor，2011）和阿西莫格鲁和雷斯特雷波（Acemoglu and Restrepo，2016）所发表的两篇文章的基础上建立了扩展的基于任务制的模型，并考虑了不同产业间任务替代率的不同和贸易问题。通过对机器人曝光度（Exposure to Robots）这一参数的引入和分析，研究了工业机器人对美国劳动力市场就业和工资的影响。利用美国1990~2007年的劳动力市场数据进行实证分析，结果表明，工业机器人的应用会降低就业率和劳动者工资，在没有贸易发生的静态模型下，每千名工人拥有的机器人数量增加1台，会使就业率降低0.37个百分点，同时使工资水平降低0.73个百分点。在存在贸易的动态模型下，机器人对就业和工资的影响会相应降低，即每千名工人拥有的机器人数量增加1台，会使就业率降低0.34个百分点，同时使工资水平降低0.5个百分点。基于类似的研究方法，沃尔夫冈·多思等（Wolfgang Dauth et al.，2017）利用德国的数据实证研究了工业机器人应用对德国就业和工资的影响，研究结果显示工业机器人对德国的就业和工资并无显著的影响。此后，基亚基奥等（Chiacchio et al.，2018）沿着同样的思路，实证研究了工业机器人对欧元区国家的影响。结果显示，每千人工业机器人拥有量提高1台，总就业减少2.3人，明显小于美国的影响系数。

此后，阿西莫格鲁和雷斯特雷波（Acemoglu and Restrepo，2018）在对工业机器人研究的基础之上进一步延伸分析了人工智能新技术发展对就业的影响，从四个方面分析了自动化、人工智能等技术对就业的弥补效应，分别是生产率效应、资本积累效应、自动化的深化效应和创造新任务的就业恢复效应，其中前三种效应对就业的补充不足以弥补替代效应的损失，但是第四种效应可以直接抵消这一损失，这主要是因为新技术创造的大量人工是更具有比较优势的工作岗位带来的。马克里德基思（Makridakis，2017）认为，人工智能技术在未来20年对经济社会的影响将会是1995~2015年影响力的好几倍，甚至有可能超过之前工业革命的影响。大卫（David，2017）针对日本市场的研究发现，未来几年日本劳动力市场超过55%的工作岗位将受到人工智能等新技术的影响。而贝里曼和霍克斯沃思（Berriman and Hawksworth，2017）针对英国的研究报告指出，预计到2030年早期，英国将有接近1000万的工作岗位被人工智能等新技术替代，占据英国全部工作岗位的30%。

2.4.2 国内研究综述

国内关于工业机器人应用影响就业的专项研究文献相对较少，但随着近年来中国工业机器人的广泛使用，相关研究开始逐渐增多。就工业机器人相关的话题，国内研究主要关注于就业、进出口贸易、技术复杂度等要素分析。吕洁等（2017）建模分析了工业机器人应用与一国制造业劳动力结构转型之间的关系，研究结果表明工业机器人的技术进步会加大工业机器人对低技能劳动力的替代，但同时会提升对中、高技能劳动力的互补性需求，进而能够促进一国的劳动力结构转型。其通过对1990~2015年22个国家或地区的经验数据分析表明，不断增长的工业机器人投入正在缓慢地促进发达国家的劳动力结构转型，其高技能劳动力比例在逐年上升。邓洲（2016）研究发现，工业机器人的使用虽然替代部分人类劳动者岗位，但也填补了部分人类无法胜任的岗位空缺，同时还创造了大量新的岗位。董桂才和巨小超（2016）研究了中国工业机器人的出口技术复杂度。李丫丫和潘安（2016）研究了工业机器人进口对中国制造业生产率提升的机理并进行了实证研究。田正杰（2017）以阿西莫格鲁的研究为框架，利用中国省级层面的数据进行了实证研究，结果发现，中国工业机器人的应用对就业有负向影响，一台机器人将减少就业率12.24%~14.37%。部分拓展研究则扩展到人工智能领域，陈秋霖等（2018）基于跨国面板数据和中国省级面板数据实证研究了老龄化背景下人工智能对就业的影响，结果表明人口老龄化是人工智能发展的诱因，智能化有助于抵偿人口老龄化所造成的经济增长放缓，是应对老龄化的重要工具。在理论层面，有部分学者基于DSGE的研究框架，通过引入技术进步偏向、老龄化等因素从侧面研究了技术进步的影响，不过多数研究是基于RBC模型及其拓展模型开展的（吕朝凤和黄梅波，2012）。改进型的研究则是基于包含粘性价格及垄断竞争的新凯恩斯模型进行，现有文献中有部分学者也从这一角度出发做了一定的研究。于尚艳和易小丽（2017）通过构建新凯恩斯DSGE模型研究了偏向性技术变迁对经济波动的影响，但是其并未针对机器人技术进步的特征进行说明，因此对解释机器人技术进步的影响存在缺陷。郭凯明（2019）基于动态一般均衡模型分析了人工智能技术的发展对产业结构升级与劳动收入份额的影响，发现人工智能技术的应用会促进生产要素在产业部门间的流动从而促进产业结构转型升级，并进而导致劳动收入份额的变化。陈彦斌等（2019）基于动态一般均衡模型的分析发现人工智能技术可以有效应对老龄化对经济增长的不利影响，其效果优于延迟退休政策，认为中国可以通过发展人工智能应对老龄化的冲击。

2.5 智能制造与经济增长

当前，有关智能化对经济增长的影响已经成为诸多学者关注和研究的热点，相关研究成果不断丰富。不过就研究观点而言，相关结论存在较大差异。基于新古典增长理论的研究认为智能化能促进经济的增长（Hanson, 2001；Acemoglu and Restrepo, 2018），而"索洛悖论"的拥护者则认为智能化的作用尚未显现（Brynjolfsson, 2017；Gordon, 2018）。

汉森（2001）基于新古典增长模型就机器智能对经济增长的影响进行了理论分析，发现机器智能的发展首先对人类进行补充并继而进行替代，随着机器智能价格的下降与应用的普及，将可能导致经济增长率增加一个数量级甚至更多。阿西莫格鲁和雷斯特雷波（2016）建立基于任务制的模型分析了自动化技术的发展对经济增长的影响，研究认为自动化会导致劳动力的替代，使资本的边际产出增大，从而促进生产率的提升与经济的增长。在实证层面，部分学者以工业机器人作为核心变量研究其对全要素生产率或者劳动生产率的影响（Graetz and Michaels，2015；李丫丫等，2018；宋旭光和左马华青，2019），以上研究均证实工业机器人的应用提高了劳动生产率或全要素生产率。也有部分学者通过构造智能化的综合评价指标研究智能化的进展及其经济影响（李廉水等，2020；刘亮等，2020），相关研究结论也认为智能化的发展促进了生产率的提升，其中刘亮等（2020）研究发现，智能化对中国经济增长集约化呈显著的 U 形影响，即先抑制后促进动态作用。不过上述关于智能化综合评价指标构造的研究尚存在诸多不足：一是在区域层面以信息和通信技术（ICT）投资、软件研发人员投入等作为细分指标，容易将 ICT 投资或者其他科技支出对经济增长的贡献与智能化的贡献混为一谈，高估了智能化的作用；二是在企业层面基于爬虫获取的企业人工智能（AI）报道数据并非来自生产一线，无法真实反映企业的智能化程度，特别是在智能化投资过热的情况下，智能化的作用也容易被放大。

与此同时，"索洛悖论"的拥护者则进行了较为冷静地思考。1987 年，诺贝尔经济学奖得主罗伯特·索洛针对 IT 投资的低回报现象曾说："我们到处都能看到计算机，就是在生产率统计方面看不到计算机。""索洛悖论"的提出让人们对以计算机为代表的 ICT 投资对经济增长的贡献产生质疑。2017 年，来自麻省理工学院的学者布林约尔弗森针对人工智能技术的快速发展以及 2005 年之后美国乃至全球生产率不断下降的事实提出"新索洛悖论"（Modern Solow's Paradox），他指出当下人工智能技术的发展并未显著促进劳动生产率的提升。尽管人们对人工智能技术发展的未来存在美好的预期，但是现阶段人工智能在提升生产率方面的作用尚不显著仍是客观事实（蔡跃洲等，2019）。戈登（2018）基于 2006～2016 年美国创新与经济增长数据的研究表明，"新索洛悖论"现象普遍存在，在创新快速发展的背景下，经济增长的速度并不明显。有关索洛悖论存在的原因，大部分研究都从生产率的时滞（李春顶，2015；Brynjolfsson et al.，2017）和生产率测度的误差（David Byrne, 2017; Gordon, 2018）两个方面进行解释，也有学者认为技术的狭隘性和竞争性使得新技术的好处被较小群体享受，造成了生产率的差异（Andrews et al., 2016; Autor et al., 2017）。阿西莫格鲁和雷斯特雷波（2018）分析认为过度的自动化也会导致生产率的下降，如果外部环境并未对自动化做好充足的准备，人员的技能结构或者管理水平可能无法匹配自动化生产的需求，由此可能导致资源错配，降低生产效率。

由上述文献梳理可见，目前有关制造业智能化与经济高质量增长的相关研究还处于较为零散的状态，对两者之间的作用关系尚缺乏系统的论述。一方面制造业智能化是以大数据、算力和算法为标志的智能经济在制造业的融合与发展（阿里研究院，2019），因此对智能制造的准确刻画应该是以制造业的大数据、算法与算力等智能生产的一线数据为准；另一方面经济高质量增长是经济高质量发展的重要内核之一，具体表现是经济总量的稳步上升、经济结构的升级、资源的高效利用与生态的健康发展，因此从投入产出的角度看应该不断提高劳动生产率、资本效率、全要素生产率，提高资源效率、环境效率，实验绿色发展。因此，本书将从大数据、算力、算法等智能技术的应用对全要素生产率、绿色全要素生产率、劳动生产率等经济高质量增长变量的影响进行分析；在实证方法上，因为制造业企业大数据、算力和算法应用数据的匮乏，本书继续以工业机器人作为代理变量进行研究，因为工业机器人是与生产一线直接相关的智能设备，融合智能算法与柔性技术的工业机器人是智能制造的典型体现。虽然与前述部分学者选择的代理变量一致，但是本书对制造业智能化的内涵及与工业机器人的联系进行了阐述，对研究智能制造的具体方法具有一定的边际贡献。

2.6 本章小结

本章梳理了与本书研究相关的若干方面的文献资料：

一是有关技术进步与就业的研究。此类研究的文献非常丰富，国内外相关研究历史悠久，本书梳理了从马克思以来，古典、新古典、新增长等经济学流派的经济学家们对该问题的研究与思考。总体来看，马克思基于资本的有机构成理论进行了最早期的系统论述，古典经济学家们也进行了初步的研究。新古典经济学家基于生产函数的论述使得对该问题的研究更加深入，但是因为对待技术进步的定位不同，新古典与新增长学派的经济学家对该问题缺乏一致结论。熊彼特及其继任者基于创新理论提出了新的观点，新增长理论学派的研究为该问题注入了新的概念。

二是技术进步偏向及投资专有技术进步对就业的影响。早期人们认为技术进步是中性的，既表现为要素中性也表现为部门中性。技术进步偏向理论是对技术进步要素中性假设的松绑，对考察工业机器人替代对就业的影响开辟的重要的理论基础。技术进步偏向理论最早由希克斯（1932）提出，此后阿西莫格鲁（2002a）给予技术进步偏向以清晰的数理定义，借助内生增长理论，将技术研发厂商纳入模型中，从而为技术进步偏向理论奠定了坚实的微观基础。后续学者对技术进步偏向对就业的影响研究主要集中在几个方面：一是技术进步偏向对技能溢价的影响；二是技术进步偏向对就业分化的影响；三是技术进步偏向对劳动力市场极化的影响。第一个方面研究的核心观点是由于技术进步偏向于技能劳动，因此相对于非技能劳动，企业对技能劳动的需求将增大，最终导致就业分化与技能溢价。第二个方面和第三个方面的研究都将劳动者进行技能划分，技术进步的偏向能够为高技能工作提供辅助，对中等技能工作形成替代，而对低技能工作影响甚微。因此，技术进步形成了对中等技能工作形成替代，导致相对于高技能劳动和低技能劳动，中等技能劳动的就业与收入下降，形成了劳动力市场的分化、极化和工资不平等。关于投资专有技术进步对就业的影响。该设定是对技术进步部门中性假设的松绑，通过研究投资于专有技术的技术进步对就业的影响，为理解机器人技术进步提供了新的视角。

三是机器人技术进步、工业机器人以及人工智能对就业的影响。目前该专题的专项研究文献并不多，机器人相关的文献主要分为两大类：一类是基于OLG模型的均衡理论分析，另一类是基于任务制模型的理论与实证分析。前者的研究以萨克斯等的研究为主，通过构造单部门和多部门的均衡模型分析了机器人生产率的提升对劳动力市场和经济与社会福利等要素的影响，其研究框架为我们理解机器人技术进步对就业的长期影响建立了基础,此后有部分学者对此进行了后期研究,包括世界银行的工作报告等。后期研究主要是以阿西莫格鲁等为主,其从任务制的角度出发建立了研究机器人技术进步的新框架和基于任务制分析的人际竞争模型,该模型的研究思路新颖,同时阿西莫格鲁基于该模型进一步实证分析了美国的影响,这一开创性的研究为后续的学者提供了参考,此后关于欧盟、德国的研究也相继开展,为本书的分析提供了参考。最后本书研究了人工智能等新技术影响,相关的框架与机器人类似,也是未来智能机器人相关影响的研究方向。

四是工业机器人应用对经济增长影响的文献。目前有关制造业智能化与经济高质量增长的相关研究还处于较为零散的状态,对两者之间的作用关系尚缺乏系统的论述,对工业智能化与经济高质量增长之间的理论与机制分析尚缺乏深入系统的研究。纵观现有研究文献,本书认为尚有以下几个方面需要进一步完善,这也将是本书进行研究的着眼点:第一,现有文献多专注于从技术进步的角度进行分析,其中机器人生产率的变化为机器人技术进步的直接表现,从而分析机器人生产率的提升对劳动力市场和经济的影响。但是这一分析过于笼统,由于机器人生产率的提升是所有机器人都会表现出的特征,而针对现有智能机器人的其他特征也需要进行提炼,并在理论模型中对不同的特征进行描述和分析,以全面掌握机器人的综合影响。因此本书将在前人研究的基础之上分析工业机器人技术进步和影响就业的新特征,并在模型中将新特征进行整合,以求全面分析工业机器人的综合影响。第二,目前在实证层面研究工业机器人对中国就业影响的文献寥寥无几,而对这一问题的研究却至关重要,是中国制造业产型转型升级的关键之一。鉴于缺乏详细的数据,使对国内问题的研究很难切入,本书只能结合国外学者的研究方法和思路,尝试建立全面的分析框架,对国内工业机器人的数据进行全面综合的分析,以实证研究对国内的影响。第三,本书结合理论分析、调查研究和实证数据对工业机器人影响就业的根本原因进行了分析和检验,结合目前部分地区出现的招工难、用工贵等问题进行综合考量,对机器人影响就业的原因进行剖析,从而对如何应对机器人对就业的影响给出政策建议。第四,针对经济增长的影响,以制造业的大数据、算法与算力等智能生产的一线数据为准,即以工业机器人作为刻画标准,对全要素生产率、绿色全要素生产率、劳动生产率等经济高质量增长变量的影响进行分析，给出相关政策建议；具体表现是经济总量的稳步上升、经济结构的升级、资源的高效利用与生态的健康发展。结合前述研究，本书将在理论分析、实证研究、检验分析、政策建议等多个层面进行剖析，补充并拓展现有研究的不足，为本书的研究建立坚实的基础。

第 3 章　工业机器人的发展与应用现状分析

近年来，工业机器人广泛应用到社会生产的各个领域，随着智能制造的推广与普及，未来智能机器人的应用将更加普遍。目前中国已成为全球最大的工业机器人应用国，广东、浙江、山东、湖北、重庆等地先后出台了关于促进机器人产业发展的相关政策。近几年"机器换人"已成为中国推动产业升级的重要举措。工业机器人对人工的替代已经成为大势所趋。一方面，工业机器人替代解决了企业因用工成本上升等因素带来的用工难问题；另一方面也打破了原有的就业市场均衡，促进了就业市场的劳动力结构升级，同时移动互联时代新经济形态和商业模式的出现也加速促进了就业市场的转变，其对生产效率的提升也更加全面。工业机器人作为最典型的机电一体化、数字化装备，技术附加值很高，应用范围很广，作为先进制造业的支撑技术和信息化社会的新兴产业，对未来生产和社会发展起着越来越重要的作用。

3.1　工业机器人的概念与特征描述

3.1.1　工业机器人的概念

国际标准化组织对工业机器人有详细的定义，即一种自动控制的、可重新编程的多用途机械手、可编程的三个或更多轴，可以固定在某个地方或者移动用于工业自动化的应用。其中可编程是指运动或辅助功能可以在不改变物理设置的情况下改变一些动作和功能；多用途是指能够适应不同的应用程序与物理改变；目前所说的工业机器人，是集机械、电子、控制、计算机、传感器、人工智能等多学科技术于一体的自动化装备。一般工业机器人有3~6个运动自由度，自由度越高，机器人越灵活，目前已经开发出自由度达15个的双臂机器人。

工业机器人一般由四大系统构成，分别是执行机构、驱动装置、传感系统和控制系统。其中执行机构是用于具体动作操控和任务实施的部分，属于机器人的末端，一般包括各种夹取装置、末端执行装置、末端行走装置、末端操控装置等。驱动装置主要包括各类驱动电机、驱动控制单元等。驱动系统主要是按照控制系统发出的指令信号，借助于电力、气动和液压等动力传动系统进行动作输出，它输入的是电信号，包括转动、线性运动、不规则棘轮运动、角度运动等。机器人使用的驱动装置主要包括各类电机，如步进电机、伺服电机等，此外也有采用液压、气动等驱动装置。传感系统主要用于检测机器人的实时运动状态和外部环境的时刻变化情况，通过隐藏与机器人中的各类传感器进行数据的获取，然后通过反馈系统将数据反馈给中央控制系统。传感系统类似于人的五官，不断地获取外部信息给到大脑，助力于大脑实时作出准确地判断。控制系统是机器人的大脑，即中央枢纽，用于进行数据的处理和运算，给机器人下达各类指令。而控制系统分为两种：一种是集中式控制，即机器人的全部控制由一台微型计算机完成；另一种是分散（级）式控制，即采用多台微机来分担机器人的控制，如当采用上、下两级微机共同完成机器人的控制时，主机常用于负责系统的管理、通讯、运动学和动力学计算，并向下级微机发送指令信息。以上四个系统构成了工业机器人的全部。

3.1.2 工业机器人的分类

工业机器人按照不同的分类方式可以分为不同的类别。国际机器人联合会将机器人分成两大类，即工业机器人和服务机器人。中国的机器人专家从应用环境出发，将机器人分为两大类：工业机器人和特种机器人。所谓工业机器人就是面向工业领域的多关节机械手或多自由度机器人；而特种机器人则是除工业机器人之外的、用于非制造业并服务于人类的各种先进机器人,包括服务机器人、水下机器人、娱乐机器人、军用机器人、农业机器人、机器人化机器等。在特种机器人中,有些分支发展很快,有独立成体系的趋势,如服务机器人、水下机器人、军用机器人、微操作机器人等。

按机械构造机器人又可分为:平面多关节机器人(SCARA robots),即在一个平面上,有两个平行旋转关节工作的机器人;多关节型机器人(Articulated robots),即有三个以上旋转关节的机器人;坐标机器人(笛卡儿、桁架、线型)(Cartesian, gantry, linear robots),即沿着X、Y、Z轴线性运动的机器人;圆柱坐标型机器人(Cylindrical robots),即轴能够形成圆柱坐标系的机器人,通常仅有日本与韩国的个别厂商使用这种分类方法;并联机器人(Parallel robots),即手臂具有并行棱柱或旋转关节的机器人;工厂物流机器人(AGV robots),即采用自动或人工方式装卸货物,按设定的路线自动行驶或牵引着载货台车至指定地点,再用自动或人工方式装卸货物的机器人;其他机器人(Other robots)为不属于上述类别的机器人。

按臂部的运动方式工业机器人又可分为四种:第一种是笛卡儿机器人,手臂有三个移动关节,其轴与笛卡儿坐标系相关的机器人;第二种是SCARA机器人,它是有两个平行的旋转关节在平面上提供柔度的机器人,或者是手臂上至少有三个旋转关节的机器人;第三种是平行或Delta型机器人,手臂上同时有移动关节或旋转关节的机器人;第四种是圆柱形机器人,其轴线构成圆柱坐标系的机器人。直角坐标型的臂部可沿三个直角坐标移动;圆柱坐标型的臂部可作升降、回转和伸缩动作;球坐标型的臂部能回转、俯仰和伸缩;关节型的臂部有多个转动关节。

按执行机构运动的控制机能,工业机器人又可分为点位型和连续轨迹型。点位型只控制执行机构由一点到另一点的准确定位,适用于机床上下料、点焊和一般搬运、装卸等作业;连续轨迹型可控制执行机构按给定轨迹运动,适用于连续焊接和涂装等作业。

3.1.3 工业机器人的应用领域

工业机器人的应用领域非常宽泛,主要用于焊接、装配、搬运码垛、上下料、打磨喷涂、切割加工机器人等。下游应用行业主要有汽车、电子电气、橡胶塑料、冶金、食品、药品化妆品等。根据 IFR 的定义和分类，工业机器人主要应用于以下领域，如表 3.1 所示。

表 3.1　　　　　　　　工业机器人的应用领域

编码	应用领域的分类
110	搬运、上下料
110-1	用于金属铸造的搬运与上下料
110-2	用于塑料成型的搬运与上下料
110-3	用于冲压、锻造、钣金搬运与上下料
110-4	机床加工中的搬运与上下料
110-5	其他机械加工的上下料
110-6	用于检测、检验、测试的搬运与上下料
110-7	用于码垛的搬运与上下料
110-8	用于包装、拾放地搬运上下料
110-9	材料的搬运与上下料
160	焊接和钎焊
160-1	弧焊
160-2	点焊
160-3	激光焊
160-4	其他焊接
160-5	钎焊
170	涂层与胶封
170-1	喷漆、上釉
170-2	粘胶剂、密封材料或类似材料的应用
170-3	其他点胶或喷涂
190	加工
190-1	激光切割
190-2	水刀切割
190-3	机械切割、磨削、去毛刺、铣削、抛光
190-4	其他加工

续表

编码	应用领域的分类
200	装配及拆卸
200 - 1	固定、压装
200 - 2	装备、安装、嵌入
200 - 3	拆卸
200 - 4	其他装备
900	其他
900 - 1	平面显示器用洁净室
900 - 2	半导体用洁净室
900 - 3	其他洁净室
900 - 4	其他（请注明具体应用领域）
999	未指定

3.1.4 工业机器人的特征分析

工业机器人是高端智能制造装备的代表，具有如下几个特点：一是工业机器人代表了当下先进技术发展，尤其是人工智能等技术的发展。工业机器人集成了精密化、柔性化、智能化等各种先进的技术与科技成果，通过对过程实施检测、控制、优化、调度、管理和决策，实现增加产量、提高质量、降低成本、减少资源消耗和环境污染等目标，工业机器人的应用是当下人工智能技术在工业领域应用的典型体现之一。二是工业机器人是促进传统产业转型升级的关键。工业机器人与自动化成套装备具备精细制造、精细加工以及柔性生产等技术特点，是继动力机械、计算机之后出现的全面延伸人的体力和智力的新一代生产工具，是实现生产数字化、自动化、网络化以及智能化的重要手段。工业机器人的应用能够替代生产线的传统设备，也能替代重复作业的低技能劳动者，随着技术的进步，甚至可以替代更高技能的劳动者，因此工业机器人将成为实现产业转型升级的利器。三是工业机器人渗透于工业生产的各个领域。工业机器人与自动化成套装备是生产过程的关键设备，可用于制造、安装、检测、物流等生产环节，并广泛应用于汽车整车及汽车零部件、电子信息工程、机械工程、轨道交通、集成电路、IC 装备、军工、烟草、金融、医药、冶金及印刷出版等众多行业，应用领域非常广泛。工业机器人在各个领域的应用和渗透使得工业机器人在整个社会的生产中得到了非常广泛的应用。四是工业机器人是机械、电子、人工智能、自动化等多学科融合发展的结果。工业机器人与自动化成套技术，集中并融合了多项学科，涉及多项技术领域，包括工业机器人控制技术、机器人动力学及仿真、机器人构建有限元分析、激光加工技术、模块化程序设计、智能测量、建模加工一体化、工厂自动化以及精细物流等先进制造技术，技术综合性强。

3.2 全球工业机器人的发展现状分析

根据国际机器人联合会统计，截至 2019 年底，在世界各地的工厂里正在运行的工业机器人超过 270 万台，增长 12%，创下新的纪录。2019 年，全球工业机器人发货量为 37.3 万台，与 2018 年相比下降了 12%，但依然是有记录以来的第三高销量。工业机器人产业的前景被普遍看好。麦肯锡预计，到 2025 年全球约 5%~15% 的制造业将被工业机器人取代。英国牛津大学一项针对 700 多种职业的分析研究表明，今后 10~20 年，美国有一半以上的职业或将由机器人承担。作为一种跨学科先进技术，机器人技术的突破需要其他技术支撑，尤以能源、材料、信息、生命科学及先进制造技术为重。这些技术被众多学者视为新一轮产业革命的支撑技术，它们的突破必然会促发机器人产业发展的高峰，从而推动新一轮产业革命进程。

3.2.1 全球工业机器人存量分析

自 20 世纪 60 年代末引入工业机器人以来，截至 2017 年底全球工业机器人的累计销量达到约 379.7 万台。这些包括 2000 年以前在日本安装的专用工业机器人。然而，大多数早期的机器人现在已经被淘汰了，国际机器人联合会 2020 年的统计数据显示，截至 2019 年，全球可操作的机器人库存总量超过 270 万台。2009~2019 年，全球可操作的工业机器人库存数量如图 3-1 所示。

第3章 工业机器人的发展与应用现状分析

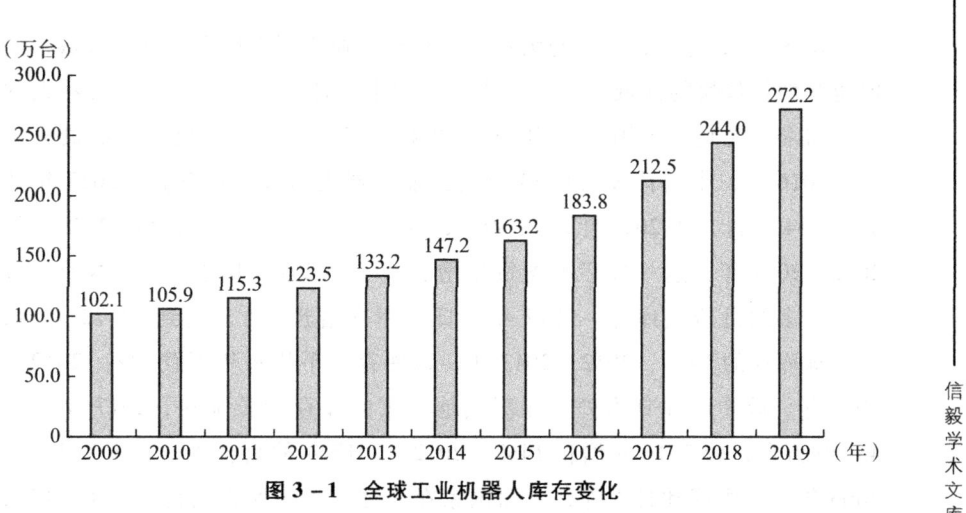

图 3-1 全球工业机器人库存变化

工业机器人的平均使用寿命可能长达15年，自2012年以来，库存以年均11%的速度大幅增长。由于2009年机器人安装量的大幅减少，该年最低库存量首次比上一年减少了约1%，但此后，工业机器人存量便上涨了一倍。全球范围内，2019年工业机器人年度安装量排名前五的市场分别是中国、日本、美国、韩国和德国。进一步对比亚洲与大洋洲、欧洲和美洲的工业机器人库存数据如图3-2所示。

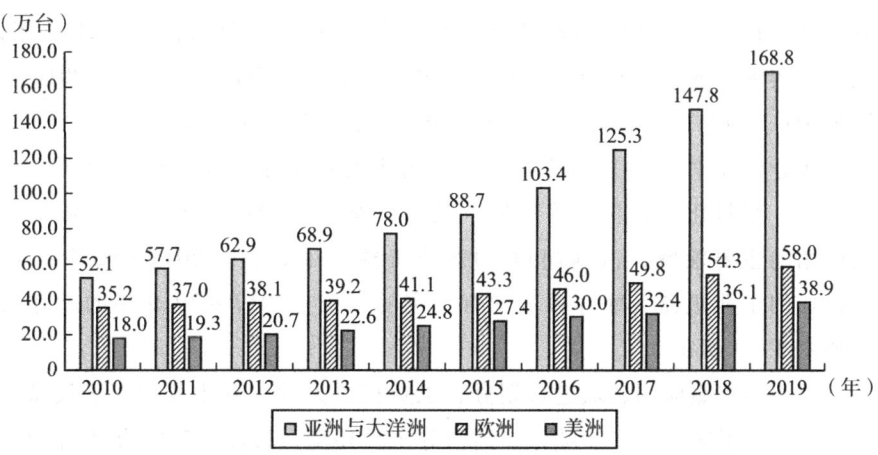

图 3-2 亚洲与大洋洲、欧洲和美洲工业机器人库存数据对比

由图3-2可知，亚洲与大洋洲是全球工业机器人库存最高的区域，同时也是增长最快的区域。其中主要是因为中、日、韩三国对工业机器人的巨大需求，尤其是中国，自2013年以来一直是全球工业机器人的最大市场。2016年，中国首次拥有34万台工业机器人的最高库存量，2017年达到47.34万台，比2016年增长39%，这一份额占全球总库存的23%。从2012~2017年，这一数字平均每年增长37%。2015年之前，日本拥有世界上最多的机器人库存。2017年，日本库存增长3%，达到29.72万台，占全球库存的14%；2012~2017年，该库存量平均每年下跌1%。2012~2017年，除中国和日本外，亚洲其他国家的库存增长加快，2017年达到45.49万台，较2016年增长14%。2012~2017年的复合年增长率为15%。2005年，除中国和日本外，亚洲国家在全球库存中所占的份额只有11%，日本占全球总存量的40%，中国仅占1%。2017年，除日本和中国外，亚洲其他国家的总存占比约为22%，总存量强劲增长的原因是韩国和东盟国家的机器人安装显著增加。韩国机器人库存从2010年的10.11万台增加到2017年的27.31万台，占2017年全球总库存的13%。欧洲的库存占全球总库存的24%，2017年增加了8%，达约49.78万台，从2012~2017年，这一数字平均每年增长6%。2012~2017年，中欧和东欧国家的机器人库存平均每年增长19%。同期，西欧国家的库存平均每年仅增长4%。在使用的机器人中，约15%安装在美洲，2017年数量继续增加至约32.36万台（增长8%）。2012~2017年，该库存量平均每年增长9%。2017年，北美（美国、加拿大和墨西哥）的机器人库存约为307100台，比2016年增长8%。与此同时，美洲其他所有国家的股票都稳步增长。

从分行业来看，工业机器人的应用主要集中于汽车、电气电子、金属机械、塑料化工、食品等领域，其中汽车行业和电气电子是工业机器人应用的主要领域，占据超过50%的份额。在2017~2019的3年，以上行业的工业机器人库存数量均有一定的增长，2017~2019年的库存数据如图3-3所示。

进一步按照应用领域进行划分，工业机器人的库存主要分布于设备操控、焊接、组装、加工、喷涂、清洁等多种环境，2017~2019年库存数据如图3-4所示。

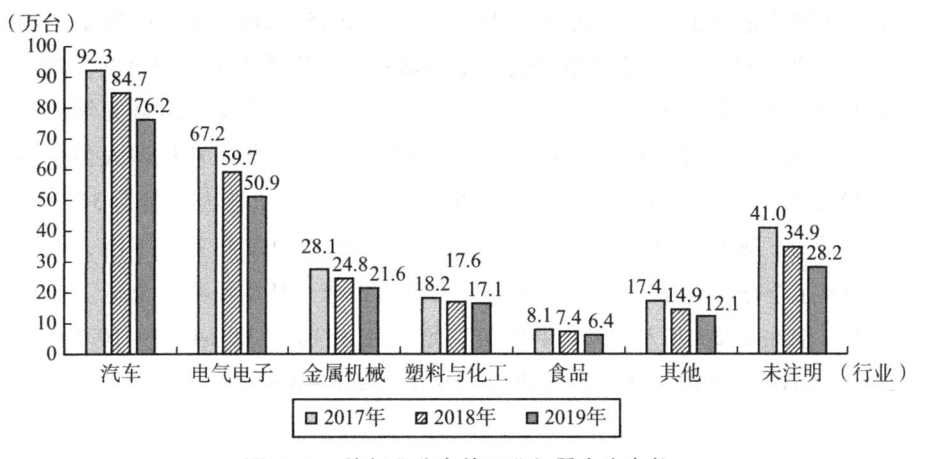

图 3-3 按行业分布的工业机器人库存数

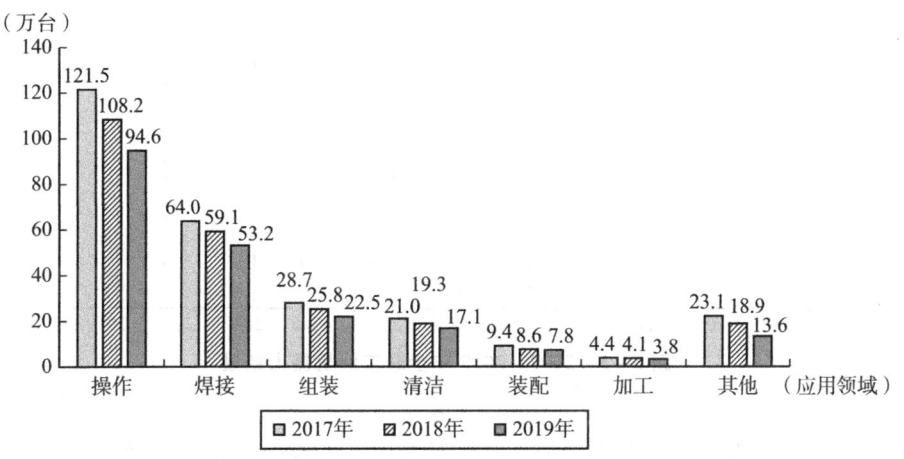

图 3-4 按应用领域分布的工业机器人库存数

3.2.2 全球工业机器人销量分析

从 2003~2008 年，工业机器人的销售额不断上升。2009 年，工业机器人的销售额下降至 40 亿美元。然而，自 2010 年以来，销售额开始持续上升，到 2017 年，销售额增长 25%，达到 167 亿美元的新高峰。2012~2017 年，工业机器人销量的平均增长幅度为每年 19%。工业机器人安装的数量此前从未如此急剧地增加过。2011~2017 年与 2005~2008 年相比，年平均供应量翻了一番,达到约 23.6 万台。2015~2017 年,销售量平均年增长约为 31 万台。这清楚地表明了全球对工业机器人需求的急剧。2017 年机器人销量增长 30%,达到 381335 台,增长幅度惊人连续第五年创下新高。2018 年全球工业机器人销量再创历史新高,全年工业机器人销量约为 42.2 万台,同比仅增长 11.3%。2019 年全球工业机器人销量为 37.3 万台,同比下降 11.61%。虽然工业机器人的销量在 2019 年有所下滑,但是阻挡不了全球经济发展对工业机器人的巨大需求。IFR 预测,全球工业机器人有望在 2020 年和 2021 年恢复,增长率分别为 11.64% 和 10.64%。2009~2019 年全球工业机器人的销量变化如图 3-5 所示。

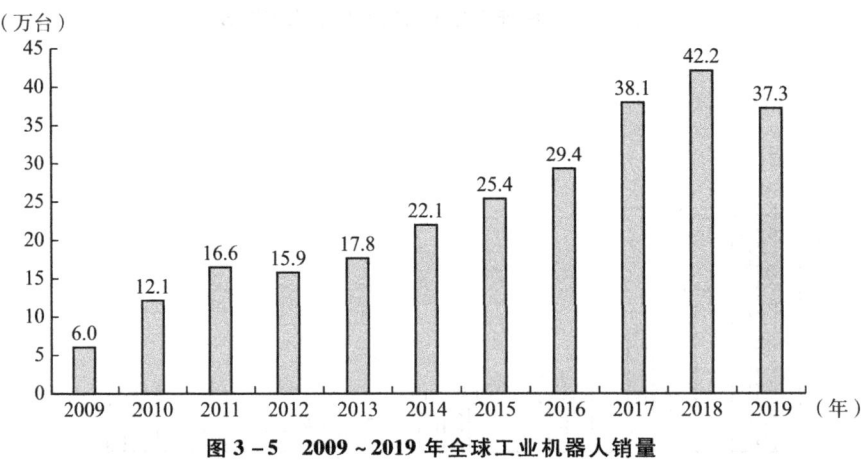

图 3-5　2009~2019 年全球工业机器人销量

从区域来看,亚洲依然是工业机器人的主要市场。如图 3-6 所示,纵观全球市场可以发现,所有区域都在继续大幅增长,而亚洲地区仍然是世界上最强劲的增长市场。2017 年亚洲和澳洲总销量约 28 万台,比 2015 年增长 75%。这是连续第五年达最高销售水平。2018 年更是登上 28.3 万台的历史最高点。欧洲是第二大市场,2017 年工业机器人销量增长了 18%,达到近 6.7 万台,2018 年增长到 7.6 万台,这是一个新的历史高峰。美洲的数量也在稳步增加,2018 年达到 5.5 万台。不过对比分析可见,亚洲无论是总量和增长幅度都是全球最大的市场。

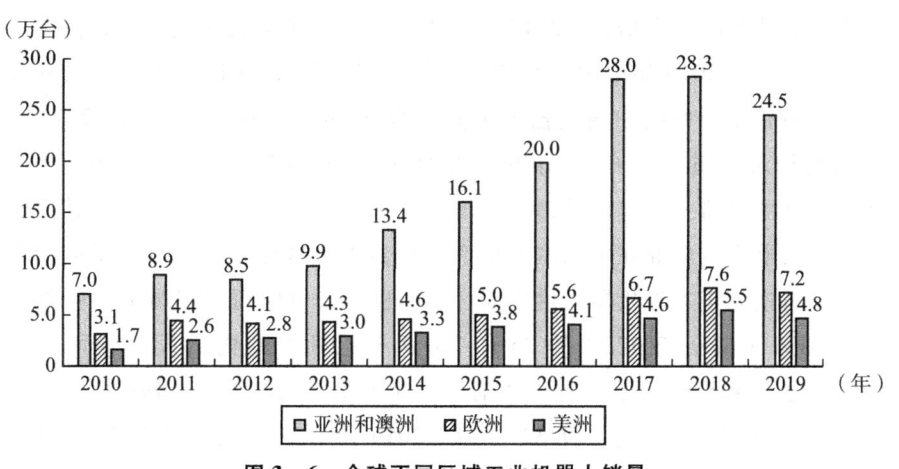

图 3-6 全球不同区域工业机器人销量

从国家来看,全球工业机器人销量前 5 的国家主要为中国、日本、美国、韩国和德国,2019 年上述国家工业机器人的销量分别为 14.05 万台、4.99 万台、3.33 万台、2.79 万台和 2.05 万台,中国依然保持全球最大的工业机器人市场地位。2019 年全球工业机器人销售量前 15 的国家排行如图 3-7 所示。

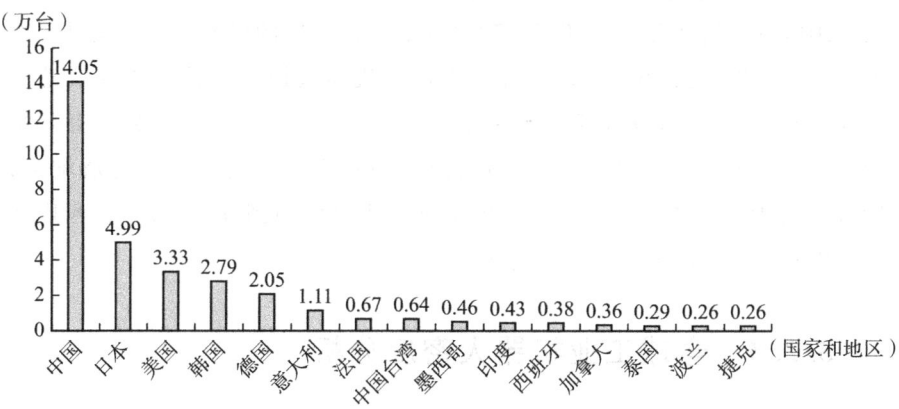

图 3-7 2019 年全球工业机器人销量排行

由图 3-7 可以看出,中国、日本、韩国、美国和德国的机器人销量占了全球的 73%。自 2013 年以来,中国一直是世界上最大的机器人市场,并保持着持续的动态增长。2017年，中国又显著扩大其领先地位，占总供应量的36%，2018年中国的总销量占比为33.3%，这远远超过了欧洲和美洲的总销量。根据中国机器人工业联盟（CRIA）提供的信息，2017年中国机器人制造商在中国销售了大约3.47万台机器人，比2016年高29%。外国机器人供应商的销售额增加了72%，达到10.32万台，其中包括国际机器人供应商在中国本地生产的机器人，这是外国机器人供应商的增长率首次高于本地机器人供应商。中国机器人供应商的市场份额从2016年的31%下降到2017年的25%。2017年，日本的机器人销量增长了18%，达到4.5566万台，是日本有史以来的第二高销量。而韩国的机器人供应量下降了4%，为3.9732万台，2016年其工业机器人装置达到了4.1373台的顶峰。这一发展的主要驱动力是电气/电子行业2017年机器人安装量减少了18%。2012~2017年，韩国的机器人销量平均每年增长了15%。2017年，美国的机器人装置连续第七年继续上升到新高峰，比2016年高出6%。自2010年以来，工业机器人是美国所有制造业增长的驱动力。德国是世界上第五大机器人市场，2019年机器人的销量为2.05万台，比2017年的2.1万台有所下降，此前2014~2016年，其工业机器人的年销量停滞在2万台左右。其他重要的亚洲市场自2013年以来也在增长，2017年中国台湾地区的年供应量在世界上最重要的机器人市场中排名第六，2019年下降为第八。2012~2017年，台湾地区的机器人安装量显著增加，平均每年增长26%。2017年，泰国的机器人销量增长了28%，达到0.34万台，然而2019年下降到0.29万台。印度机器人的安装量有所增加，达到0.43万台。其他重要的欧洲市场对机器人的投资也有所增加，2019年意大利创造了1.1万台的新纪录，法国增加到0.67万台，西班牙工业机器人的销量进一步上升到0.38万台。

3.2.3 全球工业机器人密度分析

机器人分布密度是衡量机器人使用量的重要指标之一。不同国家的工业机器人数值比较是世界工业机器人数据的一个频繁应用，但是当国家之间有不同的经济规模时，绝对数量可能会产生误导性的判断，因为经济规模因国家而异（横截面），随时间而异（纵向）。在此背景下按国家划分的工业机器人的绝对数量（库存）并不能反映经济规模，因此机器人密度作为一种可替代的测量方法被广泛使用。机器人密度是指运行中的工业机器人数量与员工数量的比值，它可以覆盖整个制造业，也可以只覆盖特定的分支产业。员工数量是衡量经济规模的一个指标，因此库存与员工的比值将机器人数量置于一个统一的基础上。它可以被理解为一个行业的工业机器人渗透的衡量标准。世界机器人联合会将机器人密度定义为每1万人中使用的工业机器人数量。具体而言，以制造业的就业作为员工基础，分析制造业的工业机器人密度可知，2013年，全球工业机器人密度为62台/万人；欧洲、美洲和亚洲的密度分别为82台/万人、73台/万人和51台/万人。其中，韩国的工业机器人密度全球最高，达到437台/万人，日本为323台/万人，德国为282台/万人。到2019年，以制造业工业机器人密度为例进行，全球机器人密度排行前17位的国家和地区如图3-8所示。

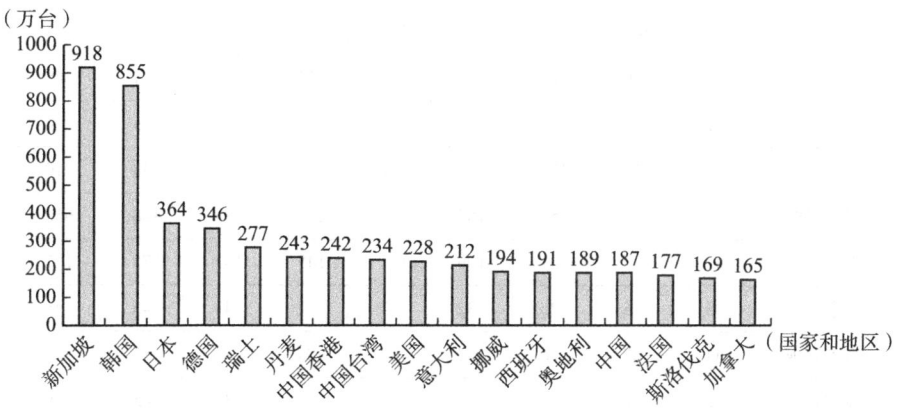

图3-8　2019年全球机器人密度排行

2019年全球的平均密度是113台/万人，亚洲、欧洲和美洲的平均密度分别是118台/万人、114台/万人和103台/万人。新加坡和韩国依然引领全球的工业机器人密度，分别达到918台/万人和855台/万人。中国的密度仅为187台/万人，虽然已经超过了世界平均水平和亚洲平均水平，但是距离发达国家还有明显的差距。不过我们也要意识到，近年来，中国的工业机器人密度已经获得了极大的提升，这得益于中国制造业的快速发展与整体水平的提升。2009~2017年全球主要国家的工业机器人密度如表3.2所示。

表3.2　　世界主要国家2009~2017年工业机器人密度　　单位：台/万人

国家和地区	2009年	2010年	2011年	2012年	2013年	2014年	2015年	2016年	2017年
阿根廷	6	6	8	9	10	11	12	14	16
巴西	4	6	6	6	7	8	9	11	12
加拿大	90	96	103	111	124	131	144	158	161
墨西哥	10	11	13	15	17	20	26	31	36
美国	114	130	135	141	152	164	175	189	200
中国	11	15	18	23	25	36	51	69	97
印度	1	1	1	1	2	2	2	3	3
印度尼西亚	1	1	1	2	3	3	4	4	5
伊朗	2	2	2	2	2	2	1	0	0
日本	331	308	310	319	319	312	303	301	308
马来西亚	17	19	19	21	22	24	28	34	45
菲律宾	1	2	2	2	2	3	3	3	4
韩国	255	311	364	393	431	469	548	638	710
新加坡	62	68	154	187	224	299	389	488	658
中国台湾	87	94	101	109	125	145	163	175	197
泰国	13	18	25	32	37	37	41	45	48
澳大利亚	64	68	76	84	87	86	87	83	80
新西兰	12	16	21	26	32	35	39	45	46
奥地利	90	97	101	109	115	119	129	147	167
比荷卢联盟	86	89	95	107	122	131	148	165	180
比利时	121	121	120	135	160	165	169	180	192
荷兰	67	71	81	90	101	117	134	155	172
克罗地亚	2	2	2	3	4	4	5	6	6
捷克	35	40	50	58	68	80	90	102	119
丹麦	132	150	157	167	176	188	197	210	230

续表

国家和地区	2009年	2010年	2011年	2012年	2013年	2014年	2015年	2016年	2017年
爱沙尼亚	3	4	4	5	6	8	9	11	15
芬兰	130	133	130	125	128	129	129	141	139
法国	123	131	132	130	126	127	128	133	137
德国	255	263	270	273	282	292	301	309	322
希腊	7	9	10	11	13	15	17	19	21
匈牙利	15	18	30	43	52	57	63	58	78
以色列	17	19	19	21	22	25	28	33	40
意大利	166	173	174	173	174	179	185	185	190
挪威	41	42	43	42	41	41	45	51	56
波兰	10	12	15	17	19	23	28	32	36
葡萄牙	31	33	35	39	42	44	47	57	65
罗马尼亚	1	2	5	6	7	9	11	15	18
俄罗斯	1	1	1	2	2	3	3	3	4
斯洛伐克	25	46	52	54	85	91	99	132	151
斯洛文尼亚	46	56	65	81	91	103	116	133	144
西班牙	126	131	141	147	150	151	157	157	157
瑞典	156	158	162	166	176	187	216	232	240
瑞士	72	76	80	88	90	98	110	118	129
土耳其	6	6	8	10	13	15	19	23	27
英国	59	59	60	66	69	74	76	81	85
全球	**46**	**48**	**50**	**53**	**55**	**59**	**66**	**75**	**85**

由表3.1可知，2017年制造业平均机器人密度为85台/万名员工。欧洲是机器人密度最高的地区，平均为106台/万人；美洲为91台/万人，亚洲和澳大利亚为75台/万人。尽管近年来亚洲的机器人安装量很大，但其仍然是机器人密度低而增长率最高的地区。2012~2017年，亚洲机器人密度的平均年增长率为12%，美洲为9%，欧洲为5%。需要注意的是，这

些区域的平均值是有偏的。机器人密度最高的国家是韩国（710台/万人）和新加坡（658台/万人）。自2010年以来，韩国一直是制造业中机器人密度最高的国家，由于持续大量安装机器人，这一比例从2010年起一直在上升，特别是在电气、电子行业和汽车行业。新加坡紧随其后，因为该国制造业的雇员数量非常少——根据国际劳工组织的数据，该国约有24万名雇员，大约84%的机器人被安装在电子行业。其次是德国（322台/万人）和日本（308台/万人）。2009年，日本是世界上机器人密度最高的国家，但从2010年开始相继被韩国、新加坡和德国超越。2009年，日本机器人密度为331台/万人，2016年降至301台/万人。然后是瑞典（240台/万人）和丹麦（230台/万人）。丹麦的机器人密度多年来一直在增加，尽管丹麦没有汽车制造商，但是有少数汽车零部件供应商。美国的机器人密度近年来大大增加，从2009年的114台/万人增加到2017年的200台/万人。在亚洲，中国台湾的机器人密度增加明显，主要因为机器人安装在电子工业，最近几年密度由87台/万人增加到197台/万人，排名在比利时（192台/万人）和意大利（190台/万人）之前。在欧洲，荷兰的工业机器人密度持续增长，从2009年的67台/万人增加到2017年的172台/万人。类似地，奥地利的机器人密度从2009年90台/万人增加到2017年的167台/万人。此外，其他机器人密度高于平均水平的国家还有加拿大（161台/万人）、西班牙（157台/万人）、斯洛伐克（151台/万人），斯洛文尼亚（144台/万人），芬兰（139台/万人），法国（137台/万人），瑞士（129台/万人），捷克（119台/万人）和中国（97台/万人）。2009年，中国工业机器人密度仅为11台/万人，2017年增加到97台/万人，增加了近10倍。斯洛伐克2017年工业机器人密度增加到151台/万人，是自2009年以来机器人密度绝对值增长最多的国家，数量几乎是2009年的6倍。在这段时间内，密度显著增加的其他国家是荷兰（增加了105台/万人）和斯洛文尼亚（增加了99台/万人），它们的密度都是2009年的3倍多。英国的机器人密度与全球平均水平相符，平均85台/万人。澳大利亚（第80位）和匈牙利（第78位）紧随其后。澳大利亚机器人密度随着机器人运营库存的减少而减少。葡萄牙、挪威、泰国、新西兰和马来西亚的机器人密度紧随其后，万人拥有量在45~65台。以色列、墨西哥、波兰、土耳其、南非和希腊的密度在21~40台。其余国家的机器人密度低于20台/万人。

3.2.4 工业机器人技术的国际比较

工业机器人的发展起源于美国,早在 1962 年美国就研制出世界上第一台工业机器人,比日本起步至少要早五六年。经过 30 多年的发展,美国现已成为世界上机器人强国之一,基础雄厚,技术先进。美国的机器人技术在国际上仍一直处于领先地位,其技术全面、先进,适应性也很强。美国在鼓励工业机器人发展方面有良好的产业政策。奥巴马政府在 2011 年 6 月启动《先进制造伙伴计划》,提出通过发展工业机器人提振美国制造业。2014 年 10 月,美国又发布了《加速美国先进制造业》,俗称 AMP2.0。同时美国推出了新的工业机器人标准,标准学会(ANSI)通过了一项美国国家机器人安全新标准 ANSI/RIAR 15.06-2012,该标准由机器人工业协会(RIA)定制,如今与国际 ISO 的 102182011 标准协同一致。推出这项新标准是一个涉及北美乃至全世界机器人行业领导者的过程,也助推了美国工业机器人的发展。美国之外,欧洲也是推动工业机器人发展的主要力量。德国已经开始进入"工业 4.0 计划",以工业机器人推动生产制造向灵活化和个性化方向转型。2012 年,德国推行了以"智能工厂"为重心的"工业 4.0 计划"。依此计划,通过智能人机交互传感器,人类可借助物联网对下一代工业机器人进行远程管理,这种机器人还将具备生产间隙的"网络唤醒模式",以解决使用中的高能耗问题,促进制造业的绿色升级。2012 年,德国工业界机器人拥有量为 273 台/万人,相当于法国的 2 倍多,是英国的 4 倍多。而国际机器人协会发布的数据显示,2013 年,机器人在德国的销量比 2012 年提高了 4%,超过了 1.8 万台,2019 年达到 2.05 万台。法国在机器人领域虽然没有如 ABB、FANUC、KUKA、Motoman 等世界闻名的企业,但其拥有在工业机器人领域处于世界领先地位的企业,如机器人设计和制造企业 Staubli、高水平的设备制造商 CIMLEC 工业集团、Actenium 和 Clemessy 等。欧洲工业机器人和医疗机器人领域普遍居于领先地位。欧洲的知名工业机器人企业包括:瑞典 ABB、瑞士 Staubli、德国库卡(KUKA)、德国 CLOOS、德国百格拉、德国徕斯机器人、德国斯图加机器人、意太利 HANBS、意大利 COMAU、英国 Autotech Robotics 等。

日本是工业机器人领域的第三极。20 世纪 60 年代末日本经济处在高速发展期，年均增长率达到11%，经济的快速发展也加剧了日本劳动力严重不足的困难。1967年，日本川崎重工从美国引进机器人及其技术，并于1968年研制出第一台日本产Unimate机器人。经过一系列的消化、吸收和创新过程，日本工业机器人很快从60年代的摇篮期进入了70年代的实用期。此后日本的工业机器人开始进入快速发展阶段。1990年日本机器人出口额占总出货额的比例只在19.46%，2011年这一比例提高到71.96%。2015年，日本国家机器人革命推进小组发布了《机器人新战略》，拟通过实施五年行动计划和六大重要举措达成三大战略目标，使日本实现机器人革命，以应对日益突出的老龄化、劳动人口减少、自然灾害频发等问题，提升日本制造业的国际竞争力。当前日本知名的机器人企业包括：日本发那科（FANUC）、日本爱普生机器人、日本安川（Yaskawa）、川崎机器人、日本那智不二越、欧地希机电有限公司（OTC）等。在工业机器人的生产领域，有四家公司处于绝对的领先位置，被称为"四大家族"，分别是瑞士ABB、日本发那科、德国库卡和日本安川电机。"四大家族"是工业机器人领域绕不开的存在，他们是全球工业机器人市场的四大主角，在各个技术领域内各有所长，ABB的核心领域在控制系统，库卡在于系统集成应用与本体制造，发那科在于数控系统，安川在于伺服电机与运动控制器领域。"四大家族"基本实现了传感器、控制器、精密减速机等核心零部件完全自主化，技术处于绝对领先的位置。"四大家族"实力强劲，在机器人技术与市场占有率上遥遥领先。在2015年之前，"四大家族"在全球的市占率在50%以上，而随着全球许多细分领域机器人厂商的崛起以及《中国制造2025》推动下国内厂商的发展，"四大家族"市场占有率遭受一定程度挤压，但总体上依然占主导地位。通过满足具有国际性竞争力的汽车、电子、电机产业等企业使用者的严苛要求，以及销售实绩与专门技能的累积，日本工业机器人产业已经成为全球的领导者，在经过日本国内市场激烈的价格竞争后，更是获得了国际性的价格竞争力。

目前日本家用机器仍然处于优势地位。欧洲工业机器人和医疗机器人领域居于领先地位。美国积极致力于以军事、航天产业等为背景的开发，在系统集成领域、医疗机器人和国防军工机器人具有主要优势。

3.3 中国工业机器人的发展现状分析

3.3.1 工业机器人应用的政策环境分析

中国的工业机器人研究和应用起步较晚，无论是在技术层面还是产业应用层面，与西方发达国家相比均有一定的差距。随着中国经济转型的需要，国家到地方等不同层面都在大力推进制造业的转型升级，促进以工业机器人为代表的智能制造的应用与推广，"机器换人"成为中国推动产业升级的重要举措。工业机器人的应用和对人工的替代已经成为大势所趋，一方面解决了企业因用工成本上升等因素带来的用工难用工贵问题；另一方面也能大大提高生产效率，提升加工的精度，促进产品质量提升，降低生产成本，减少污染物排放。为此，中国各级政府相继出台了一系列文件支持工业机器人产业的发展与应用推广。

2012年3月，科技部印发《智能制造科技发展"十二五"专项规划》和《服务机器人科技发展"十二五"专项规划》，提出要突破智能制造基础技术与部件、攻克一批智能化装备、研发制造过程自动化生产线，制定相应技术与安全标准，增强产业竞争力，抢占制造业价值链高端，促进制造业结构升级和战略调整。2014年1月，工信部发布《关于推进工业机器人产业发展的指导意见》，提出到2020年，形成较为完善的工业机器人产业体系，培育3~5家具有国际竞争力的龙头企业和8~10个配套产业集群；工业机器人行业和企业的技术创新能力和国际竞争能力明显增强，高端产品市场占有率提高到45%以上，机器人密度达到100台/万人以上，基本满足国防建设、国民经济和社会发展需要。

随着《中国制造2025》的颁布与实施，中国制造业产业升级正成为国家战略，以机器人产业和工业机器人应用为代表的自动化、智能化制造成为中国实现制造强国的战略目标。为此国家出台了一系列政策文件鼓励机器人产业的发展。工信部颁布《机器人产业"十三五"发展规划》，积极推动机器人产业的发展，同时在重点制造领域推广机器人应用。此外，中国各省市也出台了强有力的机器人产业和"机器换人"相关政策。在浙江省，2013年5月浙江省人民政府发布《关于促进企业技术改造的实施意见》；2013年11月浙江嘉兴市发布《嘉兴市2014年度"机器换人"专项行动方案》；2013年12月浙江杭州市发布《关于开展"机器换人"工作三年行动计划（2013~2015）》。在广东省，2014年3月，广东省经信委印发《大力发展智能制造推进"两化"深度融合加快产业转型升级专项行动计划（2014~2015年）的通知》；2014年4月广州市政府印发《关于推动工业机器人及智能装备产业发展的实施意见》；2014年7月佛山市顺德区发布《关于推进"机器代人"计划全面提升制造业竞争力实施办法》；2014年8月东莞市政府发布《东莞市推进企业"机器换人"行动计划（2014~2016年）》。在山东省，山东省政府推出《推动资本市场发展和重点产业转型升级财政政策措施》等，都在大力推进机器人在经济社会各领域应用和机器人产业的发展。以上各项政策的出台都是为了促进制造业的转型升级，实现以智能制造为基础的转型升级。各省市在电子、机械、食品、纺织、服装、家具、鞋业、化工、物流等重复劳动特征明显、劳动强度大、有一定危险性的行业领域企业中，特别是劳动密集型企业中全面推动实施"机器换人"，重点推进工业机器人智能装备和先进自动化设备的推广应用和示范带动，实现"减员、增效、提质、保安全"的目标要求，进一步优化人口结构、提高企业劳动生产率和技术贡献率，培育新的经济增长点，加快产业转型升级。以东莞市为例，东莞市政府安排了"机器换人"专项扶持资金用于促进该计划的实施。从2014~2016年，东莞市政府连续三年在"科技东莞"工程专项资金中每年安排2亿元专项用于推动企业实施"机器换人"，扶持"机器换人"应用项目、服务机构和公共服务平台项目等，支持开展应用示范、产需对接推广、宣传培训。根据《中国制造2025》的规划，2020年、2025年和2030年三个时间节点国内工业机器人销量的目标分别是15万台、26万台和40万台，未来以工业机器人为代表的智能制造必将是工业生产的主要形态之一。良好的产业政府为机器换人计划的实施奠定了基础。不过除了政府的推动之外，企业在生产经营层面也面临着机器换人的巨大压力。

3.3.2 工业机器人应用的现实环境分析

从经济结构与宏观经济的层面分析，中国需要进行制造业的转型升级。但从企业角度分析，也有需要进行机器换人的内在驱动力。企业考虑进行机器换人的原因非常简单，核心就是成本问题，因用工成本上升导致企业不得不考虑用机器替换人工以提升企业的市场竞争力。政府的政策支持加速了这一进程的发展。企业选择机器换人背后的原因却非常复杂，表现在多个方面。机器人替代背后的核心原因还是人的发展问题，该问题的复杂是因为随着社会的发展与进步，人的发展复杂化。当人的发展与企业的发展不协调，特别是年轻一代劳动者的发展与当下制造业的发展不协调的时候，制造业就会受到根本的影响和威胁。可以说企业选择机器换人是一种被迫无奈，是社会发展倒逼的结果。回到企业选择机器人替代的问题上，直接原因是用工难。一方面人才越来越难以招募，另一方面招募人才和使用人才的成本越来越高。这背后原因是当下的劳动者，特别是年轻一代劳动者的发展需求在趋向多元化。

（1）社会生活成本上升。社会生活成本的上升直接抬高了当下劳动者的生活压力，城市化进程和城市化进展促使越来越多的劳动者选择在城市生活，但是城市中高昂的立足成本使得劳动者不得不考虑寻求更高的工资和收入，无形中给企业带来压力。

（2）区域经济发展均衡。以前中国东西部之间、南北部之间、大城市与小城市之间巨大的发展不均衡因素形成了巨大的虹吸现象，导致相对落后地区人才选择到大城市工作。随着中国经济的发展，区域之间的发展越来越均衡，人才的虹吸现象和单方向的流动被打乱，回乡成为当下的新选择，造成大城市的人才缺失。

（3）新一代心理问题。由于当今社会整个人口结构发生了变化，大学生的不断增加与产业工人的减少，同时此前一线从业者普遍为"60后""70后"，随着老龄化加剧，未来3~5年大量从业者将会离岗返乡，但现在的"80后""90后"就业意识早已发生变化，他们不同于父辈的那一代人为了谋生而去被迫从事一些枯燥、繁杂、甚至有危险的高危工作，这两代人基本解决了温饱问题，他们更多追求的是品质生活，怎样让自己生活得更好，所以大部分人会倾向于服务业而不是制造业，从而出现了产业结构的转换与升级。

（4）社会与家庭影响。"80后""90后"，甚至未来的"00后"，大多出生于独生子女家庭，或者属于受到家庭更多关照的群体。当他们的父辈们对子女的希望很高时，进工厂已经不是一个值得骄傲的岗位，由此带来了社会认知的影响。

（5）新经济形态的冲击。随着互联网和移动互联网技术的发展，越来越多的新经济形态出现，比如外卖、网红、快递员等不需要进工厂，但收入也不算低的岗位，吸引了很大一部分年轻的劳动者。这对制造业无疑也会带来巨大的冲击。

3.3.3　中国工业机器人销量与保有量分析

就年销售额而言，中国是目前世界上最大、增长最快的机器人市场。自2016年以来，中国拥有世界上最大的机器人库存，这种快速的发展在机器人发展史上是独一无二的。自2014年以来，年度销量从2014年的5.7万台增加到2017年的13.8万台，达到了单个国家有记录以来的最高水平。越来越多的国际机器人供应商在中国开设了生产厂，产能不断提高。根据国际机器人联合会的统计数据，中国工业机器人销量变动如图3-9所示。

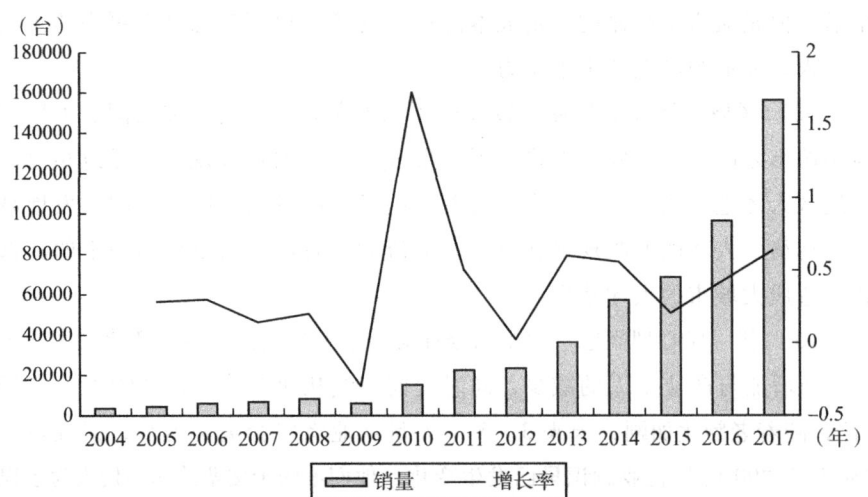

图3-9　中国工业机器人市场销售量统计

第3章　工业机器人的发展与应用现状分析

由统计结果可知，中国市场机器人销售量总体可分为两个阶段，第一阶段是2004～2009年。在此期间，中国市场的销售量持续维持在较低的水平，分别是3493台、4461台、5770台、6581台、7879台、5525台。自2010年起，中国机器人市场取得了快速发展，2010年，中国市场总销量首次突破1万台，达到14978台，是中国市场增幅最大的一年，此后一直保持高速增长，2011～2017年，销量分别是22577台、22987台、36560台、57096台、68556台、96500台、156176台，增长率分别为51%、2%、59%、56%、20%、41%、62%。尤其是自2013年开始，中国市场的工业机器人销售成为全球第一，占全球总销量的30%以上，中国已经连续7年成为全球最大的工业机器人市场。中国工业机器人的年销量、安装使用量和保有量都位居全球第一，中国经济的快速增长带动了对工业机器人的巨大需求。此外，中国工业机器人的保有量每年也在快速增长。中国工业机器人保有量的变动如图3-10所示。

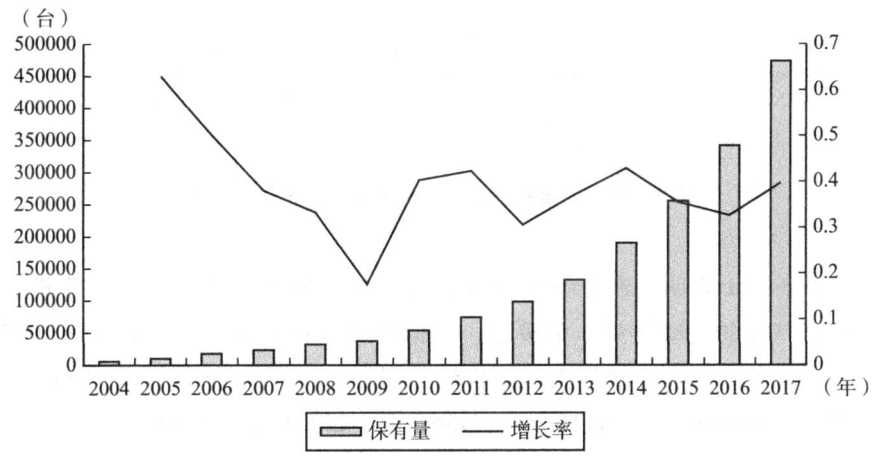

图3-10　中国工业机器人安装保有量统计

数据显示，保有量由2004年的7096台增长到2017年的501185台，2010年以来，历年的保有量分别是52290台、74317台、96924台、132784台、189358台、256463台、349470台、501185台，增长率分别为40.14%、42.12%、30.42%、37.00%、42.61%、35.44%、36.27%、43.41%，保有量增长率常年保持在30%以上。

3.3.4 制造业工业机器人总量和密度

制造业是工业机器人的主要应用领域。国际机器人联合会针对制造业的机器人使用量进行了单独统计，统计的范畴包括 11 个子行业类别，分别对应中国制造业 31 个行业大类的数据。根据其统计数据，我们总结了中国制造业领域的工业机器人年销售量的变动如图 3-11 所示。

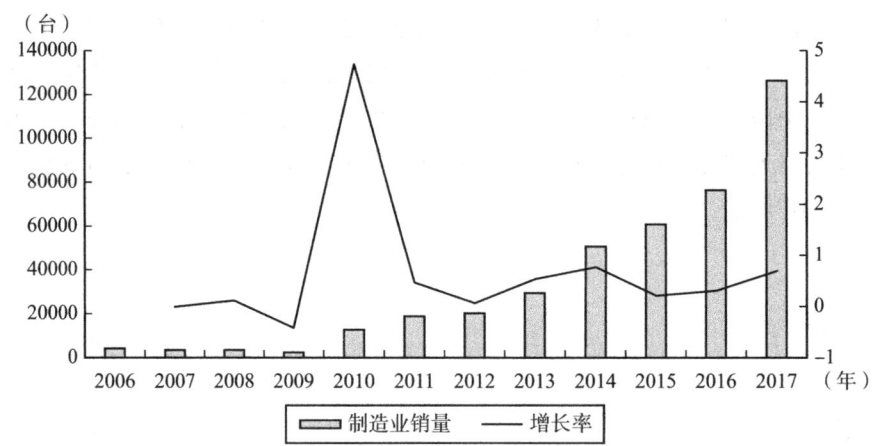

图 3-11 中国制造业工业机器人市场销售量统计

图 3-11 表明，制造业工业机器人数量的变动规律与中国工业机器人市场整体的变动趋势非常接近。根据统计数据计算可知，2006~2017年，制造业行业工业机器人的销售量分别是 3690 台、3631 台、3971 台、2278 台、13008 台、19119 台、19561 台、29179 台、51017 台、60717台、76636 台、125754 台，占中国市场整体销量的比例分别是 64%、55%、50%、41%、87%、85%、85%、80%、89%、89%、88%、91%，可见制造业工业机器人的占比越来越高。此外观察数据可以发现，2012 年以来，中国工业机器人的增长在不断提速，2012 年"党的十八大"正式提出创新驱动发展，从这一年开始一系列政策出台，鼓励制造业的转型升级，正是在这一背景下中国的工业机器人数量开始快速增长，工业机器人产业和智能制造开始蓬勃发展。同时 2012 年以后，工业机器

人对中国制造业的潜在影响也开始越来越显现。为了分析工业机器人应用对经济和劳动力市场的影响,我们还密切关注机器人的分布密度,并结合中国制造业从业人数,计算出中国制造业工业机器人的密度,分布如图 3-12 所示。

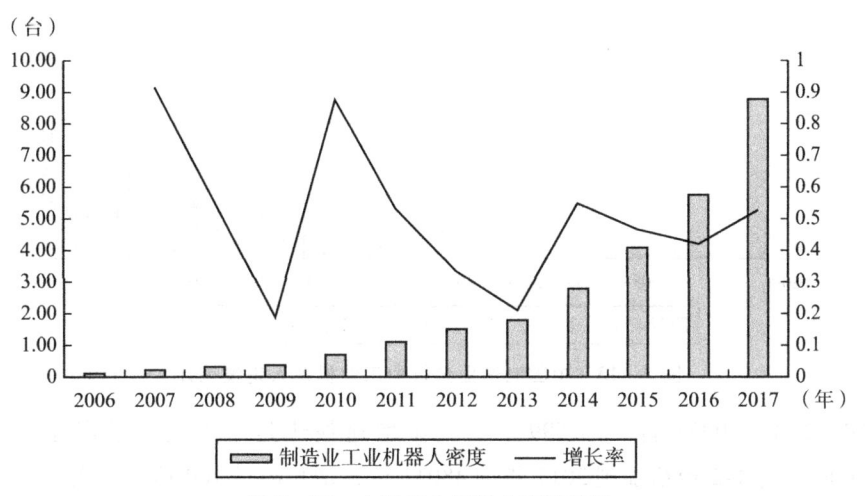

图 3-12 中国工业机器人密度统计

数据来源:根据国际机器人联合会统计数据和《中国工业经济统计年鉴》数据整理绘制。

数据显示,中国制造业工业机器人密度历年来逐步提升,由 2006 年 0.01 台/万人增加到 2017 年 0.881 台/万人,尤其是 2012 年以后,机器人密度增速加快,短短五年时间,由 1.49 台/千人增长到 8.81 台/千人,增长了近 6 倍。这说明近几年中国工业机器人正在加速普及,与中国大力推进制造业转型升级的背景相吻合。

根据国际机器人联合会的统计数据,全球工业机器人主要应用到汽车、电子与通信、塑料与化工产品和金属制品等领域。我们据此进一步对制造业细分行业的工业机器人销量进行统计,聚焦四个子行业,相关统计结果如图 3-13 所示。

以上数据显示,在工业机器人应用集中在塑料和化工产品、金属、电气电子、汽车等四大行业,2006 年以来累计销量分别是 3655 台、3573 台、3845 台、2039 台、12488 台、18155 台、18263 台、27380 台、48221 台、

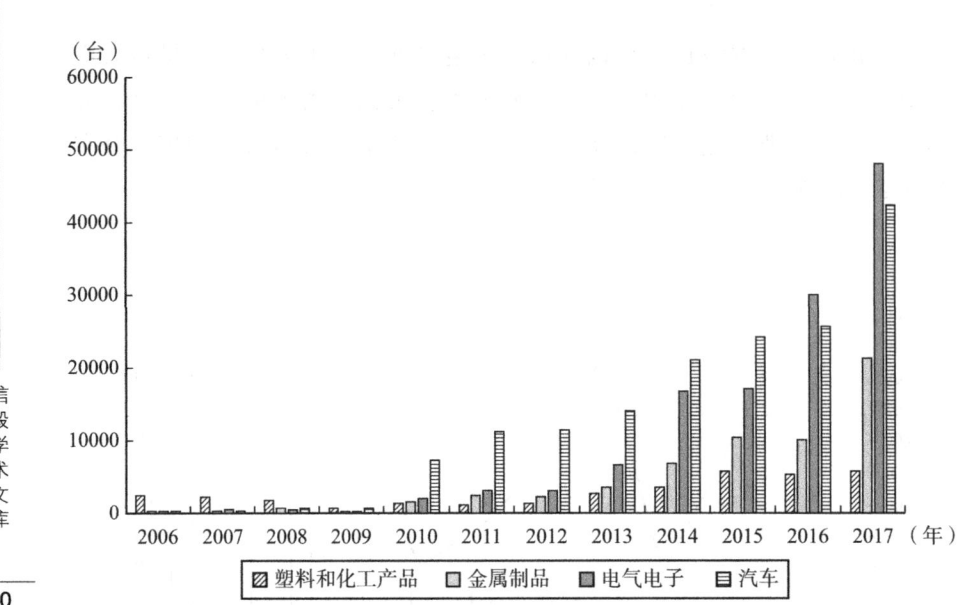

图 3-13 中国制造业分行业工业机器人销量统计

57512 台、70928 台、117599 台。其中增速最快是的电气电子产业，由 2006 年的 442 台增加到 2017 年的 48011 台，增长超过 100 倍。其次是汽车产业，由 2006 年的 399 台增加到 2017 年的 42396 台，增长也超过 100 倍。金属制品行业也由 236 台增长到 21353 台。而塑料与化工产品行业则增长缓慢，由 2578 台增长到 5839 台，绝对值也较低。各分行业所拥有的工业机器人的占比结果如图 3-14 所示。

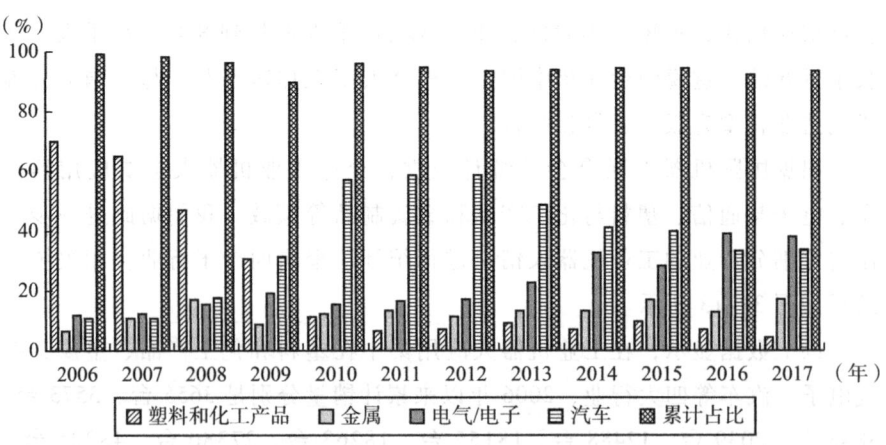

图 3-14 中国制造业分行业工业机器人销量占比统计

第3章 工业机器人的发展与应用现状分析

数据显示，塑料和化工产品、金属制品、电气电子、汽车等四大行业的工业机器人使用量占据了制造业机器人使用总量的90%以上，2006年以来，这一比例分别是 99%、98%、97%、90%、96%、95%、93%、94%、95%、95%、93%、94%。其中塑料和化工产品行业的使用量比例下降很快，由2006年的70%降到207年的5%。而汽车和电工电子两个行业比例增速非常快，分别由2006年的11%和12%，增长到2017年的34%和38%。自2010年以来，汽车行业的大规模投资促进了机器人的安装。中国已成为全球最大的汽车市场和汽车生产基地，中国也是电子设备、电池、半导体和芯片的主要生产市场。自2016年以来，电气/电子行业已取代汽车行业，成为中国工业机器人最重要的客户和增长的主要驱动力。

3.3.5 中国工业机器人产业发展存在的问题

中国工业机器人经过几十年的发展已经取得了一定的成绩，但是与国际先进国家相比还存在一定差距。一是在产品方面，主要以低端产品为主。进入2016年，中国机器人产业仍然存在总体技术与国外先进水平差距较大的问题。国产工业机器人以低端产品为主的局面仍然难以扭转，主要为生产搬运和上下料机器人，大多为三轴和四轴机器人，应用于汽车制造、焊接等高端行业领域的六轴或以上高端工业机器人市场主要被日本和欧美企业占据，国产六轴工业机器人占全国工业机器人新装机量不足10%。二是中国企业的自主创新能力较弱。目前，国内企业普遍缺乏核心及关键技术，缺乏原创性的成果。工业机器人的高可靠性基础功能部件、产品设计、材料与工艺、主机批量生产、系统集成水平等方面技术都与发达国家存在较大差距。精密减速器、伺服电机、伺服驱动器、控制器等高可靠性基础功能部件方面的技术差距尤为突出，长期依赖进口。服务机器人的精确控制、多传感器信息融合及智能控制、精密减速器和伺服驱动器等核心部件、加工装配工艺等方面技术与国外先进产品存在较大差距。三是国内企业成本压力大。目前，约75%的精密减速器由日本进口，主要供应商是哈默纳科、纳博特斯克和住友公司等；伺服电机和驱动超过80%依赖进口，主要来自日本、欧美和中国台湾地区。关键零部件大量依赖进口，导致国内企业生产成本压力大，相较于外企，国内企业要以高出近4

倍的价格购买减速器，以近 2 倍的价格购买伺服驱动器。四是自主品牌认可度低。中国机器人市场由外企主导的局面仍将继续，自主品牌亟需发展壮大。由于用户企业已经习惯使用国外品牌，特别是使用量最大、对设备品质要求最高的汽车和电子工业，导致自主品牌的本体和零部件产品不能尽快投入市场，甚至有成功应用经验的产品也难以实现推广应用。中国工业机器人生产企业规模普遍偏小。其中九成企业规模在 1 亿元以下，即使龙头企业沈阳新松 2014 年销售收入达到 15.2 亿元，但与安川、发那科、库卡等销售收入均超过百亿元人民币的外企相比，仍然偏小。同时，来自国外产品的竞争激烈。2014 年国产工业机器人在中国销量为 1.7 万台，在市场总额中占比不到 30%。外资企业积极扩产，并且从整机组装深入关键部件生产。比如，ABB、安川等均已在中国建立了生产基地；2015 年日本纳博特斯克株式会社与上海机电联合投资，落户武进高新区，于 2016 年底投产，年产 20 万台精密减速机。由此可见，中国机器人品牌之路还很长。五是行业标准有待规范。随着中国工业机器人需求的迅猛增长，工业机器人企业良莠不齐的情况势必造成质低价廉的恶性竞争。行业缺乏自上而下顶层设计的标准；没有国家层面的统一部门主管工业机器人政策规划、行业标准制定；基础共性标准、关键技术标准、产品标准和重点应用标准亟须研究制定，以提升国内企业对市场的信心、限制海外企业过度扩张；需要培育建立工业机器人标准和质量认证机构，提升自主技术标准的国际话语权。

3.4 本章小结

本章分析了近年来工业机器人的发展与现状，结合全球与中国工业机器人的统计数据，对工业机器人的发展的总体情况进行了总结。首先，明确了工业机器人的定义，即按照国际机器人联合会与国家标准化组织的定义，工业机器人是一种自动控制的、可重新编程的多用途机械手、可编程的三个或更多轴，可以固定在某个地方或者移动用于工业自动化的应用。其次，对工业机器人的特征进行了总结，并在此基础上，分析了全球工业机器人的发展态势，工业机器人产业的前景被普遍看好。最后，本章对中国的工业机器人现状进行了总结分析。中国市场的工业机器人总销量在最近几年快速增长,自 2013 年,中国已经连续七年成为全球最大的工业机器人市场,工业机器人保有量也位居世界第一。同时中国工业机器人数量的增长速率连续多年保持两位数的高位,也是全球增速最快的地区。这一增速与中国近年来快速发展的智能制造背景相吻合,说明随着中国制造业转型升级的稳步推进,工业机器人的需求量在不断增加,同时中国工业机器人的密度在过去几年中也在快速提高,制造业工业机器人密度由 2006 年每万人 0.01 台增加到 2017 年每万人 0.881 台,尤其是 2012 年以后,机器人密度增速加快,短短五年时间,由 1.49 增长到 8.81,增长了近 6 倍。但与发达国家相比,中国的工业机器人密度依然处于低位,这也意味着未来中国的工业机器人依然有广阔的增长空间。

第 4 章 中国就业数据与经济增长的统计分析

在了解工业机器人发展概况的基础上，本章进一步从统计层面对中国工业机器人及中国制造业的就业数据变动情况进行统计分析，以直观了解工业机器人应用对制造业就业的影响。相关工业机器人的统计数据来自国际机器人联合会的统计数据库。本章将着重从工业机器人的年销量、保有量、分行业安装量以及机器人密度四个维度进行分析，以详细了解中国工业机器人的使用现状和变化趋势。中国制造业就业数据主要来自《中国工业经济统计年鉴》《中国城市统计年鉴》《中国科技统计年鉴》以及《中国劳动统计年鉴》。本章还将从中国制造业就业总量、制造业就业区域结构、制造业劳动者技能结构以及劳动者性别结构等几个维度进行分析，以把握中国制造业就业的特征。因本章所使用数据的统计口径涉及行业分类，而中国的《国民经济行业分类》标准于 2011 年做过调整，同时从 2012 年起国家统计局对规模以上工业企业的标准也做了调整，因此本章在分析就业数据的变动趋势时，将时间跨度区分为 2012 年以前以及 2012 年（含）以后两个阶段，后者将是我们重点关注的区间。本章的统计分析将为后续章节的实证研究奠定基础。

4.1 中国制造业就业总量的变动分析

4.1.1 就业总量的变动

结合中国制造业工业机器人数据的统计范畴，本章关于中国制造业就业数据的统计从2004年开始,统计的时间段分别是2004~2011年和2012~2018年。统计口径为规模以上工业企业的平均用工人数,数据来源于《中国工业经济统计年鉴》。其中2004~2011年,中国制造业就业总量的变动趋势如图4-1所示。

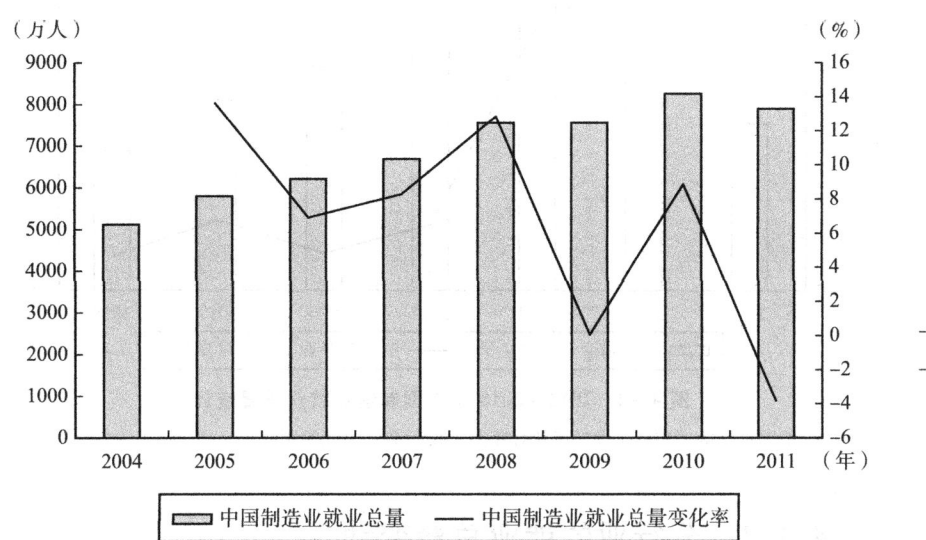

图 4-1　2004~2011年中国制造业就业总量统计

数据来源:根据《中国工业经济统计年鉴》统计数据整理绘制。

数据显示,2004年以来,中国制造业就业总量整体上呈不断上升的趋势,总就业人数由2004年的5108.3万人增长到2011年的7914.04万人。其中2010年达到峰值,为8237.12万人。从变化趋势来看,增幅在持续波动,2005年和2008年增幅分别达到13.65%和12.84%,其他年份增幅均在10%以下。其中2009年出现轻微下降,2011年下降相对较多,达3.92%。2012~2018年,中国制造业就业总量的统计数据如图4-2所示。

以上数据显示,中国制造业就业总量在近年来出现持续下滑,由最高峰2014年的8773.03万人下降到2018年的8120万人,减少653万人,这与近年来中国制造业工业机器人销售量持续增长恰好相反。就波动幅度来看,2013年有一波较高的增长,涨幅达3.79%,但从2015年开始持续下降,幅度分别是1.59%、2.23%、1.52%、2.31%。

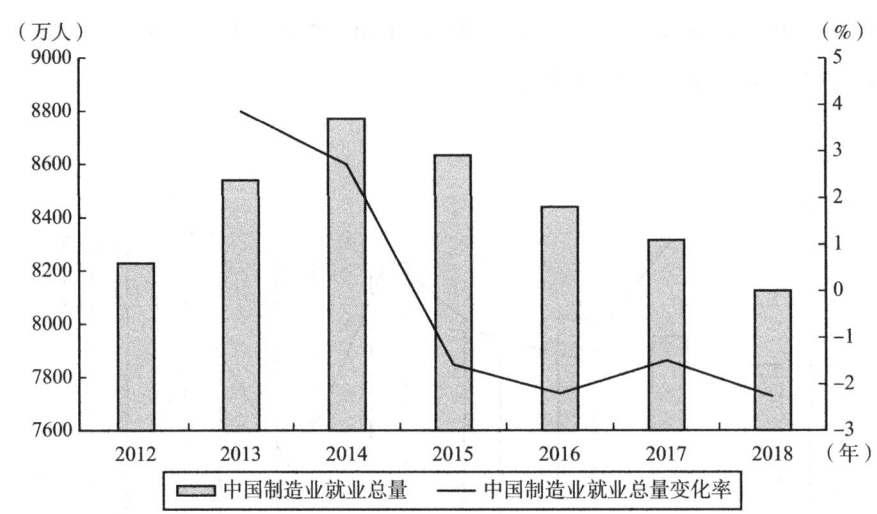

图4-2 2012~2018年中国制造业就业总量统计

数据来源:根据《中国工业经济统计年鉴》统计数据整理绘制。

4.1.2 分行业的就业总量变动

除了对制造业就业总量的分析之外,我们也关注到制造业细分行业内部的就业变动情况。由前述分析可知,工业机器人主要应用于化工与塑料制品、金属制品、汽车、电子产品等四个子行业,同时这几个行业也是制造业内部吸纳就业人数较多的行业。为了将国际机器人联合会的行业分类与中国国民经济的行业分类对应一致,我们按照中国的行业分类标准,挑选了六个行业作为研究的重点,分别是化学原料及化学制品制造业,橡胶制品业,塑料制品业,汽车制造业,电气机械及器材制造业,计算机、通信和其他电子设备制造业等。同时为了节省篇幅,我们只关注2012以来各行业的变动情况,数据来自《中国工业经济统计年鉴》。以上六个子行业就业人口的变动趋势统计如图4-3所示。

数据显示,上述若干行业的就业人数在2012~2018年间均有所下降。其中降幅最大的是橡胶制品行业,降幅为4.2%。不同行业就业人数的下降与制造业就业总量的变动趋势相一致,这进一步说明,随着制造业的转型发展，尤其是制造业内部重点行业的发展，造成了整个制造业就业的下降，在分析工业机器人对制造业就业的影响时需要针对不同的细分行业进行细致分析，以便对产业集聚不同的区域提供差异化的政策。

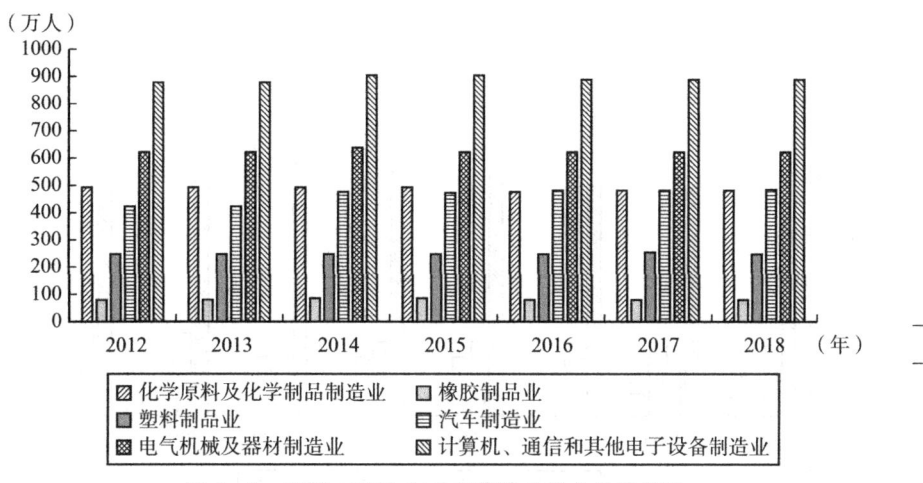

图4-3　2012~2018年中国制造业就业总量统计

数据来源：根据《中国工业经济统计年鉴》统计数据整理绘制。

4.2　中国制造业就业区域结构的变动分析

中国制造业就业在不同地区之间变动的差异是我们关注的重点之一。不同地区之间因为经济发展水平、产业集聚特色等不同，导致对工业机器人的使用程度存在较大差别，这一差别对地方制造业就业的影响也存在差异，因此我们需要分析不同地区制造业就业总量的变动，并从统计层面初步分析其规律。根据国家统计局的区域划分，我们分别就东、中、西和东北四个地区的制造业就业进行分析，其中东部地区包括10个省（市），分别是北京、天津、河北、上海、江苏、浙江、福建、山东、广东和海南；中部地区包括6个省份，分别是山西、安徽、江西、河南、湖北和湖南；西部地区包含12个省份，分别是内蒙古、广西、重庆、四川、贵州、云南、西藏、陕西、甘肃、青海、宁夏和新疆；东北地区包括3个省份，分别是辽宁、吉林和黑龙江。统计区间依然为上述两个时间段，数据来自《中国城市统计年鉴》。2004~2011年各个地区的制造业就业总量变动情况如图4-4所示。

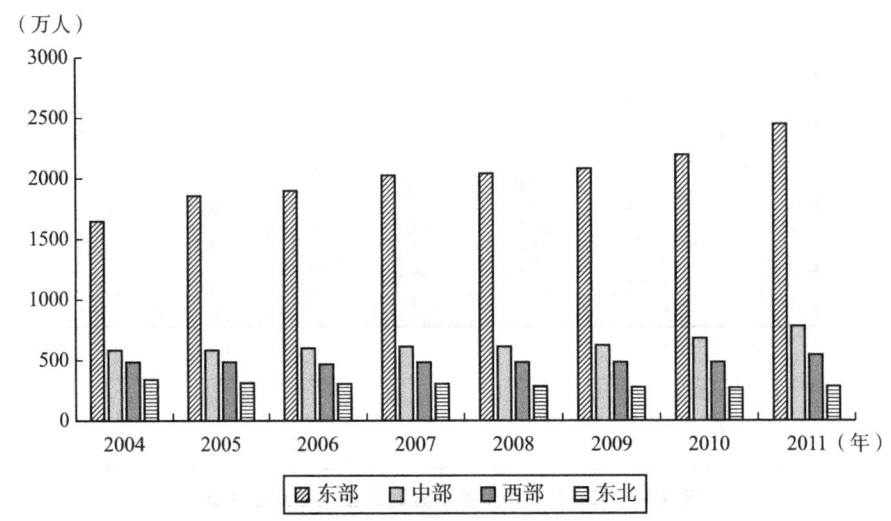

图 4-4　2004~2011年东、中、西部和东北地区制造业就业总量的变化

数据来源：根据《中国城市统计年鉴》统计数据整理绘制。

由图4-4统计结果可见，东、中、西部地区的制造业就业总量在2004~2011年间均在不断增长，而东部地区的制造业人员却在不断流失，四个地区的人数分别由2004年的1641.34万、584.87万、483.03万和339.71万变化到2011年的2447.56万、772万、542.16万和294.01万。另外由制造业就业人员的分布可以看出，东部地区的分布最多，其制造业就业的总人数超过了中西部和东北地区的总和，同时东部地区的制造业就业人员数量的增幅也是最高的。由此可见，东部地区集中了中国大部分的制造业资源和劳动力。在东部地区快速发展的同时，东北地区却面临着制造业人才不断流失的困境。中、西部地区虽然略有增长，但是增幅不明显。进一步分析，2012~2017年各个地区的制造业就业总量变动情况如图4-5所示。

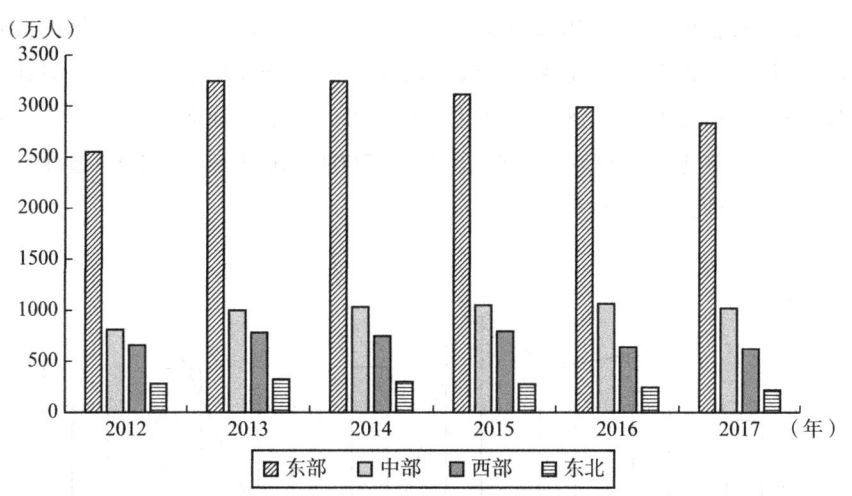

图 4-5　2012~2017 年东、中、西部和东北地区制造业就业总量的变化

数据来源：根据《中国城市统计年鉴》统计数据整理绘制。

由图 4-5 统计结果可见，2012~2013 年，各个地区的制造业就业人数均出现了一定程度的增长，但是 2013 年之后，人员数量开始出现下降或波动。其中东部地区出现了明显的下降，人数由 2013 年高峰期的 3242 万下降到 2017 年的 2842 万，减少了 400 万人。中、西部地区的人数有一定程度的波动，但是中部地区总体变化不大，西部地区下降较多，由 2013 年 796 万下降到 2017 年的 638 万。此外，东北地区的下降更为明显，由 2013 年高峰期的 328 万下降到 2017 年的 230 万，降幅近 30%。以上结果说明，近年来，对中国不同地区而言，制造业就业总量均出现了较大幅度的下降，这与中国制造业近年来快速发展的趋势相反，也从侧面反映出中国智能制造背景下制造业就业的变动特征。

4.3　中国制造业就业技能结构的变动分析

4.3.1　技能劳动的变动分析

本书中的制造业技能劳动是指制造业的科技活动人员，数据来源于

《中国科技统计年鉴》。2012年以前，《中国科技统计年鉴》中历年的统计数据统计口径存在不一致性，导致不同年份的数据无法直接比较，对此本书以历年规模以上工业企业平均用工人数和大中型工业企业平均用工人数之比作为调整比例进行调整。调整之后，2004~2011年，中国制造业技能劳动者的统计数据如图4-6所示。

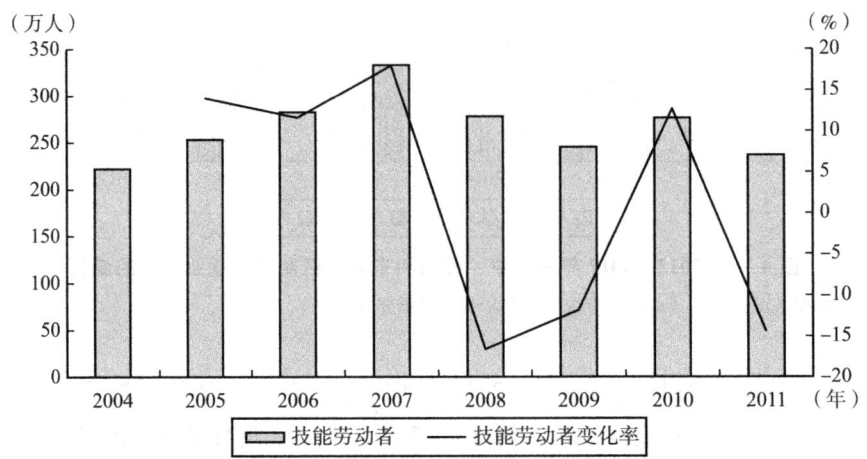

图4-6　2004~2011年中国制造业技能劳动者数量变化

数据来源：根据《中国科技统计年鉴》统计数据整理绘制。

数据显示，2004~2011年，中国制造业技能劳动者的数量整体呈先增长后下降的趋势。最高峰值是2007年，为333.12万人。2010年有过一次增长，涨幅达12.7%，后下降到2011年的236.34万人。这一时期技能劳动者的数量变动没有表现出固定的规律，2008年金融危机期间数量下降，此后出现波动。由总体的变化趋势可以看出，高技能劳动者的需求受经济环境的影响较大。接下来我们继续分析2012~2019年的变动情况，相关统计数据如图4-7所示。

由图4-7中统计的数据显示，2012年以来，中国制造业高技能劳动者的数量呈逐步上升的趋势，总量由2012年的285.72万人增加到2019年的413万人，每年增幅分别是10.81%、8.26%、0.60%、6.04%、3.91%、2.63%、8.7%。这一长期的增长与2012年以前的波动形成了对比。在2012年以后，中国经济开始逐渐转型，创新驱动的高质量发展成为引导经济增长的新引擎，经济环境的稳定增长为高技能劳动者的需求创造了良好的条件。

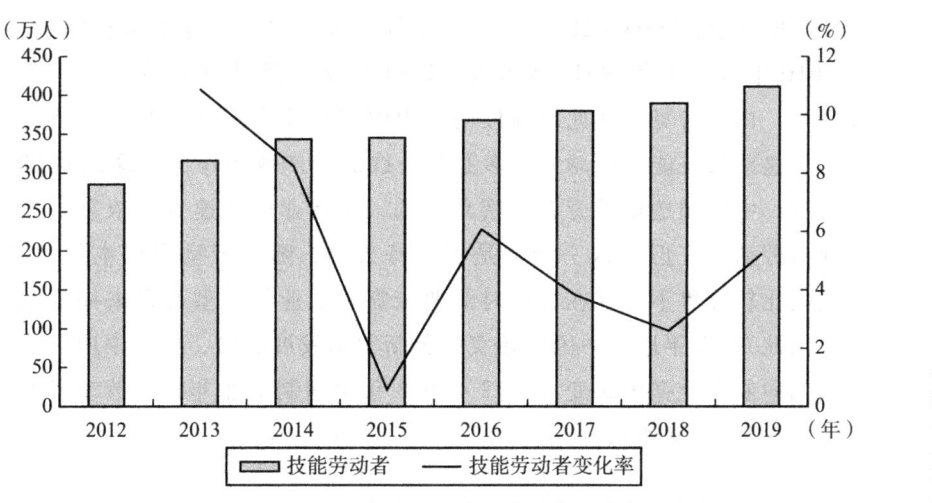

图 4-7　2012~2019 年中国制造业技能劳动者数量变化

数据来源：根据《中国科技统计年鉴》统计数据整理绘制。

4.3.2　非技能劳动的变动分析

中国制造业非技能劳动者的数量是制造业总人数减去技能劳动者数量。根据以上统计数据，2004~2011 年非技能劳动者的统计结果如图 4-8 所示。

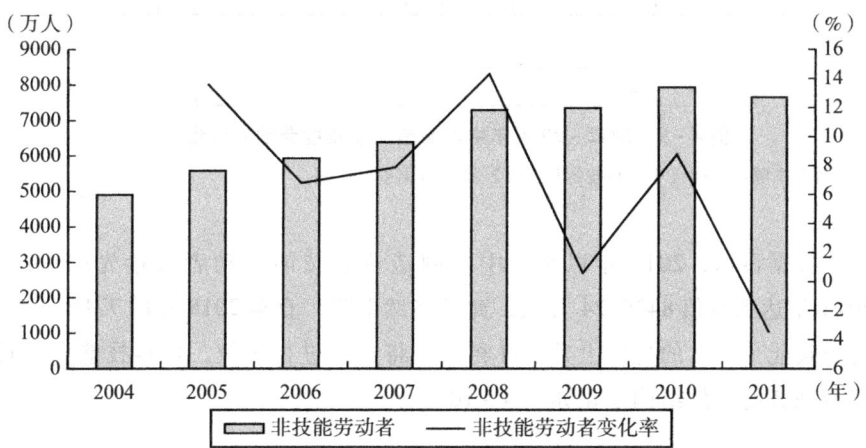

图 4-8　2004~2011 年中国制造业非技能劳动者数量变化

数据来源：根据《中国科技统计年鉴》统计数据整理绘制。

数据显示，2004~2011年非技能劳动者的数量呈逐步增长的趋势，在2010年达到峰值7961.15万人，2011年又下降至7677.7万人，降幅3.56%。由此可见，在此时间段内，中国制造业在不断地吸纳低技能劳动者，这些低技能的劳动者大多数是一线的生产线操作工。这说明2011年以前，中国制造业是劳动力密集型的，制造业的快速发展依靠了大量的廉价劳动力，但是这一趋势是不能持久的，随着劳动力成本的上升，中国的比较优势不复存在，此时需要依靠制造业的转型升级来提升竞争力，因此2012年以后中国开始实施创新驱动发展战略，促进中国由制造业大国向制造业强国转变。2012~2018年中国制造业非技能劳动者的统计结果如图4-9所示。

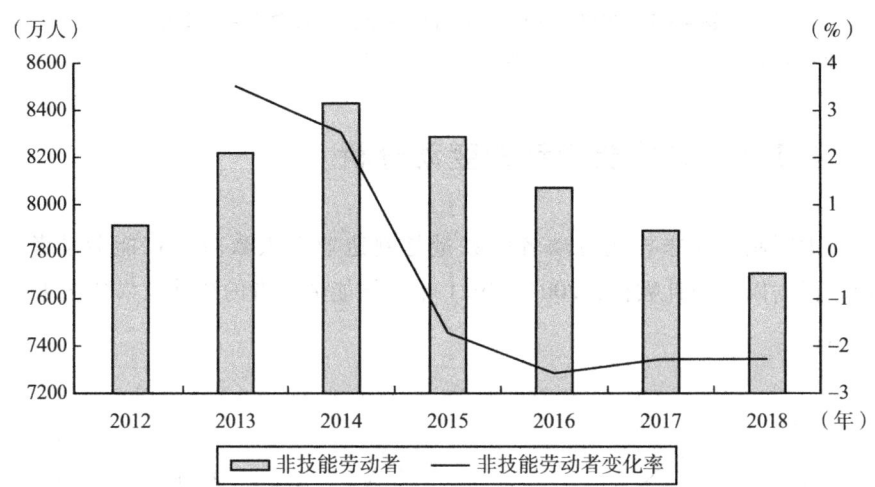

图4-9　2012~2018年中国制造业非技能劳动者数量变化

数据来源：根据《中国科技统计年鉴》统计数据整理绘制。

数据显示，2012年以来，中国制造业非技能劳动者数量先增后降，2014年达到峰值8430.24万人，此后持续下降，直至2018年的7710万人。这与技能劳动者的持续上升恰好相反。将两者进行比较，可得技能与非技能劳动者的比例结构变化如图4-10所示。

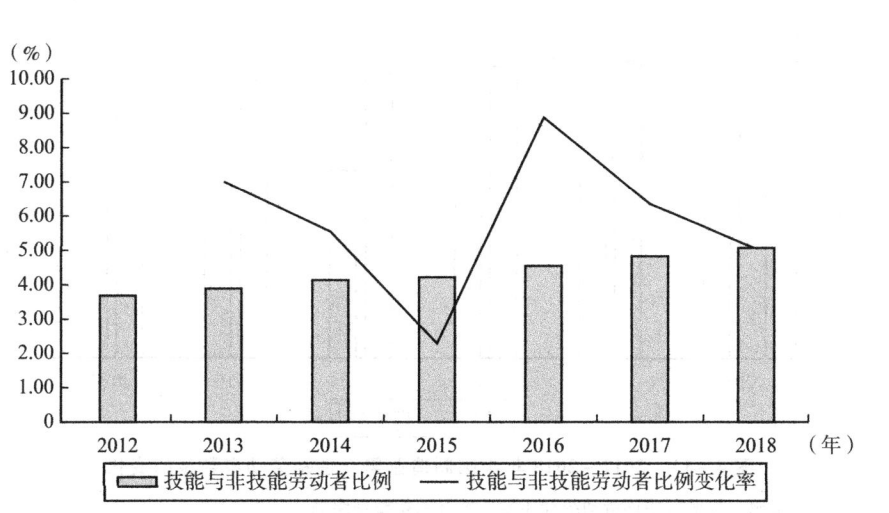

图 4-10 2012~2018 年中国制造业技能与非技能劳动者比例变化

数据来源：根据《中国科技统计年鉴》统计数据整理绘制。

由技能与非技能劳动者的比例变化趋势可以看出，高技能劳动者的占比越来越高，同时低技能劳动者的占比越来越低。两者的比例由 2012 年的 3.60% 上升到 2018 年 5.06%。这一此消彼长的背后是中国制造业的产业升级计划，也是中国工业机器人广泛应用的时机，技能劳动的需求越来越高，但是低技能劳动者的需求却在逐渐下降。

4.4　中国制造业就业性别结构的变动分析

制造业的性别结构也是本书关注的重点之一，制造业吸纳了大量的劳动者，其中男、女性别劳动者面临的生产环境和工作状态存在一定的差异，那么当大量的低技能劳动者在制造业转型升级的过程中被替代时，这一影响对他们有何区别？我们专注于从 2012 年开始分析不同性别劳动者就业数量的变化，统计数据来自《中国劳动统计年鉴》，如图 4-11 所示。

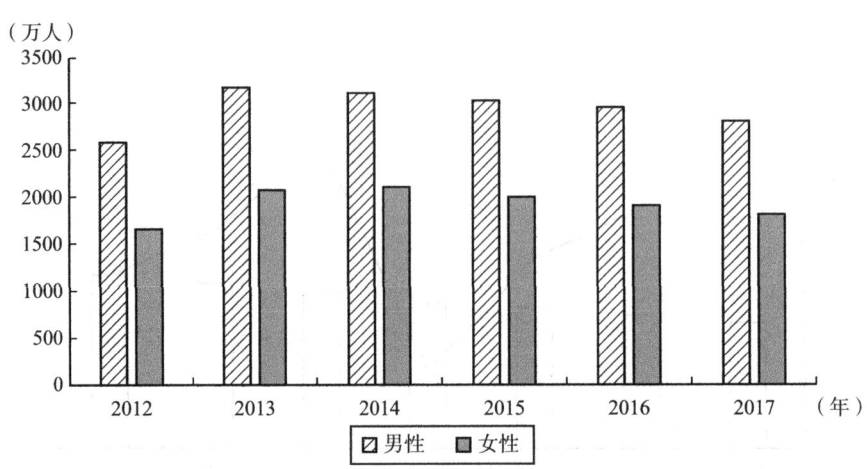

图 4-11 2012~2018 年中国制造业男女性别劳动者数量的变化

数据来源：根据《中国劳动统计年鉴》统计数据整理绘制。

由图 4-11 统计数据可见，2012~2017 年，中国制造业男、女性别劳动者的就业数量均出现了下降趋势。两者都在 2013 年达到峰值，分别是 3184.14 万和 2073.76 万，此后开始快速下降，到 2017 年，两者的数量分别为 2814.41 万和 1821.05 万，分别下降了 11.6% 和 12.1%。由此可见，制造业升级对男、女性别劳动者就业总量的影响比较一致。在生产线的劳动者被替代的背景下，不同性别的劳动者面临的冲击基本相同，女性比男性的冲击稍高一些。但是对于具体的岗位和行业的差异需要进一步细化分析，尤其是被替代之后的就业转岗问题，男、女性别的劳动者取向差别很大，尤其是在外卖骑手、网红、家政等新兴服务业快速发展的背景下，政府在制定就业再平衡政策时对不同性别的劳动者需要区别考虑。

4.5 中国经济增长质量的变动分析

中国的宏观经济在过去几年中获得了较快发展。从 2009~2019 年中国 GDP 的增长变化如图 4-12 所示。

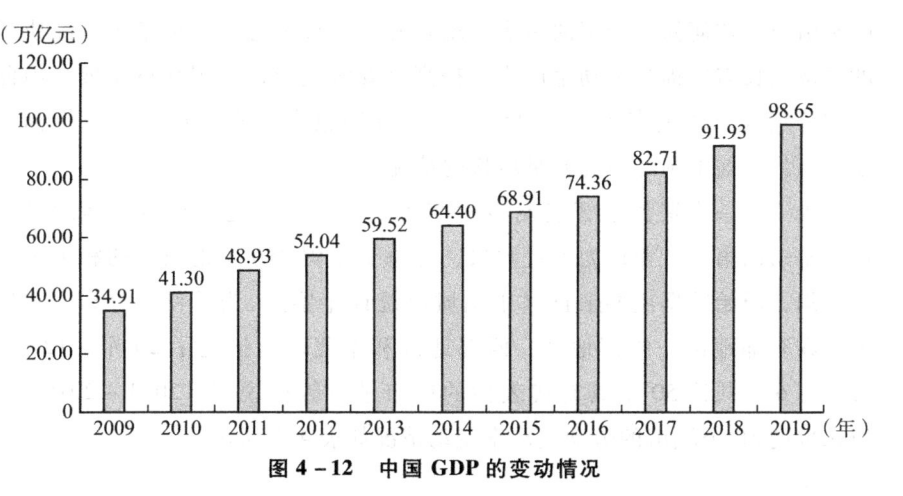

图 4-12 中国 GDP 的变动情况

由此可见,中国的 GDP 在过去 10 年间经历了高速的增长,到 2020 年将突破 100 万亿元大关。其中在工业机器人应用较为集中的制造业领域,产业增加值也获得了大幅提升。2010~2018 年,我国制造业的产业增加值变动数据如图 4-13 所示。

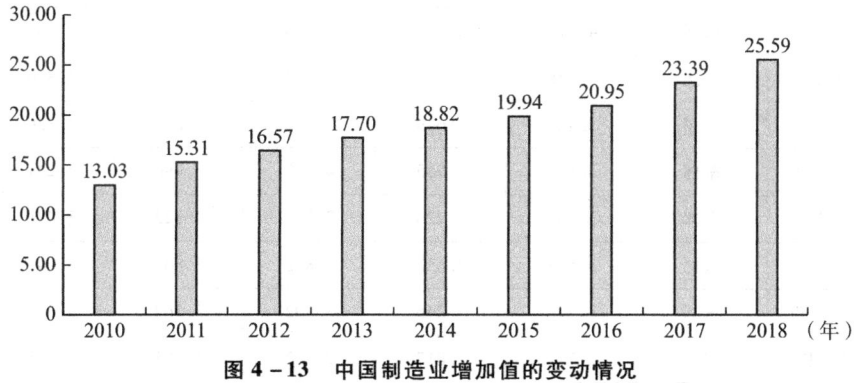

图 4-13 中国制造业增加值的变动情况

8 年时间,中国制造业的增加值几乎翻了一倍。不过经济高速增长的背后也面临着经济转型升级的压力。习近平总书记在"党的十九大"报告中曾指出,中国经济已经由高速增长阶段转向高质量增长阶段,高质量的经济增长是中国当下经济发展的重要诉求,智能制造正在成为推进供给侧结构性改革的新动能、振兴实体经济的新机遇、建设制造强国和质量强国的新引擎。如何衡量经济的高质量增长呢？习近平总书记曾指出，高质量的经济增长需要提高劳动生产率，提高全要素生产，实现绿色发展。因此我们分别从劳动生产率、全要素生产率和绿色全要素生产率三个指标出发，衡量当前中国经济高质量增长的情况。

为了进一步聚焦于智能制造的使用领域，结合统计年鉴数据的可得性，本书以第二产业作为考量对象，计算了中国 286 个地级市的相关生产率数据，原始数据主要来自《中国城市统计年鉴》。为了便于分析，我们分别在东部地区、中部地区、西部地区和东北地区挑选了 20 个、12 个、12 个、6 个共计 50 个具有代表性的城市进行数据说明。2013~2018 年，所选取的 50 个城市的劳动生产率变动情况如表 4.1 所示。

表 4.1　50 个代表性城市劳动生产率的变动统计

城市	区位	2013~2014 年	2014~2015 年	2015~2016 年	2016~2017 年	2017~2018 年
北京市	东部	3.317	3.373	3.477	3.540	3.626
天津市	东部	3.816	3.899	3.974	4.079	4.217
石家庄	东部	4.172	4.215	4.345	4.341	4.316
唐山市	东部	4.310	4.329	4.416	4.765	4.605
上海市	东部	3.448	3.471	3.608	3.717	3.800
南京市	东部	3.422	3.649	3.773	3.808	3.820
无锡市	东部	3.876	3.955	4.050	3.990	4.241
杭州市	东部	3.151	3.224	3.293	3.322	3.436
宁波市	东部	3.553	3.637	3.832	3.807	4.041
福州市	东部	3.246	3.245	3.302	3.269	3.339
厦门市	东部	2.777	2.817	2.823	2.893	2.915
济南市	东部	3.488	3.665	3.673	3.727	3.837
青岛市	东部	3.808	3.853	3.942	3.993	4.135
广州市	东部	3.815	3.907	3.949	3.930	3.973
深圳市	东部	3.150	3.244	3.352	3.441	3.531

续表

城市	区位	2013~2014年	2014~2015年	2015~2016年	2016~2017年	2017~2018年
珠海市	东部	2.966	3.072	3.178	3.231	3.402
佛山市	东部	3.557	3.637	3.678	3.743	3.794
东莞市	东部	2.626	2.708	2.790	2.800	2.930
中山市	东部	3.095	3.237	3.282	3.347	3.370
海口市	东部	2.985	3.131	3.099	3.152	3.292
太原市	中部	2.952	3.014	3.063	3.155	3.346
大同市	中部	2.993	3.008	2.859	3.008	3.013
合肥市	中部	3.454	3.523	3.569	3.574	3.361
芜湖市	中部	4.077	4.026	4.050	4.169	3.910
南昌市	中部	3.250	3.305	3.347	3.436	3.589
赣州市	中部	3.526	3.589	3.645	3.924	4.101
郑州市	中部	3.398	3.456	3.535	3.415	3.764
开封市	中部	3.267	3.205	3.143	3.065	3.666
武汉市	中部	3.799	3.831	3.862	3.949	4.155
襄阳市	中部	3.386	3.612	3.627	3.683	3.618
长沙市	中部	4.175	4.205	4.391	4.064	4.424
株洲市	中部	3.896	3.916	3.899	3.774	3.877
南宁市	西部	3.422	3.496	3.510	3.577	3.367
柳州市	西部	3.635	3.592	3.697	3.759	3.737
呼和浩特	西部	4.256	4.283	4.306	4.199	4.217
包头市	西部	4.342	4.399	4.442	4.310	4.224
重庆市	西部	2.722	2.781	3.626	3.705	3.737
成都市	西部	3.587	3.175	3.303	3.316	3.393
自贡市	西部	4.050	4.201	4.305	4.261	4.238
贵阳市	西部	2.866	3.008	3.078	3.030	3.202
西安市	西部	3.308	3.270	3.333	3.446	3.590
兰州市	西部	3.254	3.213	3.229	3.180	3.480

续表

城市	区位	2013~2014年	2014~2015年	2015~2016年	2016~2017年	2017~2018年
西宁市	西部	3.513	3.610	3.723	3.487	3.567
银川市	西部	3.589	3.698	4.037	3.737	4.020
沈阳市	东北	3.873	3.937	3.628	3.799	3.893
大连市	东北	4.041	4.077	4.009	4.175	4.376
长春市	东北	3.773	3.788	3.873	4.043	4.149
吉林市	东北	3.954	4.038	4.078	3.911	3.985
哈尔滨	东北	3.583	3.705	3.781	3.779	3.769
大庆市	东北	4.692	4.268	3.993	4.117	4.044

注：表中数据由作者计算整理所得。

由表4.1可以发现，大部分城市第二产业的劳动生产率都有一定的提升。劳动生产率的提升一方面是因为该城市第二产业的产出增加，另一方面是第二产业的相关从业人员数量下降，导致劳动生产率提升。除此之外，全要素生产率也在提升。2013~2018年，以上50个城市的全要素生产率变动情况如表4.2所示。

表4.2　　　　50个代表性城市全要素生产率的变动统计

城市	区位	2013~2014年	2014~2015年	2015~2016年	2016~2017年	2017~2018年
北京市	东部	1.082	1.040	1.073	1.120	1.117
天津市	东部	1.043	1.033	0.991	1.241	1.390
石家庄	东部	0.921	0.888	1.072	1.086	1.212
唐山市	东部	0.950	0.919	1.018	1.473	1.225
上海市	东部	1.068	0.985	1.084	1.233	1.237
南京市	东部	0.777	1.124	1.222	1.159	0.893
无锡市	东部	0.823	1.029	1.101	1.051	1.260
杭州市	东部	0.998	1.016	1.115	1.142	1.168

续表

城市	区位	2013~2014年	2014~2015年	2015~2016年	2016~2017年	2017~2018年
宁波市	东部	1.096	1.077	1.188	1.153	1.253
福州市	东部	1.075	0.960	0.969	0.952	1.096
厦门市	东部	0.938	1.012	0.982	1.071	1.129
济南市	东部	1.027	1.307	1.234	1.061	1.218
青岛市	东部	0.921	1.003	1.059	1.229	1.446
广州市	东部	1.131	0.836	1.147	1.403	1.066
深圳市	东部	0.831	1.148	1.143	1.193	1.240
珠海市	东部	0.952	0.991	1.139	1.175	1.034
佛山市	东部	0.525	1.071	1.062	1.087	1.112
东莞市	东部	0.218	1.162	1.089	1.074	1.182
中山市	东部	0.599	1.076	1.050	1.072	1.078
海口市	东部	0.892	0.899	1.087	1.326	1.209
太原市	中部	0.955	0.910	1.058	1.132	1.253
大同市	中部	0.766	0.874	0.778	1.499	1.616
合肥市	中部	0.976	1.009	1.081	1.127	1.005
芜湖市	中部	0.944	0.896	0.954	1.333	1.120
南昌市	中部	0.842	0.977	0.947	1.092	1.298
赣州市	中部	0.881	1.164	1.006	1.290	1.533
郑州市	中部	0.853	0.963	1.058	0.969	1.232
开封市	中部	0.746	0.951	0.855	0.888	1.824
武汉市	中部	1.166	1.069	1.019	1.126	1.323
襄阳市	中部	0.836	0.929	0.979	1.076	0.955
长沙市	中部	0.969	0.917	1.091	0.842	1.016
株洲市	中部	1.052	0.988	0.870	0.760	0.839
南宁市	西部	1.045	1.162	1.069	1.054	0.857
柳州市	西部	0.761	0.926	0.995	1.202	1.114
呼和浩特	西部	0.813	0.886	1.068	0.903	0.851

续表

城市	区位	2013~2014年	2014~2015年	2015~2016年	2016~2017年	2017~2018年
包头市	西部	0.919	1.121	0.979	0.651	0.653
重庆市	西部	0.795	0.878	1.567	1.798	1.169
成都市	西部	1.028	1.120	0.889	1.254	1.370
自贡市	西部	0.896	1.247	1.264	1.128	0.825
贵阳市	西部	1.092	0.920	1.003	1.251	1.215
西安市	西部	0.895	0.757	0.959	1.201	1.292
兰州市	西部	0.943	0.965	0.944	1.099	1.339
西宁市	西部	0.991	0.938	1.002	0.851	0.782
银川市	西部	0.991	0.901	1.094	0.842	1.010
沈阳市	东北	0.747	0.979	0.828	0.931	1.322
大连市	东北	0.924	0.987	0.829	1.017	1.395
长春市	东北	0.818	1.017	1.104	1.246	1.246
吉林市	东北	0.809	0.847	1.018	0.962	0.717
哈尔滨	东北	0.977	0.979	1.044	1.240	1.116
大庆市	东北	0.892	0.589	0.483	0.885	1.092

注：表中数据由作者计算整理所得。

由表4.2可以发现，大部分城市第二产业的全要素生产率都有一定的提升。全要素生产率的提升除了因为该城市第二产业的产出增加和第二产业的相关从业人员数量下降外，还有一部分来自其他要素的作用，使全要素生产率在提升。产业的发展也促进了绿色生产，因此绿色全要素生产率也在提升。2013~2018年，以上50个城市的绿色全要素生产率变动情况如表4.3所示。

表4.3　　50个代表性城市全要素生产率的变动统计

城市	区位	2013~2014年	2014~2015年	2015~2016年	2016~2017年	2017~2018年
北京市	东部	1.091	1.091	1.312	1.678	1.459

续表

城市	区位	2013~2014年	2014~2015年	2015~2016年	2016~2017年	2017~2018年
天津市	东部	1.016	1.073	1.130	1.226	1.302
石家庄	东部	0.904	0.908	1.163	1.128	1.091
唐山市	东部	0.994	0.899	1.067	1.576	1.261
上海市	东部	1.083	0.999	1.146	1.524	1.669
南京市	东部	0.813	1.101	1.343	1.384	0.983
无锡市	东部	0.772	0.982	1.167	0.959	1.148
杭州市	东部	0.934	1.014	1.303	1.261	1.240
宁波市	东部	1.127	1.073	1.190	1.088	1.208
福州市	东部	1.076	0.935	0.993	0.863	0.958
厦门市	东部	0.838	0.972	1.280	1.214	1.134
济南市	东部	1.013	1.259	1.322	1.181	1.546
青岛市	东部	0.956	1.003	1.307	1.693	1.999
广州市	东部	1.053	0.853	1.166	1.457	1.276
深圳市	东部	0.762	1.075	1.103	1.432	1.759
珠海市	东部	0.988	0.985	1.340	1.397	1.050
佛山市	东部	0.555	1.134	1.158	1.119	1.156
东莞市	东部	0.173	1.215	1.202	1.086	1.194
中山市	东部	0.711	1.080	1.130	1.455	1.345
海口市	东部	0.872	0.873	1.438	1.657	1.187
太原市	中部	0.912	0.894	1.182	1.364	1.375
大同市	中部	0.679	0.857	1.004	1.744	1.530
合肥市	中部	1.007	0.970	1.498	1.258	1.001
芜湖市	中部	0.940	0.936	0.998	1.324	1.123
南昌市	中部	0.879	1.016	1.123	1.138	1.241
赣州市	中部	0.787	0.928	1.005	1.082	1.245
郑州市	中部	0.861	0.856	1.328	1.172	1.182
开封市	中部	0.786	0.908	1.303	1.260	1.955

续表

城市	区位	2013~2014年	2014~2015年	2015~2016年	2016~2017年	2017~2018年
武汉市	中部	1.233	1.065	1.029	1.132	1.408
襄阳市	中部	0.968	1.071	1.244	1.070	0.792
长沙市	中部	0.892	1.000	1.121	0.632	1.000
株洲市	中部	1.084	0.833	0.900	0.918	0.784
南宁市	西部	1.130	1.209	1.325	1.187	0.699
柳州市	西部	0.839	0.913	1.002	1.232	1.179
呼和浩特	西部	0.698	0.904	1.141	0.799	0.752
包头市	西部	0.942	1.116	0.999	0.714	0.628
重庆市	西部	0.771	0.864	1.520	1.841	1.157
成都市	西部	1.150	1.116	0.964	1.306	1.417
自贡市	西部	1.070	1.291	1.852	1.489	0.739
贵阳市	西部	1.131	0.907	1.032	1.213	1.201
西安市	西部	0.929	0.817	1.481	1.757	1.300
兰州市	西部	1.003	0.986	1.059	1.043	1.115
西宁市	西部	0.972	0.909	1.164	0.760	0.633
银川市	西部	0.846	0.886	1.321	0.855	0.959
沈阳市	东北	0.704	0.956	0.850	0.948	1.366
大连市	东北	0.892	0.952	0.911	1.057	1.406
长春市	东北	0.851	1.050	1.539	1.616	1.119
吉林市	东北	0.792	0.856	1.115	0.883	0.697
哈尔滨	东北	0.954	0.929	1.217	1.485	1.132
大庆市	东北	0.895	0.503	0.425	0.854	1.047

注：表中数据由作者计算整理所得。

由表4.3可以发现，大部分城市第二产业的绿色全要素生产率都有一定的提升。绿色全要素生产率的提升除了因为该城市第二产业的产出增加和第二产业的相关从业人员数量下降外，还有一部分来自生产方式的改变，促使企业在生产过程中降低了污染排放，产业的发展促进了绿色生产。

通过上述统计信息可以清楚地看到，2013年以来中国工业机器人数量的变动趋势与制造业就业总量的变动趋势呈明显的负相关性，同时也与制造业就业结构的变动息息相关。2013年以来，中国工业机器人的销量和保有量持续上升，但是制造业就业总量却在显著下降，这与2012年以来实施的创新驱动发展战略相呼应。在新的发展战略下，中国制造业在快速转型，由传统的劳动密集型向资本密集型转变。在此过程中，企业开始大量的使用工业机器人设备进行生产。早期劳动密集型的生产条件下，总产出的增加会有力地拉动对劳动者的需求，但是资本密集型的生产条件下，资本的边际产出增加，会导致对人工的需求开始下降，导致中国制造业的就业总量出现下降的趋势。这一趋势无论是在全国层面还是在东部沿海地区，都表现得非常明显。对就业的结构变动而言，影响最大的是技能结构。统计分析可见，2012年以来，高技能劳动者的数量明显增加，低技能劳动者的数量快速下降。这说明，此前资本密集型的制造方式拉动的多是低技能劳动者的就业需要，但是随着工业机器人的使用，这些低技能的劳动者开始被逐渐替代，相反高技能劳动者的需求开始不断增加，导致劳动者技能结构发生巨大转变，不同的行业也表现出相同的变动趋势。从统计的直观角度分析，工业机器人的广泛使用导致了就业的下降，对制造业的就业总量和就业结构均产生了重大影响。不过在这一表象的背后是否有其他的推动因素在发挥作用，目前不得而知，需要我们结合更多的数据进行更为深入的分析检验。不过工业机器人替代作为一种直观的现象是存在的，这样的现象也容易让人们产生工业机器人导致就业减少的担忧。但是2012年以来，中国的经济社会发生了重大变化，经济总量持续提高，经济活力不断增强，劳动者的就业结构发生了巨大转变，在创新驱动发展战略的引领下企业的发展方式也在快速转变，因此接下来有必要结合更多的现实数据对工业机器人的深层次影响原因进行剖析，以发现更多的规律，给出更具体和客观的政策建议。本书接下来的章节将分别针对就业总量、结业结构进行实证分析，并就工业机器人替代的推动力量进行剖析。

4.6 本章小结

本章分析了近年来中国工业机器人总量、中国制造业就业总量、技能劳动以及非技能劳动就业数量的变动情况。通过数据的统计分析发现：(1) 中国市场的工业机器人总销量在最近几年快速增长，自 2013 年起，中国已经连续七年成为全球最大的工业机器人市场，工业机器人保有量也位居世界第一。同时中国工业机器人数量的增长速率连续多年保持两位数的高位，也是全球增速最快的地区。这一增速与中国近年来快速发展的智能制造背景相吻合，也说明随着中国制造业转型升级的稳步推进，工业机器人的需求量在不断增加，工业机器人对中国制造业就业的潜在冲击越来越大。(2) 中国工业机器人的密度在过去几年中快速提高，制造业工业机器人密度由 2006 年每万人 0.01 台增加到 2017 年每万人 0.881 台，尤其是 2012 年以后，机器人密度增速加快，短短五年时间，由 1.49 增长到 8.81，增长了近 6 倍。与此同时，与发达国家相比，中国的工业机器人密度依然处于低位，这也意味着未来中国的工业机器人依然有广阔的增长空间。(3) 对于中国制造业就业总量而言，2004~2011 年整体呈不断上升的趋势，但是 2012 年以后，尤其是近 5 年以来出现持续下滑，由最高峰 2014 年的 8773.03 万人下降到 2018 年的 8120 万人，减少了 653 万人。这与近年来中国制造业工业机器人销售量持续增长恰好相反。聚焦工业机器人使用最广泛的若干子行业，如化工与塑料制品、金属制品、汽车行业、电子行业等，2012 以来，各子行业就业人数均出现了一定程度的下降，其中降幅最大的是橡胶制品行业，降幅达 4.2%。(4) 对制造业劳动者的区域结构而言，2013 年之后，人员数量开始出现下降或波动。除中部地区外，其他地区均出现明显下降，东部地区由 2013 年高峰期的 3242 万下降到 2017 年的 2842 万，减少了 400 万。西北地区由 2013 年的 796 万下降到 2017 年的 638 万。东北地区由 2013 年高峰期的 328 万下降到 2017 年的 230 万，降幅近 30%。中国不同地区制造业就业总量均出现了较大幅度的下降，这与制造业近年来快速发展的趋势相反。(5) 对中国制造业劳动者就业的技能结构而言，2004~2011 年，技能劳动者的数量整体呈先增长后下降的趋势。2012年以来,中国制造业高技能劳动者的数量呈逐步上升的趋势。与此同时,低技能劳动者的数量出现了不同的变动趋势。2004~2011年非技能劳动者的数量呈逐步增长的趋势,在2010年达到峰值7961.15万人,但2011年有所下降,降至7677.7万人,降幅3.56%。2012年以来,中国制造业非技能劳动者数量先增后降,2014年达到峰值8430.24万人,此后持续下降,直至2018年的7710万人。这与技能劳动者的持续上升恰好相反。将两者进行比较,发现技能与非技能劳动者的比例结构发生了变化,高技能劳动者的占比越来越高,低技能劳动者的占比越来越低,两者的比值由2012年的3.60%上升到2018年的5.06%。(6) 对性别结构而言,制造业升级对男、女性别劳动者就业总量的影响比较一致,女性受到的冲击比男性稍高一些。接下来本书将进一步进行实证分析和根本原因剖析。

第5章 工业机器人应用对就业影响的理论分析[①]

本章将从理论层面对工业机器人应用影响就业的机制进行系统分析。首先，工业机器人作为技术进步的典型体现，其对就业的影响符合技术进步就业效应的一般范式，因此本章将首先在技术进步就业效应的分析范式下梳理工业机器人影响就业的一般规律。其次，根据工业机器人技术进步的新特点，提炼出工业机器人影响就业的新特征，把握工业机器人冲击就业的新规律，为后续模型的理论分析建立依据。最后，通过建立理论模型，在均衡状态下，基于模型的分析框架研究工业机器人技术进步对劳动力市场各要素的影响。本章是本书在理论层面分析工业机器人影响就业的第一部分，随后我们将进一步结合机器人技术进步冲击的新特征建立动态随机一般均衡（DSGE）模型，通过数值模拟分析工业机器人技术进步对劳动力市场的冲击，并就应对机器人技术进步冲击的宏观调控政策进行检验，完善本书研究的理论基础。

在开始系统分析之前，我们首先有必要对工业机器人的范畴进行清晰的定义和说明，以便后续相关理论和实证分析的准确进行。本书研究中关于工业机器人的定义分为两类，分别是广义的与狭义的。广义的工业机器人是指一切用于工业生产的机器设备，包括自动化设备、工业机械手、智能物流车、智能软件、管理系统等，统称为机器人系统。这些机器人系统代表了当下基于互联网、大数据、人工智能等技术而快速发展形成的智能生产服务系统，它们共同的特点是在越来越广泛的领域协助人类甚至替代人类开展工作。狭义的工业机器人是指按照国际标准化组织的相关标准

---

① 本章部分内容发表于《广东财经大学学报》，2019年第6期。

（ISO 8372：2012）所定义的工业机器人，具体是指可自动控制、可重新编程的多功能智能机器人。可编程的轴至少有三个，可以固定在适当的位置或者作为自动化设备移动使用，最常见的是多轴机械臂，在码垛、搬运、上下料等工位中经常使用。本书在第 3 章、第 4 章的理论分析部分所说的工业机器人是广义的工业机器人，理论部分专注于分析一般性的工业机器人技术进步对就业的影响，但第 5 章、第 6 章和第 7 章的统计与实证分析部分所涉及的工业机器人是狭义的工业机器人，相关统计与实证所使用的数据也是狭义范畴的工业机器人数据，这也是世界机器人联合会所统计和发布的工业机器人数据。因此本书理论和实证部分的分析具有一定的互补性。本章在进行理论分析的时候基于技术进步和技术进步偏向等范式的分析均是从广义的工业机器人角度展开的。

5.1 技术进步及技术进步偏向视角下工业机器人应用影响就业的机制分析

5.1.1 基于技术进步视角的分析

工业机器人作为技术进步的典型表现，其对就业的影响遵循技术进步对就业影响的一般规律，总结来讲，技术进步对就业会产生破坏效应和补偿效应，根据赵利（2009）、张红霞（2011）和王君等（2017）的研究，这种破坏效应和补偿效应通过多种机制在发挥作用，前者主要体现在机械化效应等五个方面，后者主要体现在价格效应等七个方面。就破坏效应而言，工业机器人的主要表现是机械化效应。因为工业机器人可以直接替代人工开展部分生产工作，作为先进的生产工具，工业机器人被多种工作场合应用。就补偿效应而言，工业机器人主要表现在技术乘数效应、价格效应和收入效应。前者是因为生产规模的扩大和新产业的发展形成的，后两者是因为劳动生产率的提升形成的。具体而言，技术乘数效应表现在工业机器人的应用会促进制造业产业链的发展，促进对制造产业上下游产业链的需求，使社会生产规模不断扩大，对劳动需求不断增加，同时工业机器人产业自身的发展也会拉动一系列相关企业对劳动的需求，两者的共同作用促进了劳动需求的提升。而工业机器人带来的社会生产率提升一方面使生产成本下降，进而使企业愿意扩大生产规模从而带动对就业的需求；另一方面劳动生产率的提升推动了经济的发展，提升了居民的收入水平，而收入提高又进一步刺激了需求，高收入使居民扩大对自身的投资，社会人力资本的提高又会通过时间效应、资本化效应和国际化效应促进就业，同时，高收入还会增加社会投资，促进就业。

技术进步的就业效应还表现在对就业结构的影响。根据赵利（2009）、张红霞（2011）和王君等（2017）的研究，技术进步对就业结构的影响体现在两个方面：一方面是技术进步促进的劳动力产业结构调整；另一方面是技能结构调整。总结来讲存在四种效应，分别是产业结构效应、技能取向效应、分工效应和信息化效应。就工业机器人的影响而言，以上四个方面的影响均存在，其中技能取向效应最为明显，工业机器人普遍替代低技能的劳动者，促进对高技能劳动者的需求。分工效应也非常明显，不同的技能劳动者在生产中被重新分配，生产结构和生产方式被改变，劳动者的分工也随之被改变。产业结构效应和信息化效应也始终存在，前者是对企业就业结构的影响，后者是通过智能化生产替代之前传统的生产模式。这些效应的存在最终导致了就业结构的变化。技术进步视角下工业机器人应用对就业影响的作用机制如图5-1所示。

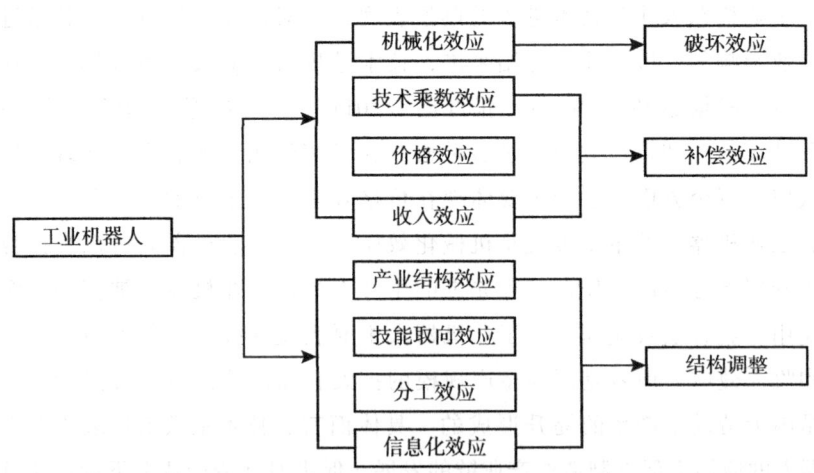

图5-1 技术进步视角下工业机器人影响就业的作用机制

5.1.2 基于技术进步偏向视角的分析

工业机器人作为一种新型的技术进步，其偏向性是怎样的？对于这个问题，现有文献鲜有探讨。本书认为，工业机器人是偏向于技能劳动的，其对就业的影响遵循技能偏向型技术进步的作用机制。这主要是因为以下两点原因：第一，工业机器人与非技能劳动相排斥。目前，工业机器人只能完成流程化的工作，无法处理非流程化的工作。流程化工作是指标准化的工作流程，可以简单重复；而非流程化的工作是指无法分解为标准化流程，需要根据实际情况随时作出调整的工作，例如产品研发即属于此类。工业机器人高度依赖事先设定好的程序，因此，工业机器人能很好地完成流程化工作，然而对于非流程化工作，由于很难对工作中所有的情况进行事先的程序上设定，所以工业机器人也无法进行非流程化工作。举例来说，工业生产流水线上的装配工作属于流程化工作，通过事先的程序设定，工业机器人可以很好地完成这些工作，且其效率较人工更高；而产品研发属于非流程化工作，这类工作具有不确定性，无法事先将所有情况都考虑周全，因而无法事先设定相应的程序，工业机器人也就无法胜任此项工作。我们知道，流程化工作只需要一些机械而重复地劳动，其对劳动者的技能要求较低，因而往往由非技能劳动来承担；相反，诸如产品研发之类的非流程化工作对劳动者能力的要求较高，因而往往由技能劳动来承担。由此可见，工业机器人将替代非技能劳动，进行流程化的工作；而对于进行非流程化工作的高技能劳动，工业机器人将无法对其进行替代。第二，工业机器人与技能劳动具有互补性。首先，工业机器人是一种相对先进的技术，其研发与生产具有很强的专业性和技术性，因而其制造往往只能由技能劳动来完成。其次，工业机器人的特点是只能完成流程化的工作，而无法处理非流程化的工作，而流程化工作对劳动者的技能要求较低，因而往往由非技能劳动承担。因此，工业机器人的引入将占据流程化工作岗位，使得非技能劳动被替代。工业机器人的引入虽然减少了流水化生产线上的非技能劳动，但大幅增加了对工业机器人的操作和维护保养人员，而这些人员往往是技能劳动。综上所述，引入工业机器人后，围绕工业机器人的研发、生产以及操作维护等环节都需要配套的技能劳动，因而工业机器人与技能劳动是互补的。综合以上两点可知,工业机器人的特点决定了其与非技能劳动会形成替代关系,与技能劳动具有天然的互补性。因而,从技术进步偏向的角度看,工业机器人作为一种新型的技术,是与技能劳动呈互补关系,而与非技能劳动呈替代关系的。根据阿西莫格鲁(2002a,2002b)和冯钟(2018)的研究可知,当技术进步偏向于技能劳动时将带动技能劳动的就业提升,当技术进步偏向于非技能劳动时将促进非技能劳动就业的提升。此外,工业机器人属于专有设备投资,根据投资专有设备技术进步影响就业的理论可知,工业机器人专有设备在技术进步下相对价格持续下降,从而导致企业采用更多的工业机器人进行生产,对就业总量和就业结构产生影响。由此可总结出技术进步偏向以及投资专有技术进步视角下工业机器人影响就业的作用机制,如图5-2所示。

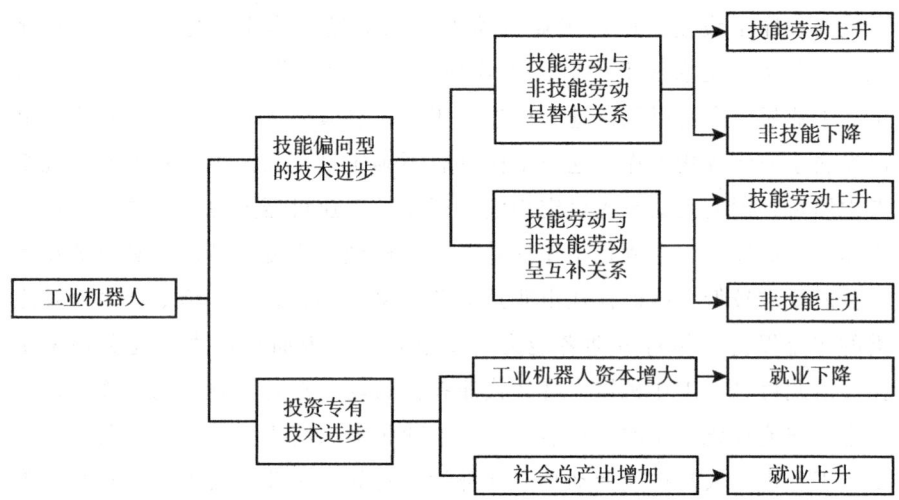

图5-2　技术进步偏向及投资专有技术进步视角下工业机器人影响就业的作用机制

5.2　工业机器人影响就业的机制与特征分析

　　工业机器人作为一种新的技术进步,其对就业的影响具有新的特征。回顾工业机器人的发展历程,结合邓洲(2016)的研究,我们发现随着技术的进步,工业机器人的发展大概经历了三个阶段,分别是自动化阶段、程序化阶段和智能化阶段。不同阶段的工业机器人技术水平不同，对就业的影响也存在差异，具体来讲：第一阶段，即自动化阶段。机器可以完成固定的动作，执行专项的任务，此时的机器人多表现为自动化设备，如自动标签机、自动打包机、自动检测终端等，能够替代人工执行固定的工作内容。第二阶段，即程序化阶段。此时机器人能够执行多项工作内容，完成复杂的技术动作，人们可以根据工作任务的要求对机器人进行编程，使机器人能够执行多种类的任务，机器人的适应能力得到显著提高，如数控机床、柔性机器人等。第三阶段，即智能化阶段。此时机器人增加了各种传感器和智能算法的软件系统，能够适应更加复杂多变的工作环境，如智能自主导航物流机器人、智能客服系统等。当前发达国家的工业机器人基本处在第二阶段向第三阶段转型的过程中，不同阶段的机器人因为技术水平的差异，对就业的影响也不相同。总结来讲，机器人的就业效应表现在对就业的替代、对就业的补充和对就业的补偿三个角度。

（1）工业机器人对就业的替代。不同阶段的机器人，能够替代人工的根本原因是相较于人工，使用工业机器人进行生产的单位成本更低，即工业机器人的比较优势。同样的工作岗位，同样的生产效率，如果人工成本高于机器成本，那么人工必将被替代；如果机器人的成本高于人工成本，但是机器人的生产效率高于人工很多，那么机器人的单位成本将更低，人工也必将被替代。从第一阶段的自动化设备到第三阶段的智能化设备，机器人设计的初衷就是解放人类的工作，因此在替代人工方面，工业机器人的道路越走越宽，可以替代的工作范围越来越广，能够替代的工作内容越来越深入。早期的自动化设备更多的是对简单重复型体力劳动的替代；到了程序化阶段，机器人能够替代操作复杂度高同时任务量大的工作；到了智能化阶段，机器人开始替代技术复杂度更高的工作，比如自动驾驶、自动分拣、智能物流等，而人类开始更多的在技术复杂度高但任务量较少的岗位工作，比如机器人研发、产品设计等。机器人对人工的替代开始由体力型替代向脑力型替代转变。随着各类传感器和智能算法的应用，机器人对颜色的识别，对运动的判断都接近甚至超越了人类的认知能力，因此能够快速完成人类无法完成或者很难快速完成的多种工作，比如智能分拣、智能码垛、智能搬运和智能物流等，除了在体力上替代人类，也开始在脑力上替代人类的工作，这体现出了机器替代人工的技术可行性。此外，随着机器人专有设备投资的加深，机器人的价格也在逐渐下降，这意味着使用机器人进行生产的成本越来越低，这使机器人的普及速度越来越快，这体现出了机器替代人工的成本可行性。随着技术进步的深化和机器人专有技术投资的加剧，技术可行性与成本可行性将越来越高，替代人工的程度将越来越强。

（2）工业机器人对就业的补充。工业机器人在表现出对人工替代的同时也越来越多的对人类的工作岗位进行补充和延伸。机器人以其强大的工作能力和性能在三个方面补充着人类工作的不足：一是人类在体力上无法胜任的工作，如长期的抓取、负重类的工作；二是人类在精度和速度等方面无法胜任的工作，如生产线的快速检测、高精度的加工等；三是人类无法胜任的工作环境，如高洁净、高污染、高辐射、高危险等工作岗位。随着机器人的发展和应用，机器人开始深入到各类工作岗位中。不同阶段的工业机器人对人工岗位的补充也存在差异，早期自动化设备对人工体力劳动的替代较多，比如铸造、机加工等一些岗位的机械化上下料，汽车生产线上大量的机械手和抓取设备等，能够协助人工完成大量的体力型劳动。随着程序化和智能化的技术进步，机器人开始在工作精度和速度方面弥补人类的不足，此时的机器人因为智能控制系统的作用能够实现人工难以企及的精度，比如精密零件的加工、电子元器件的微细操作等。同时，机器人能达到人类能力很难达到的工作速度，如快速检测、快速分拣、快速投递等。在一些特殊工作场景下，比如高洁净元器件加工等，智能机器人开始得到更多的应用。由此可见，随着技术的进步，工业机器人对人工的补充越来越多，能够延伸出更多的工作岗位。

（3）工业机器人对就业的补偿。工业机器人在对就业的补偿方便也因为其自身技术的变化和产业的发展产生了新的特点。前述关于技术进步的分析我们总结到，机器人对就业的补偿主要是因为劳动生产率的提高得以促进，随着机器人的技术进步，其对全社会劳动生产率提高的促进作用越来越大。智能机器人的背后是智能化的发展，智能化的到来促进了智能机器人和智能系统在社会各个岗位的普及与应用，从而促进社会生产效率的大幅提升。这一结果最终导致产出的增加，促进了社会需求，进一步带动了就业。智能化的应用在非制造业中广泛渗透，对服务业的影响也是愈发深刻，智能机器人的到来不仅促进了智能社会的发展，这种智能化的趋势还使社会生产的一般过程都获得了快速发展,对就业人员的流动起到良好的促进作用。同时,机器人产业的发展也促进了社会就业的增加。早期因为自动化设备生产规模的限制,机器人产业自身发展的就业放大效应不大,对就业的补偿有限。程序化和智能化机器人的发展让该产业本身的规模正在快速成长,其产业链上下游涉及的企业众多,远超以前关于设备制造的规模,涉及传感器、算法设计、电子硬件等各个领域,同时因为智能机器人的普及,产业规模也在快速增加,进一步加大了对就业的带动。总结来看,智能机器人产业的发展对就业的促进作用远超过去两个阶段自动化设备和可编程控制机器人的影响。其对就业的拉动不仅仅表现在因为企业对机器人操控、维护、维修、研发等需求而产生的新岗位,更多的是因为智能化的发展带来的产业链扩张和智能化的广泛应用带来的社会总就业岗位增加。不仅为低技能劳动者创造了大量的就业,也增加了对高技能劳动者的需求。这些变化对社会劳动力市场结构的升级也提出了新的要求。不同阶段的工业机器人对就业的影响变动趋势如表5.1所示。

表 5.1　　工业机器人技术进步对就业影响的动态过程

作用机制	就业破坏	就业补充	就业补偿
	技术可行性 成本可行性	体力补充;速度、精度补充;环境耐受	技术乘数效应 生产效率效应
第一代工业机器人	简单重复型的体力劳动	体力操作	单一产业的扩张
第二代工业机器人	复杂度高同时任务量大	高精度操作	多产业的扩张
第三代工业机器人	技术复杂度更高的工作	智能操作	智能化社会

基于以上分析,我们可以总结出工业机器人对就业影响的四方面特征:

第一,机器人技术进步促进企业全要素生产率的提升。人类历史上的每一次技术革命都意味着技术的深化,都会带来社会生产力的进步,随着机器人系统的广泛应用,全社会的生产效率都在提升,作为社会生产的主体之一,企业的全要素生产率获得提升。机器人系统的技术进步不仅是某一种或某一类技术在推进,其背后是广泛的技术应用,是一种通用目的技术,具有广泛的渗透性(蔡跃洲和陈楠,2019)。尤其是在当下"互联网

"+"与"智能+"的趋势下,技术的传播与普及不断加速,对全社会生产率的提升比以往更加显著。为了抓住这一技术特征,本书在理论模型分析中以企业全要素生产率技术冲击对其进行描述。与以往学者的研究结果类似,这一特征表现为中性的技术进步。

第二,机器人技术进步的速度越来越快,全要素的增长在加速。根据福特(2016)对当下技术发展特征的描述,人类的技术进步速度越来越快。著名的未来学家雷蒙德·库兹韦尔(2011)曾预言人类技术的发展正在接近奇点,当下的技术正以指数级的速度在增长。由自动化设备到智能机器人,技术获得了飞速的发展。当下基于互联网、大数据的新技术革命,甚至到了量子革命,将使技术进步的速度再次提升。这对宏观经济与劳动力市场的影响极为深远。为了把握技术进步不断加速的特征,我们将在模型中对技术增加不同的乘数,以考量不同程度的技术进步所带来的影响。

第三,机器人技术进步在更大范围内解放人类的工作,资本对劳动力的替代越来越强。这一解放作用表现在两个方面,一是对人类不愿意做或者无法完成的工作进行补充,二是替代人工效率低下或者人工成本较高的工作。第一个方面表现为机器人对人工就业的补充,第二个方面则表现为机器人对就业的替代。不过随着机器人产业的发展以及相关产业的扩大,机器人技术进步必将创造部分工作岗位,其综合就业效应将取决于两者的强弱。当下智能化的机器人能够承担的工作越来越多,表现出由体力劳动替代向脑力劳动替代的转变(贾根良,2016),这意味着智能机器人对人工的替代越来越广泛。机器人从诞生的第一天就肩负着解放人类劳动的使命,与此同时,机器人资本也在替代传统资本,新的生产方式替代旧的生产方式。为了把握机器人替代人工这一特征,我们以机器人资本要素对劳动要素的替代冲击进行描述。这一描述与以往学者关于技术进步偏向的分析类似,但本书所要阐述的原因则不同,我们更关注机器人替代冲击可能带来的影响。

第四,机器人技术进步加速了社会的资本积累,投资转化率在不断提升。机器人技术的发展使得社会资本积累加速,因为一单位的研发投入可以转化为更多的生产资本,这一现象也就是投资专有技术进步的效应。目前企业生产需要资本与劳动相结合,但是随着资本价格的下降,企业使用机器人进行生产的价格可行性越来越高,未来随着机器人替代人工技术可行性的提升,使用机器人完全替代人工也将成为可能。本书在后续模型中将通过引入投资转化率描述投资转化率提升的冲击,并研究不同程度的投资转化冲击对宏观经济以及劳动力市场波动的影响。当下的机器人技术进步是复杂的综合系统,是在多种技术共同作用下的联合产出,因此其对经济的影响也是多种技术共同作用的结果,这也意味着其对经济的冲击是多方面的。以往的研究中,学者多专注于技术进步的某一特征进行研究,研究结论难免出现缺失,本书将在下一章基于DSGE模型对多种冲击的结果进行模拟分析。综合以上分析,我们可以总结出随着技术进步,工业机器人对就业影响的特征如图5-3所示。

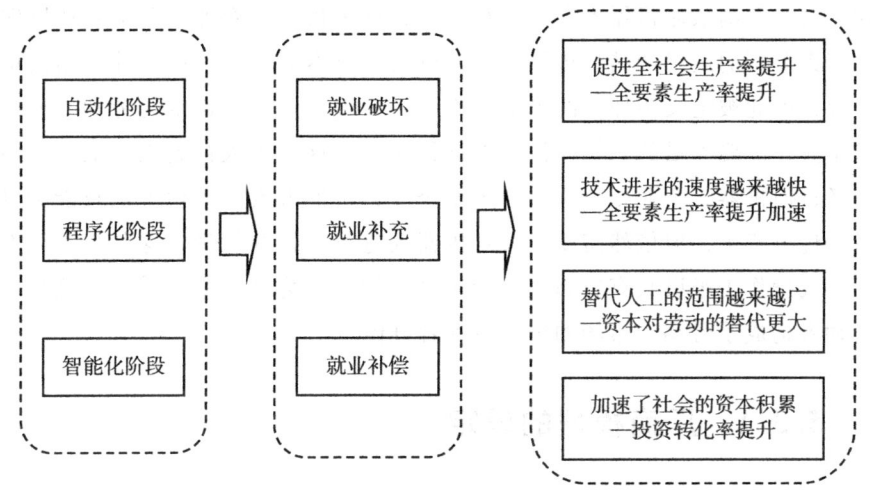

图5-3 工业机器人技术进步及对就业影响的特征分析

5.3 工业机器人影响就业的均衡分析

基于以上分析,接下来本节聚焦于全要素生产率提升这一要素的影响,重点分析技术进步下机器人企业劳动生产率的变化对就业的影响。为了进一步考察工业机器人企业生产率的变化对劳动力市场影响的作用机制,我们将建立生产部门的均衡模型,并在局部均衡的情况下分析工业机器人企业生产率的变化对劳动力市场各要素的影响。本节的均衡模型是基于萨克斯等（2015）的研究进行拓展。萨克斯等（2015）构建了一个单部门到多部门的模型分析自动化的影响，但是其并未系统地阐释机器人技术进步对就业的影响。同时本书在模型中构建了技能异质性的劳动者，通过对不同技能劳动者就业和工资的变化揭示机器人技术进步对就业结构和劳动力市场结构的冲击。首先我们构建只包含制造业的单部门模型，进而将服务业部分和机器人制造企业分别考虑进去，逐渐分析机器人生产率的变化对劳动力市场要素的影响。在单部门模型中我们假设经济体中仅有一个生产部门，即产品生产部门，部门内部的各生产企业之间是完全竞争的，这与我们要研究的中国制造业的现实情况比较类似。然后，我们假设部门内部有两类企业在进行生产，一类依靠传统资本进行生产，称为传统企业；另一类则依靠机器人资本进行生产，称为机器人企业，两类企业同时生产无差别的最终产品。传统资本与机器人资本的增长速度是外生给定的常数，因此被定义为外生的单部门模型。传统企业我们设定为劳动力密集型企业，需要大量的一线操作工人进行生产，这些工人被定义为低技能劳动者；而机器人企业则是资本密集型企业，机器人资本取代了低技能劳动者和传统资本，但依然需要工人对机器人进行操控和管理，这些工人相对于一线操作工来讲具有更高的技能水平，被定义为高技能劳动者。这两类劳动者构成了劳动力市场的全部劳动者群体。

5.3.1 厂商模型的设定

经济体中的传统企业依靠传统资本 K_1 与低技能劳动者 L_1 进行生产，机器人企业则依靠机器人资本 K_2 与高技能劳动者 L_2 进行生产。生产函数为 Cobb–Douglas 形式，两类企业的生产函数分别如下：

$$Y_{1t} = K_{1t}^{\varepsilon} L_{1t}^{1-\varepsilon} \tag{5.1}$$

$$Y_{2t} = \theta_t K_{2t}^{\gamma} L_{2t}^{1-\gamma} \tag{5.2}$$

其中，Y_{1t} 和 Y_{2t} 分别表示传统企业和机器人企业的产出，K_{1t} 和 K_{2t} 分别表示两类企业的资本投入，L_{1t} 和 L_{2t} 分别为两类企业的劳动投入，ε 和 γ 分别表示两类企业资本产出的弹性系数，且满足 ε、$\gamma \in [0,1]$。我们将传统企业的全要素生产率标准化为 1，机器人企业的全要素生产率则设定为 θ_t，

并假设 $\theta_t > 1$，即机器人企业的全要素生产率大于传统企业。这种标准化处理有助于简化分析过程，同时又不会影响对比分析结果。经标准化处理后，机器人技术进步对就业的影响将转变为 θ_t 变化对就业的影响。时期 t 内，传统企业和机器人企业均在追求最大化利润，即：

$$\underset{r_{1t}, w_{1t}}{\text{Max}} \quad \pi_{1t} = K_{1t}^{\varepsilon} L_{1t}^{1-\varepsilon} - r_{1t} K_{1t} - w_{1t} L_{1t} \tag{5.3}$$

$$\underset{r_{2t}, w_{2t}}{\text{Max}} \quad \pi_{2t} = \theta_t K_{2t}^{\gamma} L_{2t}^{1-\gamma} - r_{2t} K_{2t} - w_{2t} L_{2t} \tag{5.4}$$

其中，π_{1t} 和 π_{2t} 分别表示传统企业和机器人企业的利润，r_{1t} 和 r_{2t} 分别代表传统企业和机器人企业的资本价格，w_{1t} 和 w_{2t} 分别代表传统企业和机器人企业劳动者的劳动报酬。由式（5.3）和式（5.4）的利润最大化条件，可得出相关要素的价格分别为：

$$r_{1t} = \varepsilon K_{1t}^{\varepsilon-1} L_{1t}^{1-\varepsilon} \tag{5.5}$$

$$w_{1t} = (1-\varepsilon) K_{1t}^{\varepsilon} L_{1t}^{-\varepsilon} \tag{5.6}$$

$$r_{2t} = \theta_t \gamma K_{2t}^{\gamma-1} L_{2t}^{1-\gamma} \tag{5.7}$$

$$w_{2t} = \theta_t (1-\gamma) K_{2t}^{\gamma} L_{2t}^{-\gamma} \tag{5.8}$$

均衡状态下，在产品市场，总产出等于传统部门与机器人部门的产出之和：

$$Y_t = Y_{1t} + Y_{2t} \tag{5.9}$$

在劳动市场，低技能劳动者与高技能劳动者构成社会的全部劳动力：

$$L_t = L_{1t} + L_{2t} \tag{5.10}$$

在资本市场，均衡状态下，两种资本的收益相等，否则低收益的资本将向高收益的资本转移直至两类资本的收益相等为止。因此，在均衡状态下，资本市场满足如下条件：

$$r_{1t} = r_{2t} \tag{5.11}$$

进而有：

$$\varepsilon (L_{1t}/K_{1t})^{1-\varepsilon} = \theta_t \gamma (L_{2t}/K_{2t})^{1-\gamma} \tag{5.12}$$

式（5.12）刻画了稳定状态时传统企业要素最优组合与机器人企业要素最优组合的动态关系。在一般均衡状态下，生产行为达到最优化，此时传统企业的最优要素组合 (L_{1t}, K_{1t}) 与机器人企业的最优要素组合 (L_{2t}, K_{2t}) 满足式（5.12）。当某企业的某种要素发生变化，即会打破原有的稳态，此时不仅会引起该企业另一要素发生变化，还会引起另一企业的两种要素发生变化。各要素组合经过调整后重新满足式（5.12），整个经济体再次回到稳定状态。基于此我们将分别分析机器人技术进步对劳动力市场各要素的影响。

5.3.2 机器人技术进步对工资影响的均衡分析

机器人的技术进步意味着机器人企业生产率 θ 的提升，因此以下分析的重点将是考量劳动力市场的各要素对 θ 的变化情况。首先根据资本市场的均衡条件可得：

$$r_{1t} = \varepsilon(K_{1t}/L_{1t})^{\varepsilon-1} = \theta_t\gamma(K_{2t}/L_{2t})^{\gamma-1} = r_{2t} \qquad (5.13)$$

其中 K_{1t}/L_{1t}、K_{2t}/L_{2t} 分别表示传统企业与机器人企业的人均资本量。当 θ 提升时，为了维持等式两边相等，K_{1t}/L_{1t} 将减小，K_{2t}/L_{2t} 将增大，这意味着随着机器人技术的进步，传统企业的资本将向机器人企业转移，因为机器人企业资本的边际产出将增大。

（1）机器人技术进步对低技能劳动者工资的影响。

传统企业低技能劳动者的工资表达式如下：

$$w_{1t} = (1-\varepsilon)K_{1t}^{\varepsilon}L_{1t}^{-\varepsilon} \qquad (5.14)$$

由此可见，低技能劳动者的工资与传统企业的人均资本量成正比，所以当机器人技术提升时，传统企业的人均资本量下降，从而导致低技能劳动者的工资下降。因为随着资本的减少，低技能劳动者的边际产出随之减少，影响了其工资水平。机器人技术进步对传统企业低技能劳动者的工资水平存在破坏效应。由此可得到如下结论：在传统资本与机器人资本同时进行生产的均衡状态下，机器人的技术进步将导致低技能劳动者的工资水平下降。

（2）机器人技术进步对高技能劳动者工资的影响。

机器人企业高技能劳动者的工资表达式如下：

$$w_{2t} = \theta_t(1-\gamma)K_{2t}^{\gamma}L_{1t}^{-\gamma} \qquad (5.15)$$

由此可见，高技能劳动者的工资与机器人企业的人均资本量成正比，所以当机器人技术提升时，机器人企业的人均资本量上升，从而导致高技能劳动者的工资上升。同时可以发现，高技能劳动者工资水平的提升有两方面的影响，一是来自生产率提升的贡献，二是来自资本增加的贡献，前者可以称为生产率效应，后者可称为资本效用，两者分别产生了正效应，导致高技能劳动者的工资水平快速提升。机器人技术进步对机器人企业高技能劳动者的工资水平存在促进效应。由此可得到如下结论：在传统资本与机器人资本并存的均衡状态下，机器人生产率的提升会提高高技能劳动者的工资。由以上两个结论可知，机器人生产率的提升将会扩大高低技能劳动者的收入差距，使得工资不平等现象加剧。

5.3.3 机器人技术进步对就业影响的均衡分析

分析机器人技术进步对就业的影响，即分析机器人企业全要素生产率 θ 的提升对高低技能劳动者数量的影响。机器人企业对传统企业的替代，既取决于机器人的技术水平即全要素生产率 θ 值的大小，同时也取决于相关要素的价格。θ 值较小时，机器人无法替代人工；θ 逐渐增大时，机器人在技术上有了可行性，但未必一定会替代人工，因为还要看相关要素的价格是否合适。为便于分析，假设传统企业使用一定数量的传统设备 M 进行生产，设备单价为 P_1，有 $K_1 = P_1 M$；机器人企业使用一定数量的机器人 R 进行生产，机器人价格为 P_2，因而有 $K_2 = P_2 R$。当机器人企业的全要素生产率 θ 上升时，根据式（5.12）可知，为了维持等式平衡，K_2/L_2 将增大，即机器人企业的人均资本占有量将增大，资本将由传统企业向机器人企业转移。若 θ 值保持不变，机器人的价格 P_2 下降，则机器人企业的单位产出成本下降、单位资本产出上升，资本也将由传统企业向机器人企业转移。可见，机器人的技术进步与相关要素价格的变化都会导致资本由传统企业向机器人企业转移，而资本的转移会导致相关企业劳动者就业的变化。下面将分多种情形逐一分析。

（1）未出现机器人技术进步的情形。

在不考虑劳动要素变动的情况下，若未发生工业机器人技术进步，机器人全要素生产率 θ 保持不变。此时经济体中机器人企业使用的是第二代工业机器人。当传统企业向机器人企业发生资本转移时，即模型中的传统企业资本 K_{1t} 减少，机器人企业资本 K_{2t} 增加，此时两类企业的生产要素最优组合将被打破，式（5.12）将变为：

$$L_{1t} = (\theta\gamma/\varepsilon)^{[1/(1-\varepsilon)]} (L_{2t}/K_{2t})^{[(1-\gamma)/(1-\varepsilon)]} K_{1t} \qquad (5.16)$$

$$L_{2t} = (\varepsilon/\theta\gamma)^{[1/(1-\gamma)]} (L_{1t}/K_{1t})^{[(1-\varepsilon)/(1-\gamma)]} K_{2t} \quad (5.17)$$

式（5.16）只分析资本要素变动对传统企业劳动的净影响，即不考虑 L_{2t} 的变动。此时当 K_{1t} 减小而 K_{2t} 增加时，由式（5.16）可得 L_{1t} 将减小，即传统企业的劳动减少。式（5.17）只分析资本要素变动对机器人企业劳动的净影响，即不考虑 L_{1t} 的变动。此时当 K_{1t} 减小而 K_{2t} 增加时，由式（5.17）可得 L_{2t} 将增加，即机器人企业的劳动将增加。实际上，传统企业劳动 L_{1t} 和机器人企业劳动 L_{2t} 可同时变动，此时 L_{1t} 的减少和 L_{2t} 的增加同时发生，即传统企业的就业破坏效应和机器人企业的就业创造效应相叠加；而就业破坏效应和就业创造效应孰大孰小，则取决于传统企业资本 K_{1t} 和机器人企业资本 K_{2t} 的变动情况。因此，我们可以得到如下结论：在未出现工业机器人技术进步的情况下，若传统企业向机器人企业转移资本，则传统企业会出现工业机器人替代的就业破坏效应，而机器人企业会产生就业创造效应。

（2）机器人技术升级的情形。

当第二代工业机器人升级为第三代智能机器人，表现在模型中，即为经济体受到一个外生的技术冲击，机器人全要素生产率由 θ 上升至 $\theta + \Delta\theta$。此时经济体中机器人企业使用第三代智能机器人，传统企业向机器人企业的资本转移表现为将资本投入到第三代智能机器人中。对式（5.12）取对数，得：

$$\ln\varepsilon + (1-\varepsilon)(\ln L_{1t} - \ln K_{1t}) = \ln\theta + \ln\gamma + (1-\gamma)(\ln L_{2t} - \ln K_{2t})$$
$$(5.18)$$

与上述命题相同，这里只考虑 L_{2t} 不变时的净效应。假定 K_{1t} 变为 K'_{1t}，K_{2t} 变为 K'_{2t}，L_{1t} 变为 L'_{1t}，由式（5.18）可得：

$$\ln\varepsilon + (1-\varepsilon)(\ln L'_{1t} - \ln K'_{1t}) = \ln\theta + \ln\gamma + (1-\gamma)(\ln L_{2t} - \ln K'_{2t})$$
$$(5.19)$$

以式（5.18）减去式（5.19）并整理可得：

$$\ln(L_{1t}/L'_{1t}) = \ln(K_{1t}/K'_{1t}) - [(1-\gamma)/(1-\varepsilon)]\ln(K_{2t}/K'_{2t}) \quad (5.20)$$

由式（5.20）容易看出传统企业劳动的变化与机器人全要素生产率 θ 无关。此时可以得到如下结论：当经济体中第二代机器人向第三代机器人技术升级后，若资本由传统企业向机器人企业转移，则就业破坏效应依然存在，且效应大小与使用第二代机器人时相同。

同理，我们可以证明机器人企业劳动的变化与机器人全要素生产率 θ 无关。与上述命题相同，这里只考虑 L_{1t} 不变时的净效应。假定 K_{1t} 变为 K'_{1t}，K_{2t} 变为 K'_{2t}，L_{2t} 变为 L'_{2t}，由式（5.18）可得：

$$\ln\varepsilon + (1-\varepsilon)(\ln L_{1t} - \ln K'_{1t}) = \ln\theta + \ln\gamma + (1-\gamma)(\ln L'_{2t} - \ln K'_{2t})$$

$$(5.21)$$

以式（5.18）减去式（5.21）并整理可得：

$$\ln(L_{2t}/L'_{2t}) = \ln(K_{2t}/K'_{2t}) - [(1-\varepsilon)/(1-\gamma)]\ln(K_{1t}/K'_{1t}) \quad (5.22)$$

式（5.22）表明：机器人企业劳动的变化与机器人全要素生产率 θ 无关。因此我们可以得到如下结论：当经济体中第二代机器人向第三代机器人技术升级后，若资本由传统企业向机器人企业转移，则就业创造效应依然存在，且效应大小与使用第二代机器人时相同。

此外，当经济体使用第二代机器人时，机器人全要素生产率为 θ，此时传统企业的最优要素组合（L_{1t}，K_{1t}）与机器人企业的最优要素组合（L_{2t}，K_{2t}）保持不变，满足式（5.12）的稳态。当机器人完成更新换代，由第二代工业机器人升级为第三代智能机器人时，经济体中机器人全要素生产率由 θ 上升至 $\theta + \Delta\theta$。由式（5.6）可知，传统企业工人劳动报酬 w_{1t} 减少，由式（4.8）可知，机器人企业劳动报酬 w_{2t} 上升。w_{1t} 的减少将会引起传统企业的最优要素组合（L_{1t}，K_{1t}）被打破，使得 L_{1t} 减少。w_{2t} 上升将会引起机器人企业的最优要素组合（L_{2t}，K_{2t}）被打破，此时劳动要素将倾向于向机器人企业转移，但是由于机器人企业所需求的往往是能够操控和管理机器人的高技能劳动者，而传统企业释放出来的劳动力可能无法匹配机器人企业的需求，这种劳动力素质的结构差异导致劳动要素无法顺利由传统企业转向机器人企业，因此 w_{1t} 的上升可能无法引起 L_{2t} 上升，由此可能产生对就业的挤出效应。因此我们可以得到如下结论：当经济体中第二代机器人向第三代机器人技术升级后，若资本由传统企业向机器人企业转移，则机器人全要素生产率上升会带来传统企业工人劳动报酬下降、机器人企业工人劳动报酬上升，导致一方面会减少传统企业的劳动，另一方面又无法增加机器人企业的劳动，从而产生就业挤出效应。综合以上的分析可知，全要素生产率的提升将减少整个经济体的就业，对劳动者的就业产生破坏效应。同时因为劳动者技能结构的差异，新产生的岗位无法快速被替换的岗位员工填充，由此将造成结构性失业的产生。

5.3.4 增加服务业部门的均衡分析

以上模型仅考虑了制造业部门的生产情形，机器人在制造企业的某些岗位相比人工具有比较优势，因而可以替代人工。但在某些生活服务岗位、创意工作岗位等，人更具有比较优势，我们将这些部门统称为服务业部门。同一个劳动者有可能既能适应制造业部门的劳动需求，也能满足服务业部门的劳动需求，因此对于相同技能的劳动者，尤其是低技能的劳动者，可在制造业和服务业部门间的不同岗位流动。下面将制造业和服务业两个部门结合起来，进一步考察机器人技术进步对社会就业的影响。两部门经济中，制造业依然有两类企业进行生产，其生产方式如前所述。服务业则主要依赖人力进行生产，其生产函数式为：

$$Y_{st} = \delta_{st} K_{st}^{\alpha} L_{st}^{1-\alpha} \tag{5.23}$$

其中，Y_{st}表示服务企业的产出，K_{st}表示服务企业的资本投入，δ_{st}表示服务企业的劳动生产率，L_{st}表示服务企业的劳动者数量，α表示服务企业资本产出的弹性系数。服务企业追求最大化利润，可表示为：

$$\max_{K_{st}, L_{st}} \pi_{st} = \delta_{st} K_{st}^{\alpha} L_{st}^{1-\alpha} - r_{st} K_{st} - w_{st} L_{st} \tag{5.24}$$

其中，π_{st}代表服务企业的利润，r_{st}代表服务企业的资本价格，w_{st}代表服务企业劳动者的工资。根据厂商的利润最大化条件，可得资本与劳动的要素价格分别为：

$$r_{st} = \alpha \delta_{st} (K_{1t}/L_{1t})^{\alpha-1} \tag{5.25}$$

$$w_{st} = (1-\alpha) \delta_{st} (K_{st}/L_{st})^{\alpha} \tag{5.26}$$

考虑到制造业部门中，传统企业主要是低技能的劳动者，而机器人企业主要是高技能的劳动者，当服务业主要以低技能劳动者为主时，均衡状态下两部门的低技能劳动者工资应当相等，即 $w_{1t} = w_{st}$，由此可得如下等式：

$$(1-\varepsilon)(K_{1t}/L_{1t})^{\varepsilon} = (1-\alpha)(K_{st}/L_{st})^{\alpha} \tag{5.27}$$

式（5.27）表明，当机器人技术进步导致传统企业的资本及低技能劳动者就业数量下降时，被替代的劳动者将从制造业部门转移到服务业部门，即服务业的低技能劳动者 L_{st} 增加。为保持等式平衡，服务业部门资本 K_{st} 值也将增加。此时，需要政府进行适当干预，加大对服务业的投入，以保障服务业就业人数的增加。同理,当服务业以高技能的劳动者为主时,均衡状态下两部门高技能劳动者的工资应相等,即 $w_{2t} = w_{st}$,由此可得如下等式:

$$\theta(1-\gamma)(K_{2t}/L_{2t})^\gamma = (1-\alpha)(K_{st}/L_{st})^\alpha \qquad (5.28)$$

式(5.28)表明,当机器人技术进步导致机器人企业资本数量增加时,等式左边因双重增长效应而加速增长,为保持等式平衡,需快速增加高技能劳动者 L_{2t} 的数量。但因技术壁垒的限制,高技能劳动者的这种转移并不顺畅,因而需要政府进行积极引导,对低技能劳动者加大技能培训力度,同时对制造业部门要通过引导适时补充其行业发展所需人力,以保障制造业的产出。

5.3.5 增加机器人制造企业的均衡分析

在上述分析的基础上,我们再进一步纳入机器人制造企业,考察未来智能机器人完全替代人工的情况下给就业带来的影响。随着机器人技术的进步,工业机器人日益普及,机器人制造企业占比将越来越重,其对就业的影响也将日益明显。

机器人制造企业雇佣的劳动者普遍是更高技能的劳动者,不过他们只是机器人的创造者,而不是机器人的操控者或管理者。后者以自己出众的才智和创造力进行机器人的建造,是最高技能的劳动者,我们将这些劳动者称为科学家。机器人制造企业的生产函数如下:

$$Y_{3t} = \theta_{3t} K_{3t}^\beta L_{3t}^{1-\beta} \qquad (5.29)$$

其中,Y_{3t} 代表机器人产品的生产数量,K_{3t} 代表机器人制造企业的资本投入,L_{3t} 代表科学家的数量,θ_{3t} 代表机器人制造企业的全要素生产率。机器人制造企业的利润可以公式表示为:

$$\max_{K_{3t}, L_{3t}} \pi_{3t} = p_{2t}\theta_{3t} K_{3t}^\beta L_{3t}^{1-\beta} - r_{3t} K_{3t} - w_{3t} L_{3t} \qquad (5.30)$$

其中,π_{3t} 为机器人制造企业的利润,r_{3t} 为机器人制造企业的资本价格,w_{3t} 为科学家的工资。根据一阶条件可知资本的要素价格为:

$$r_{3t} = p_{2t}\theta_{3t}\beta K_{3t}^{\beta-1} L_{3t}^{1-\beta} \qquad (5.31)$$

在均衡状态下,$r_{2t} = r_{3t}$,可得:

$$p\beta(L_3/K_3)^{1-\beta} = \gamma(L_2/K_2)^{1-\gamma} \qquad (5.32)$$

由上述分析可知，资本由传统企业转移至机器人企业，会促进机器人企业的就业 L_{2t} 增加。机器人企业资本 K_{2t} 的增长会带动对机器人的需求，进而导致机器人制造企业的资本 K_{3t} 增长。为维持上式平衡，机器人制造企业的劳动者 L_{3t} 即科学家也需进一步增加。机器人企业的高技能劳动者 L_{2t} 可通过培训低技能劳动者 L_{1t} 得到补充，但科学家群体 L_{3t} 因技术要求更高而难以通过培训从 L_{2t} 转移。L_{3t} 增长缓慢会进一步加剧就业市场结构的不均衡，导致机器人产出受限，机器人要素价格上升。

随着智能机器人的继续升级，未来可能会出现无人工厂和关灯生产。此时机器人企业的高技能劳动者也将被取代，对就业产生更为深远的影响。生产企业此时的生产函数将变为：

$$Y_t = \theta_t R_t \tag{5.33}$$

由于机器人的生产率很高，资本将高度集中于机器人企业。大量的制造业劳动者将面临失业或被迫转移至其他部门。由于机器人企业占有大量资本，将导致其他部门的资本、产出和劳动者工资下降。

5.4 本章小结

本章从理论层面分析了工业机器人应用对就业的影响及作用机制。为了对后续的分析进行准确定位，本章首先对工业机器人的范畴给出了清晰的界定。在此基础上，总结了工业机器人的发展历程，即从自动化设备到可编程离线机器人到现阶段的智能化机器人，在技术进步过程中表现出了不同的特征。其次基于技术进步的就业效应，分析了工业机器人对就业的影响和作用机制，发现工业机器人主要通过机械化效应和生产率效应影响就业总量，通过多种效应等影响就业结构。并基于技术进步偏向和投资专有技术进步对工业机器人影响就业的机制做了进一步剖析。最后分析了工业机器人影响就业的新特征：智能化工业机器人不断促进社会全要素生产率的提升、机器人技术进步的速度越拉越快导致企业的全要素生产率在加速提升，机器人对人工替代的范围越来越广泛导致资本对劳动的替代越来越深刻，同时工业机器人的应用加速了社会资本的积累，导致资本的价格不断下降，社会的投资转化率在提升。基于这四个方面的新特征，本书将逐一纳入模型进行技术进步冲击的动态分析。

与此同时,本章聚焦于全要素生产率的变化,通过建立均衡模型对技术进步条件下机器人企业全要素生产率的提升对就业的影响机制进行分析。首先建立了基于单部门的均衡模型,研究发现,机器人技术进步对低技能劳动者的就业和工资均产生负向影响,对高技能劳动者的就业和工资将产生正向影响。随着机器人技术的进步升级,机器人开始替代人工,由此出现了三种情况,分别是不替代、部分替代和完全替代,三种情况下的影响是一致的。其次建了两部门的模型,将服务业纳入模型的考察范围。分析发现,机器人技术进步对制造业劳动者的就业将产生负向影响,对服务业劳动者对就业有正向影响。最后发现技术持续进步将导致所有劳动者的工资下降。为此,我们将在下一章结合机器人技术进步的长期发展就机器人对劳动者就业、工资、社会福利等产生的影响做进一步分析,并提出应对之策。

第6章 工业机器人应用影响就业与社会福利的长期分析[①]

在分析工业机器人对劳动者就业与薪资的影响之后,本章将进一步基于单部门和两部门的模型,分别分析工业机器人应用对劳动者薪资与社会福利的影响。本书的理论模型同样在萨克斯等(2015)的基础上进行了拓展。该模型建立了基于世代交替(OLG)的两部门分析框架,但是其模型中并未对劳动者技能结构进行划分,也未考察劳动力的产业转移现象,因此缺乏对劳动力市场结构的有效分析。本书在此基础上引入了异质性技能的劳动者和异质性资本的生产企业,同时将机器人生产企业纳入模型,详细分析了机器人技术进步对劳动力结构变化的影响。

6.1 单部门模型的均衡分析

6.1.1 模型构建

在第5章单部门生产模式的模型框架下,本章将进一步引入效用函数,分析技术进步对效用的影响。为了考量消费者代际间福利的变化以及代际间人们消费与储蓄倾向的变化对经济的长期影响,本书选择OLG模型描述代表性家庭的决策。代表性家庭中的每个个体都只存活两期,在第一期(年轻时期)进行工作、消费和储蓄;在第二期(年老时期)只进行消费,

---

① 本章部分内容发表于《技术经济》,2021年第1期。

且只消费其年轻时期的储蓄和相关收益。每一代人都在追求最大化其终生效用函数：

$$U_t = \phi u(C_t) + (1-\phi)u(C_{t+1}) \quad (6.1)$$

其中：C_t、C_{t+1}分别表示年轻时期和年老时期的消费；$u(\cdot)$ 表示效用函数，它是消费 C_t 的函数，效用函数可采用对数的方式表示，即 ϕ 表示消费在两个时期之间的分配参数。对低、高技能劳动者，代表性家庭面临的预算约束均满足如下形式：

$$w_t L_t = C_t + \frac{C_{t+1}}{1+r_{t+1}} \quad (6.2)$$

其中：C_t、C_{t+1}分别为劳动者在第 t 期和 $t+1$ 期的消费；r_{t+1} 为资本在 $t+1$ 期的投资回报率。家庭在年轻时期的消费 C_t 和储蓄 S_t 分别是其年轻时期总收入的固定比例，年老时期的消费为其年轻时期的储蓄及相关收益，满足如下条件：

$$C_{t+1} = S_t(1+r_{t+1}) = (1-\phi)w_t L_t(1+r_{t+1}) \quad (6.3)$$

由以上表达式可分别得到低、高技能劳动者的终生效用函数均满足如下形式：

$$U_t = constant + \ln w_t L_t + (1-\phi)\ln(1+r_{t+1}) \quad (6.4)$$

在均衡状态下，两种资本的收益相等，否则低收益的资本将向高收益的资本转移直至两类资本的收益相等。因此，在均衡状态下，资本市场满足如下条件：$1+r_{1t} = 1+r_{2t}$。由第 5 章分析可知，机器人技术进步意味着机器人企业全要素生产率 θ 的提升，因此以下将重点分析 θ 的变化对劳动力市场各要素的影响。根据资本市场的均衡条件可得：

$$1+r_{1t} = \alpha\left(\frac{K_{1t}}{L_{1t}}\right)^{\alpha-1} = \theta_t \beta\left(\frac{K_{2t}}{L_{2t}}\right)^{\beta-1} = 1+r_{2t} \quad (6.5)$$

其中：K_{1t}/L_{1t}、K_{2t}/L_{2t}分别表示传统企业与机器人企业的人均资本量。当 θ 提升时，为了保持等式两边相等，K_{1t}/L_{1t} 将减小，K_{2t}/L_{2t} 将增大，这意味着随着机器人技术进步，传统企业的资本将向机器人企业转移，因为单位资本在机器人企业的边际产出更大。这种在技术进步的条件下，资本由低技术企业向高技术企业转移的现象，本书将其称为技术进步的"资本虹吸效应"。基于此，本书将分别分析两类企业劳动力市场相关要素的变化情况以及机器人技术进步对社会福利的影响。

6.1.2 影响社会福利的均衡分析

为简化分析,假设高、低技能劳动者的数量 $L_{1t} = L_{2t} = 1$,则低技能劳动者的终生效用函数可表示为:

$$U_{1t} = constant + \ln w_{1t} + (1-\varphi)\ln(1+r_{t+1}) \tag{6.6}$$

其中:w_{1t} 将因为技术进步而受损,将其表示为利率 r_{1t} 的函数:

$$w_{1t} = (1-\alpha)\left[\frac{(1+r_{1t})}{\alpha}\right]^{\frac{\alpha}{\alpha-1}} \tag{6.7}$$

将式(6.7)带入效用函数整理可得:

$$U_{1t} = constant - \frac{\alpha}{1-\alpha}\ln(1+r_{1t}) + (1-\varphi)\ln(1+r_{t+1}) \tag{6.8}$$

忽略常数项可知,等式右边的第二项为低技能劳动者工资下降带来的负效应,第三项为机器人技术进步后,低技能劳动者工资储蓄的投资回报增加带来的正效应。最终低技能劳动者的总效用由工资下降的负效应和储蓄回报增加的正效应综合而定。其中:

$$1 + r_{1t} = \alpha\left(\frac{K_{1t}}{L_{1t}}\right)^{\alpha-1} \tag{6.9}$$

结合前述分析可知,资本的投资回报率 $1+r_t$ 随着 θ 的提升而增大,故由此可知 $1+r_{t+1} > 1+r_t = 1+r_{1t}$。假设在第 t 期发生了机器人的技术进步,机器人企业的生产率由 θ_L 变为 θ_H,资本的投资回报由 $1+r_L$ 变为了 $1+r_H$,那么在不同时期,低技能劳动者的效用函数分别如下:

当 $t < T-1$ 时,$\theta = \theta_L$,$1+r_t = 1+r_{1t} = 1+r_L$,此时,低技能劳动者的效用函数为:

$$U_{1t} = constant - \frac{\alpha}{1-\alpha}\ln(1+r_L) + (1-\varphi)\ln(1+r_L) \tag{6.10}$$

当 $t = T-1$ 时,$\theta = \theta_L$,$1+r_t = 1+r_{1t} = 1+r_L$,此时,低技能劳动者的效用函数为:

$$U_{1t} = constant - \frac{\alpha}{1-\alpha}\ln(1+r_L) + (1-\varphi)\ln(1+r_H) \tag{6.11}$$

当 $t > T-1$ 时,$\theta = \theta_H$,$1+r_t = 1+r_{1t} = 1+r_H$,此时,低技能劳动者的效用函数为:

$$U_{1t} = constant - \frac{\alpha}{1-\alpha}\ln(1+r_H) + (1-\varphi)\ln(1+r_H) \quad (6.12)$$

由以上公式可知，如果满足条件 $1-\varphi > \left[\frac{\alpha}{(1-\alpha)}\right]$，则低技能劳动者的效用将随着机器人技术进步而提升。但以上公式的条件是非常苛刻的，只有当 φ 和 α 的取值都很小时公式才有可能成立。此条件意味着低技能劳动者在传统企业的生产中占比较大，并且劳动者尽可能减少其年轻时期的消费，增加储蓄以获得更多收益，从而增加年老时期的消费，使其效用随着工业机器人技术进步而增大，此时其效用增加主要来自技术进步带来的高回报。如果劳动者在生产中比重较小，或者年轻时期的消费较大，其终生效用都会因为工业机器人技术进步而受损。一般情况下，如果 α 取值为 0.3，储蓄率 $1-\varphi$ 应大于 0.43，这就意味着劳动者需将 43% 以上的收益用于储蓄才能提升其终生效用。就现实情况而论，一般情况下，劳动者年轻时期的消费率约为 70%，储蓄率约为 30%，如果正常情况下 α 取值为 0.3 左右，那么低技能劳动者工资的损失将超越投资的回报，其福利水平将随着工业机器人技术进步而下降。对于高技能劳动者群体，其效用函数为：

$$U_{1t} = constant + \ln w_{2t} + (1-\varphi)\ln(1+r_{t+1}) \quad (6.13)$$

式（6.13）中，w_{2t} 与 $1+r_{t+1}$ 均随着工业机器人技术进步而增长，故可知高技能劳动者的效用随着工业机器人技术进步，即 θ 的增大而增大。对社会的总福利而言，

$$U_t = constant + \ln(w_{1t}+w_{2t}) + (1-\varphi)\ln(1+r_{t+1}) \quad (6.14)$$

由式（6.14）可知，工业机器人技术进步对福利的影响取决于两个因素，分别是等式右边的第二项和第三项。前者表示总工资收入的变化对福利的影响，后者表示投资回报的增加对福利的影响。由前述分析可知，投资回报率随着技术进步的提升而增加，但总工资随着技术进步的变化结果未知，取决于高技能劳动者的工资增幅与低技能劳动者工资降幅之差，具有不确定性。不过此处关于总效用下降还是上升的具体分析已无意义，因为一般情况下，低技能劳动者的福利水平将随技术进步而下降，故无论总效用结果如何，都无法改变低技能劳动者福利受损的情况。如果出现高技能劳动者的收入涨幅高于低技能劳动者工资降幅的情况，则可能出现一种假象，即富裕者变得越来越富裕的同时掩盖了低收入者越来越贫穷的现

状。虽然社会的总产出在增加,但是社会财富聚集到少数人手中,无法让社会全体成员共同享受技术进步带来的福利,社会贫富差距越来越大,显然这种状态未达到帕累托最优。此时需要政府进行及时干预,以改善社会财富的分布,提升社会福利水平。

6.1.3 包含工业机器人制造企业的模型设定与分析

将工业机器人制造企业纳入考虑范畴对本书研究内容具有重要意义。一方面,工业机器人制造企业创造了大量的就业岗位,对劳动者就业有促进作用;另一方面,工业机器人制造企业的劳动者具有独特的属性,与机器人制造企业中操控和维修工业机器人的高技能劳动者不同,他们依靠自己出众的才智和创造力进行工业机器人的设计与创造,是最高技能的劳动者,我们称他们为科学家。一般情况下,科学家通过研发和销售工业机器人获得报酬。他们与低技能劳动者、高技能劳动者一起共同构成了劳动力市场的劳动者群体。前述分析了两类企业的生产函数,此处设定工业机器人制造企业的生产函数为:

$$Y_{3t} = \delta_t K_{3t}^{\varepsilon} L_{3t}^{1-\varepsilon} \tag{6.15}$$

其中:Y_{3t}、K_{3t}、L_{3t}分别表示工业机器人制造企业的总产出、资本投入和科学家数量;δ_t代表全要素生产率。工业机器人制造企业的利润为:

$$\underset{K_{3t}, L_{3t}}{\text{Max}} \quad \pi_{3t} = p_{2t}\theta_t K_{3t}^{\beta} L_{3t}^{1-\beta} - r_{3t}K_{3t} - w_{3t}L_{3t} \tag{6.16}$$

其中:π_{3t}为工业机器人制造企业的利润;r_{3t}为工业机器人制造企业的资本价格;w_{3t}为科学家的工资;p_{2t}为工业机器人的价格。由一阶条件可知资本的要素价格为:

$$1 + r_{3t} = p_{2t}\delta_t \varepsilon K_{3t}^{\varepsilon-1} L_{3t}^{1-\varepsilon} \tag{6.17}$$

在均衡状态下,$r_{2t} = r_{3t}$,可得:

$$\theta_t \beta \left(\frac{L_{2t}}{K_{2t}}\right)^{1-\beta} = p_{2t}\delta_t \varepsilon \left(\frac{L_{3t}}{K_{3t}}\right)^{1-\varepsilon} \tag{6.18}$$

当资本由传统企业转移到工业机器人企业后,促进了工业机器人企业就业L_{2t}的增加。同时因为工业机器人企业资本K_{2t}的增长带动了对机器人的需求,从而导致机器人制造企业的资本K_{3t}的增长。为了维持上式左右两边的平衡,机器人制造企业的劳动者L_{3t}也需要增加。但是因为科学家群体

L_{3t} 有较高的技术壁垒，很难通过培训从 L_{2t} 的高技能劳动者进行转化，使 L_{3t} 的数量增长缓慢，这进一步加剧了劳动力市场结构的不均衡，使劳动者的技能错配问题凸显。科学家群体 L_{3t} 数量增长的限制将导致机器人的产出 Y_{3t} 受限，进而导致机器人要素价格 p_{2t} 上升。在均衡状态下机器人制造企业生产的机器人数量与机器人使用企业使用的机器人数量相等，故机器人企业的资本可以表示为 $K_{2t} = p_{2t} \times R_t$，在均衡状态下，科学家获得的工资可表示为：

$$w_{3t} = p_{2t}\delta_t(1-\varepsilon)K_{3t}^{\varepsilon}L_{3t}^{-\varepsilon} \tag{6.19}$$

式（6.19）可进一步表示为：

$$w_{3t} = p_{2t}\delta_t K_{3t}^{\varepsilon}L_{3t}^{1-\varepsilon}(1-\varepsilon)L_{3t}^{-1} = \frac{[p_{2t}Y_{3t}(1-\varepsilon)]}{L_{3t}} \tag{6.20}$$

由式（6.20）可见，随着机器人技术进步，机器人的产量 Y_{3t} 将越来越高，但是科学家群体的数量 L_{3t} 不会激增，因此机器人的价格 p_{2t} 提高，使得机器人制造企业的科学家工资 w_{3t} 提高。科学家的收益 R_t 全部来自机器人售卖所获得的报酬，即 $R_t = W_{3t}L_{3t}$。考虑一个极端情况，科学家使用很少的资本进行生产，即 $\varepsilon = 0$ 时，科学家的工资可表示为：$w_{3t}L_{3t} = p_{2t}Y_{3t} = p_{2t}R_t$，此时，科学家工资与机器人销量和机器人价格成正比。科学家在将机器人售卖之后，也出售了其使用机器人进行直接生产的机会。如果科学家不选择出售机器人，而是自己组织工厂进行生产，科学家将直接成为企业主，并获得机器人生产企业的利润，即：

$$R_t = Y_{2t} - (1+r_{2t})w_{3t}L_{3t} - w_{2t}L_{2t} \tag{6.21}$$

在均衡状态下，企业的利润为零，此时企业家仅获得与其相匹配的报酬。但是在非均衡状态下，企业家将获得超额利润。面对超额利润，科学家不一定会立刻自行生产，因其自身企业家才能的缺失，必然使生产成本增加，只有当机器人企业利润远超其研发和售卖机器人的报酬时，才有可能覆盖企业家才能缺失的成本，其才有可能会转而进行生产。此时企业家将成为收益最高的劳动者，其收益将大于科学家的工资收入，即：$Y_{2t} - (1+r_{2t})w_{3t}L_{3t} - w_{2t}L_{2t} > w_{3t}L_{3t}$。考虑 $L_{2t} = L_{3t} = 1$ 的特殊情况，整理可得：

$$\theta_t K_{2t}^{\beta} = \theta_t w_{3t}^{\beta} > (2+r)w_{3t} + w_{2t} \tag{6.22}$$

可见，此时要么机器人的技术水平很高，要么社会的资本积累很高。在此条件下，科学家为了获得更高的收益，将提高机器人的销售价格或替代企业家自主生产。无论是哪种情况，企业家获得的超额利润都会被科学家吞噬，最终被科学家替代。在机器人技术不断进步的情况下，资本积累存在一个阈值，在未到达该阈值前，低技能劳动者、高技能劳动者、科学家和企业家都分别通过提供自己的劳动和企业家才能在市场机制下获得报酬。但是当资本积累超过阈值之后，科学家将成为企业生产的绝对主导者，超额的利润将促使科学家进行自行生产，在这种生产组织方式下，低技能劳动者、高技能劳动者、企业家都将不可避免的面临失业或低收入。在这种极端情况下，科学家将成为收益最高的劳动者，其他劳动者群体的收益都将受到负的影响。需要注意的是，其他劳动者工资的下降必将导致社会消费和储蓄的降低，并进而影响社会需求和投资的增长，长远来看不利于经济增长。为什么技术的不断进步并不能带来社会的长期均衡增长，反而有可能阻碍经济增长呢？其中的重要原因就是技术进步带来的收益并没有进行恰当地分配，导致资源配置的错位。为了使机器人技术与经济增长相协调，就需要政府进行积极干预，将机器人技术进步所带来的红利在所有的社会群体中分享，从而保障社会各劳动者群体的收益不受损进而保障需求增长，只有这样，技术进步才能促进经济的长期增长。

6.1.4 机器人税政策下的财富转移

为了实现财富的转移，征收机器人税将成为可行的措施之一。征收机器人税，不是对机器人征税，而是对机器人拥有者征税，所以这实际上就意味着征收资本利得税。企业在使用机器人生产时，因为资本虹吸效应使其资本量增大，资本产出增加，劳动者的收入增加，因此机器人税是针对机器人使用企业的资本利得进行征税。假设在 T1 时期，有一个外生的技术冲击 $\Delta\theta$ 使得机器人使用企业的生产率水平由 θ_L 提升到 θ_H，在此影响下，低技能劳动者的工资水平由 w_{1H} 下降到 w_{1L}，则劳动者的工资降幅为 $\Delta w = w_{1H} - w_{1L}$，对机器人资本利得征收的税率设定为 τ_{1t}，则机器人税可表示为：$G_t = r_{2t} K_{2t} \tau_{1t}$。其中 G_t 为征收的机器人税的额度，且满足 $G_t = \Delta w$。征税之后，机器人资本的收益率变为 $r_{tN1} = r_t(1 - \tau_{1t})$，低技能劳动者的工资保持为 w_L 不变，故低技能劳动者的效用函数为：

$$U_{1t} = constant + \ln w_{1t} + (1 - \varphi)\ln(1 + r_{t+1}^{N1}) \qquad (6.23)$$

第6章 工业机器人应用影响就业与社会福利的长期分析

由此可见，低技能劳动者的效用在保持其工资 w_{1t} 不变的前提下随着机器人技术进步而提升。此时高技能劳动的工资依然在上升，其福利水平也获得提升。当机器人开始替代高技能劳动者时，高技能劳动者的工资水平开始下降，同时低技能劳动者处于失业状态，接受政府提供的最低保障 w_L^*。为了保障劳动者工资收入不变，对机器人征收的税应该等于低技能劳动者与高技能劳动者的工资降幅。征税之后，低技能劳动者的工资保持 w_L 不变，而高技能劳动者的工资也保持 w_H 不变，并均随着资本投资回报率的提升而逐步提升。同时，科学家群体的效用也将随着工资的提升以及资本投资回报率的提升而提升。当机器人完全替代人工之后，机器人将独立进行生产。此时低技能劳动者与高技能劳动者均处于失业状态，接受政府的最低保障 w^*。与机器人技术进步之前相比，劳动者的工资损失更大，因此对机器人资本利得征税的税率也更高。在实现资本利得税的再分配之后，高技能和低技能的劳动者分别保持工资水平不变，社会福利获得提升。根据以上分析内容，我们可以总结出单部门模型框架下机器人技术进步对劳动力市场各要素与社会福利的影响机制如图6-1所示。

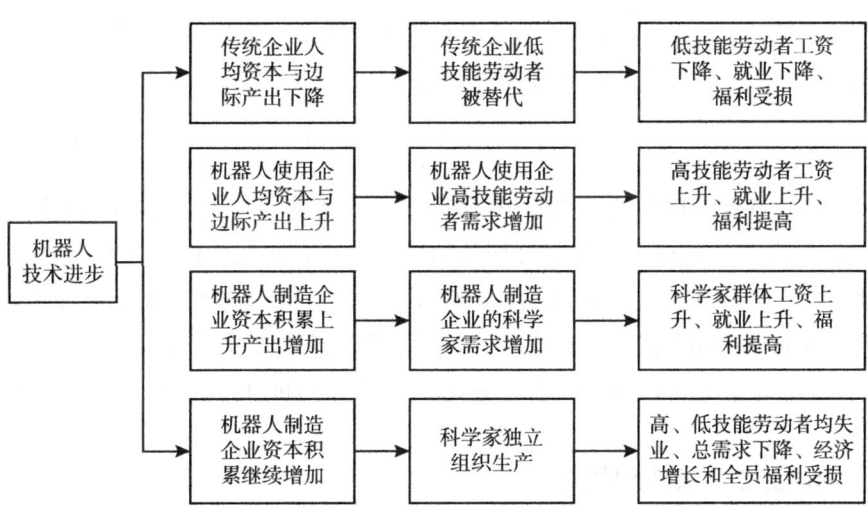

图6-1 单部门模型下机器人技术进步对劳动力市场与社会福利的影响机制

以上单部门模型中仅考虑制造业部门企业生产的情况。但是社会生产中，也有许多岗位是机器人难以替代的，如服务人员、艺术工作者，新兴服务业网络主播、快递员等。这些岗位需要有更多的灵活性，人工生产更具有比较优势，统称为服务业部门。接下来将综合考虑两部门的影响。

6.2 两部门模型的设定

6.2.1 模型设定

在两部门经济中，家庭模型依然以 OLG 形式描述。与单部门模型不同的是，消费者将把消费在制造业部门的产品与服务业部门的产品间分配，同时在年轻时期和年老时期之间分配，以追求其最大化终生效用函数。无论对于低技能劳动者还是高技能劳动者，其效用函数均为：

$$U = \phi[\kappa \ln C_{yt} + (1-\kappa)\ln C_{st}] + (1-\phi)[\kappa \ln C_{yt+1} + (1-\kappa)\ln C_{st+1}] \quad (6.24)$$

其中：C_{yt}、C_{st} 分别表示年轻时期在制造业部门产品与服务业部门产品上的消费；C_{yt+1}、C_{st+1} 分别表示年老时期在制造业部门产品与服务业部门产品上的消费；ϕ、κ 分别表示消费在两个时期之间和两个部门的产品之间的分配参数。代表性家庭面临的预算约束如下：

$$w_t L_t = C_t + \left[\frac{C_{t+1}}{(1+r_{t+1})}\right] \quad (6.25)$$

家庭在年轻时期的消费 C_t 和储蓄 S_t 分别是其年轻时期总收入的固定比例，满足 $C_t = \varphi w_t L_t$，年老时期的消费为其年轻时期的储蓄及相关收益，满足 $C_{t+1} = S_t(1+r_{t+1}) = (1-\phi)w_t L_t(1+r_{t+1})$，此时，无论是低技能劳动者、高技能劳动者还是服务业者，其终生效用函数均可表示为：

$$U_t = constant + (1-\phi)\ln w_t + (1-\phi)\ln(1+r_{t+1}) \quad (6.26)$$

6.2.2 短期均衡

在制造业部门中，传统企业的劳动者主要是低技能劳动者，而机器人使用企业的劳动者主要是高技能劳动者。当服务业的劳动者主要以低技能劳动者为主时，在均衡状态下，两部门的低技能劳动者的工资相等，即 w_{1t}

= w_{st}，由此可得：

$$(1-\alpha)\left(\frac{K_{1t}}{L_{1t}}\right)^{\alpha} = p_{st}\delta_{st}(1-\gamma)\left(\frac{K_{st}}{L_{st}}\right)^{\gamma} \quad (6.27)$$

通过前述分析可知，制造业低技能劳动者的就业因技术进步而受损，故 L_{1t} 下降，被替代的劳动者将转移到服务业部门，因此 L_{st} 将增大。为了保持等式的平衡，维持就业市场的稳定，需要加大对服务业的扶持，增加对 K_{st} 的投入，以保障被替代的制造业劳动者可以被充分吸收，否则被替代的劳动者将面临失业的境况。在劳动者进行产业转移的过程中，因为服务业劳动力供给充足，将导致低技能劳动者工资下降且福利损失。与此同时还存在另一种情形，即服务业高速增长，吸纳了大批的制造业劳动者，此时低技能的劳动者主动由制造业部门转移到服务业部门，在制造业没有发生技能替代的情况下，导致 L_{1t} 主动下降，此时制造业将经历"招工难""用工荒"等问题，产出受限。为此，制造业企业应该加大对机器人使用的投入，以弥补劳动力短缺的冲击。当服务业的劳动者主要以高技能的劳动者为主时，均衡状态下 $w_{2t} = w_{st}$。可得：

$$\theta_t(1-\beta)\left(\frac{K_{2t}}{L_{2t}}\right)^{\beta} = p_{st}\delta_{st}(1-\gamma)\left(\frac{K_{st}}{L_{st}}\right)^{\gamma} \quad (6.28)$$

此时，技术进步导致社会资本向机器人使用企业转移，K_{2t} 增加，K_{st} 减少。相应的制造业中高技能劳动者的数量 L_{2t} 增加。为了保持等式的平衡，服务业高技能劳动者的数量 L_{st} 下降。这主要是因为高技能劳动者的薪酬增加，用于生产服务业产品的资本减少，因而服务业的产出下降，导致服务业产品的需求增加，服务业的就业受损。以上分析中我们设定，服务业产品的生产需要投入资本与劳动力共同完成。但现实情况下，很多服务业部门的生产对资本的依赖度并不高，反而对人的依赖度很高。对低技能的劳动者而言，比如快递员，有一辆电动车便可进行生产；有些高技能的劳动者，如歌唱家、美术家，只要有乐器、笔墨等创作工具便可进行生产。因此这些生产，我们可以设定为不需要资本，其生产函数可以表示为 $Y_{st} = \delta_{st}L_{st}$，服务业劳动者的工资可表示为：$w_{st} = p_{st}\delta_{st}$。当服务业的劳动者主要以低技能的劳动者为主时，在均衡状态下，两部门的低技能劳动者工资相等，即 $w_{1t} = w_{st}$，由此可得：

$$(1-\alpha)\left(\frac{K_{1t}}{L_{1t}}\right)^{\alpha} = p_{st}\delta_{st} \quad (6.29)$$

此时，机器人技术进步使传统企业的资本向机器人使用企业转移，K_{1t}下降。技术进步导致制造业的产出增加，同等比例下，对服务业产品的需求也将增加。此时制造业的低技能劳动者将转移到服务业进行生产，以满足生产需求，因此服务业劳动者的就业将上升。在均衡状态下，制造业替代的劳动者数量等于服务业增加的劳动者数量，制造业的产出增加量与服务业的产出增加量相当，保持服务业产品的价格 p_{st} 保持不变。当服务业的劳动者主要以高技能的劳动者为主时，在均衡状态下，两部门的高技能劳动者工资相等，即 $w_{2t} = w_{st}$。由此可得：

$$\theta_t(1-\beta)\left(\frac{K_{2t}}{L_{2t}}\right)^{\beta} = p_{st}\delta_{st} \qquad (6.30)$$

此时，技术进步导致社会资本向机器人使用企业转移，K_{2t} 增加。相应的制造业中高技能劳动者的数量 L_{2t} 增加，制造业的产出增加，同等比例下对服务业产品的需求增加，因此服务业劳动者的数量将增加。但是因为高技能劳动者的数量受限，导致服务业产出不足，服务业产品的价格 p_{st} 上升。高技能劳动者因为技术壁垒的限制，从其他劳动者中进行转移并不顺畅，因此需要政府进行积极引导，加大对低技能劳动者的技能培训，同时适当引导其他行业人才对制造业部门进行补充，保障产出。由此可得到以下结论：当制造业与服务业的高技能劳动者可以顺利转移时，技术进步会导致服务业的高技能劳动者向制造业转移，从而使得制造业高技能劳动者数量上升，服务业下降。

6.2.3 长期动态影响

机器人技术进步使社会资本向机器人使用企业转移，传统企业与服务业企业的资本将下降，这将导致传统企业与服务业企业的劳动者边际产出下降，进而导致工资下降。机器人使用企业产出的增加将导致制造业产品产量增加，在劳动者工资下降的情况下，产品的需求下降，必将导致制造业产品的价格下降。同时因为制造业产品的增加，服务业产品的需求随之增加，但是因为服务业资本的下降，导致服务业产出下降，由此引发服务业产品的价格上升。技术进步将进一步恶化制造业低技能劳动者以及服务业劳动者的工资，但高技能劳动者的工资因为产出的增加而增加。低技能劳动者和服务业劳动者收入的下降将使得社会需求下降，社会资本积累下降，从而导致高技能劳动者的高工资无法持续，并随着资本积累的下降也开始下降。经济增长也将随着技术进步的提升，最终将随着资本积累萎缩和倒退。在替代高技能劳动者时，技术进步的影响程度更加深刻，低技能劳动者只能转移到劳动力密集型的服务业进行生产。资本虹吸导致传统企业与服务业的资本都向机器人使用企业转移，传统企业被完全替代。服务业中因为有部分企业可以依靠非常低的资本进行生产，能够吸纳大量的劳动者。如果服务业对资本的依赖度低，那么服务业将成为劳动者的避难所，被替代的工人将大量融入服务业。由于大量劳动者的涌入，服务业的产出大量增加，而制造业产品与服务业产品的销售数量的比例固定，一旦服务业产出的增加，必将导致服务业产品的价格下跌，并降低服务业劳动者的工资收益。由此可见，需要服务业与制造业平衡发展，以实现产品市场的供给与需求均衡，保障就业稳定与经济增长。当机器人完全替代劳动者时，劳动者全部转移到服务业进行生产，服务业产出达到最大化。但是机器人使用企业的产出随着机器人技术进步将进一步增加，从而导致对服务业产品的需求增加，促使服务业产品的价格上升。在技术进步下，劳动者的工资将随着提升，最终制造业产品价格因为供大于求而下降。在均衡状态下，社会产出将随着人口增长而增长。在机器人完全独立生产后，科学家将直接组织生产，科学家群体将获得企业生产的超额利润，使其收益上升。

6.2.4　机器人税制度下的财务再分配

同前述分析，为了保障技术进步条件下生产率提升对社会福利的促进作用，需要通过机器人税制度将资本收益在不同的劳动者群体中分配。在不同的生产情形下，所征收的机器人税应该等于相应劳动者工资的损失，从而保障劳动者的工资保持不变，即：$G_t = \Delta w$。其中 Δw 为不同技能的劳动者的工资损失，当机器人替代低技能的劳动者时：$\Delta w = w_{1H} - w_{1L}$。当机器人替代高技能的劳动者时：$\Delta w = w_1 + w_{2H} - w_{2L}$。当机器人独立生产时：$\Delta w = w_1 + w_2$。通过社会财富的再分配，制造业劳动者的工资收入保持不变，但总的可支配财富随着技术进步而增加，因此社会总需求增加，对服务业产品的需求也因此增加,从而带动服务业劳动的就业和工资上升。劳动者的总收入为:$W_t = w_{1t} + w_{2t} + w_{st}$。总收入随着技术进步而增加,社会的总效用为:

$$U_{1t} = constant + (1-\varphi)\ln W_t + (1-\varphi)\ln(1+r_{t+1}) \qquad (6.31)$$

由此可见,在进行财富再分配之后,社会总福利随着工资的增加以及技术进步而提升。根据以上分析内容,可以总结出两部门模型框架下机器人技术进步对劳动力市场各要素与社会福利的影响机制如图6-2所示。

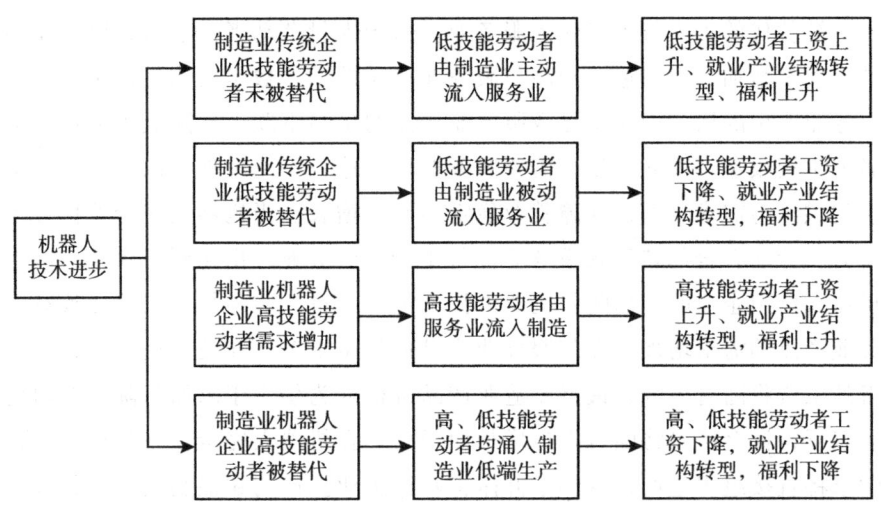

图6-2 两部门模型下机器人技术进步对劳动力市场与社会福利的影响机制

6.3 本章小结

本章建模分析了机器人技术进步对劳动力市场的影响。主要结论有如下几点:第一,对制造业的低技能劳动者而言,短期内机器人替代将导致低技能劳动者的工资下降,就业减退,社会福利水平下降;长期低技能劳动者将面临大范围的失业,要么进行就业转移,要么忍受着低工资与低福利。第二,对制造业的高技能劳动者而言,机器人技术进步短期内将对其就业产生促进作用,对其薪酬产生提升效应;长期也将对其就业和薪酬产生破坏效应。第三,对科学家群体而言,短期内薪酬将随着机器人技术进步而提升，在机器人技术水平较高时，其收益将远超其工资薪酬，但长期因为社会需求下降，其收益也将受损。第四，对于服务业的劳动者而言，无论是低技能的劳动者还是高技能的劳动者，短期内都将随着机器人技术进步而获益。长期因为社会需求的萎缩和受损。短期因为机器人企业的产出增加，导致对服务业产品的需求增加，带动服务业的就业与劳动者收益。长期因为社会需求的萎缩，影响对服务业产品的需求，进而导致服务业就业下降，劳动者工资受损。由理论分析结合现实情况可以发现，目前中国的传统机器人已经普及，智能机器人的应用正在加速。智能机器人的应用对传统企业的低技能劳动者产生了不同程度的替代，对就业和社会福利均产生了负面影响。通过智能制造促进经济高质量发展与稳定社会就业之间存在诸多矛盾。基于以上分析并结合中国国情，对促进机器人应用与稳定社会就业提出以下三点政策建议：

第一，短期内智能机器人的普及会对中国制造业低技能劳动力形成负向冲击，政府在推动制造业企业使用智能机器人的同时，应该出台相应政策，做好被替代劳动者的职业技能培训，帮助这部分工人提升技能实现再就业，促进中国劳动力结构升级。

第二，"智能制造"是中国实现制造强国的重要方式。智能机器人在促进中国制造业转型升级的同时存在替代就业的潜在风险，对此不同的地方应根据当地企业的实际需求与劳动力供给及结构特点制定有针对性的政策，稳步、分阶段地推进智能制造的进程，不可"一刀切"，不能一蹴而就。

第三，服务业的发展将带动对劳动力的需求。在促进制造业劳动者转型升级的同时也需要加大对服务业的扶持，促使劳动者在不同的产业间转移，实现就业市场的再平衡。

第 7 章　基于动态随机一般均衡模型的模拟分析[①]

前述在理论层面基于局部均衡对工业机器人技术进步的第一个特征，即全要素生产率的变化对就业的影响进行了分析，本章将在此基础上进一步将机器人技术进步的多个特征共同纳入模型之中，通过数值模拟对以上多种冲击的综合效应进行研究，以逐步完善本书的理论基础。本章将通过构建模拟中国现实经济环境的动态随机一般均衡（DSGE）模型，以多种技术冲击的形式纳入机器人技术进步的新特征，然后基于参数估计和数值模拟，对多个技术冲击的结果进行分析。随后，就应对工业机器人技术进步冲击的宏观调控政策进行模拟检验，以发现最优调控的财政政策和货币政策手段，为相关宏观政策的制定奠定理论基础。本章的研究将为理解工业机器人的就业影响建立坚实的理论基础，并在一定程度上对预测工业机器人作为一种通用技术影响未来进行了展望。

7.1　动态随机一般均衡模型简介

DSGE 模型是研究宏观经济的重要计量方法，它既包含宏观经济学的研究范式，又具有坚实的微观基础。该模型对各经济主体的跨期决策进行优化，包括消费者的效用最大化行为、厂商的利润最大化行为以及政府和中央银行等部门的决策行为，以求得各经济主体在设定约束条件下的最优

---

① 本章部分内容发表于《当代财经》，2020 年第 4 期。

决策，在此基础上引入各种外生的冲击，如技术冲击、货币冲击等，以研究现实中不稳定的随机因素对经济发展的影响。

DSGE 模型理论源于德兰德和普里斯考特（Kydland and Prescott，1982）年建立的真实经济周期理论（Real Business Cycle，RBC）。RBC 模型的分析框架是新古典的框架，其核心的外生冲击是要素的生产率。但是 RBC 模型存在诸多不足，如其假设的市场是完全竞争的，工资和价格是可以灵活调整的，信息是完全的，经济行为主体是理性预期的。同时该模型只包含家庭和厂商，不包含政府部门。因此 RBC 模型对经济环境的假设太过于理想化，不符合现实的约束，DSGE 模型则更贴近现实。目前主流的 DSGE 模型都在 RBC 模型的基础上增加了垄断竞争、价格黏性、工资黏性等约束，同时行为主体更加丰富，引入了中间品生产厂商、政府部门等，使模型对现实经济环境的刻画更加真实。使用 DSGE 模型进行经济问题的分析一般分为四个部分，分别是模型的设定、模型的求解、模型的估计和模型的模拟。

（1）模型的设定。

模型设定是进行 DSGE 建模的第一步，首先我们需要通过建立各类模型用于描述现实的经济环境，针对不同的经济主体分别建立不同的方程系统，包括家庭、厂商、政府等。在模型之外还需要加上各类约束，以表示现实经济环境的制约，进而形成完整的方程系统。

（2）模型的求解。

模型设定完成之后就需要对模型进行求解，以发现模型各变量之间的关系。一般需要对各行为主体的最优化目标方程进行求解并得到相应的优化条件，每个优化条件都对应了一个方程。将所有优化条件的方程以及资源约束的方程联立起来即可得到模型均衡的方程组，求解的目标即计算出刻画经济环境均衡的方程组。为了方便计算，一般需要去掉方程中的期望符号，找到各变量之间的关系，从而完成模型的求解。

（3）模型的估计。

得到上述关系方程组之后需要对方程组的参数进行估计。这一步骤非常关键，因为参数的取值决定了模型是否能够有效地模拟真实的经济环境。模型参数的估计有多种方法，如贝叶斯估计法、校准法等。目前研究主要使用的方法是校准法和贝叶斯估计法同时使用，以得到最佳的估计参数。

(4) 模型的模拟。

在完成以上三部分工作之后即可得到完整的刻画现实经济的方程组。在此基础上利用该模型对现实的经济冲击进行仿真实验。模拟中将随机的外生冲击数据代入模型进行计算,即可得到该冲击带来的计算结果,通过对模拟结果的分析即可预测未来的随机冲击对现实经济的影响。

7.2 模型的对数线性化

DSGE 模型在求解的过程中会产生诸多非线性的差分方程组,此时需要用到对数线性化的方法将非线性的差分方程组转化为线性的方程组。本小节将介绍对数线性化的操作方法和步骤。首先我们假设需要进行对数线性的方程为如下形式:

$$f[x(t), y(t)] = g[z(t)] \tag{7.1}$$

分别用 $\bar{x}$、$\bar{y}$、$\bar{z}$ 表示参数 x、y、z 的稳态,在没有外部冲击的情况下,各参数将收敛于稳态。分别将恒等式 $x(t) = \exp\{\log[x(t)]\}$、$y(t) = \exp\{\log[y(t)]\}$ 和 $z(t) = \exp\{\log[z(t)]\}$ 代入上式之中,进一步通过在上式的两边同时取对数,可以得到如下的函数形式:

$$\log\{f[e^{\log x(t)}, e^{\log y(t)}]\} = \log\{g[e^{\log z(t)}]\} \tag{7.2}$$

此时,在其稳态值即 $\log\bar{x}$、$\log\bar{y}$、$\log\bar{z}$ 的附近进行一阶泰勒展开,可以得到如下的表达式,即:

$$\frac{f_1(\bar{x}, \bar{y})}{f(\bar{x}, \bar{y})}\bar{x}[\log x(t) - \log\bar{x}] + \frac{f_2(\bar{x}, \bar{y})}{f(\bar{x}, \bar{y})}\bar{y}[\log y(t) - \log\bar{y}] = \frac{g'(\bar{z})}{g(\bar{z})}\bar{z}[\log z(t) - \log\bar{z}] \tag{7.3}$$

对式 (7.3) 进行求解变换,可以得到如下的近似方程:

$$f_1(\bar{x}, \bar{y})\bar{x}\hat{x}(t) + f_2(\bar{x}, \bar{y})\bar{y}\hat{y}(t) = g'(\bar{z})\bar{z}\hat{z}(t) \tag{7.4}$$

其中,$\hat{x}(t) = \log x(t) - \log\bar{x}$,$\hat{y}(t) = \log y(t) - \log\bar{y}$,$\hat{z}(t) = \log z(t) - \log\bar{z}$。参考上述方法和步骤即可将复杂的非线性方程转变成线性形式。

7.3 DSGE 模型的构建

本节的模型基于克里斯蒂亚诺（Christiano，2005）以及斯麦茨和沃特斯（Smets and Wouters，2007）的模型进行拓展，同时引入了前述分析的多种类型的冲击，在模型的构建过程中我们将引入粘性价格和垄断竞争等因素，以求更加完整地模拟我国现实的经济环境。

7.3.1 家庭

首先对家庭的决策行为进行设定。假设在封闭的环境中，家庭是无限期存在的。家庭在消费的同时，提供一定数量的劳动参与社会生产，因此代表性家庭的效用来自对商品的消费和对闲暇的享受，因此其效用函数为如下的形式：

$$U = E_0 \sum_{t=0}^{\infty} \beta^t \left(\frac{C_t^{1-\sigma}}{1-\sigma} - \theta \frac{N_t^{1+\eta}}{1+\eta} \right) \tag{7.5}$$

其中 U 表示代表性家庭的终生跨期贴现效用，E 为期望因子。C_t、N_t、M_t 分别表示代表性家庭在 t 期的消费、劳动数量和持有的名义货币量。η 表示劳动供给的相对风险规避弹性，θ 表示劳动在家庭效用函数中的系数，其为负数号意味着劳动使得家庭的效用降低。代表性家庭在进入 t 期时持有一定数量的政府债券 B_t。在 t 期，家庭通过提供劳动 N_t 和资本 K_t 给中间品生产企业进行生产，以分别获得劳动报酬 $W_t N_t$ 和资本收益 $R_t K_t$，同时家庭将收入全部用于消费 C_t 和投资 I_t。因此，社会资本的积累满足如下方程：

$$K_{t+1} = (1-\delta)K_t + Z_t I_t \tag{7.6}$$

其中 δ 为折旧率，Z_t 表示投资的转化率，用于衡量投资专有技术的冲击，即前述分析的技术进步带来的社会资本积累深化的影响，后续将进一步分析该参数的经济含义。K_t 为第 t 期的资本存量。代表性家庭持有资本和政府债券，因此，家庭的预算约束如下：

$$C_t + I_t + \frac{B_{t+1}}{P_t} \leq (1-\tau_t^n)w_t N_t + (1-\tau_t^k)R_t K_t + (1+i_{t-1})\frac{B_t}{P_t} - T_t + \prod_t$$
(7.7)

其中 B_t 为 t 期家庭持有的政府债券，i_{t-1} 为债券的收益率，w_t 为劳动者的工资，R_t 为资本的收益率，τ_t^n 为政府征收的劳动所得税，τ_t^k 为政府征收的资本所得税，T_t 为政府征收的其他赋税综合，$\prod_t$ 为家庭从中间品生产厂商处获得的利润分红。为求解家庭的跨期贴现效用最大化，由以上效用函数和预算约束构造家庭的拉格朗日函数可得：

$$L = E_0 \sum_{t=0}^{\infty} \beta^t \left\{ \frac{C_t^{1-\sigma}}{1-\sigma} - \theta \frac{N_t^{1+\eta}}{1+\eta} + \lambda_t \left[(1-\delta)K_t + Z_t I_t - K_{t+1} \right] \right.$$
$$\left. + \mu_t \left[(1-\tau_t^n)w_t N_t + (1-\tau_t^k)R_t K_t + (1+i_{t-1})\frac{B_t}{P_t} - T_t + \prod_t - C_t - I_t - \frac{B_{t+1}}{P_t} \right] \right\}$$
(7.8)

其中 λ_t、μ_t 分别表示拉格朗日乘子。分别对式（7.8）中消费、劳动、投资、资本、债券等变量求导数，可得其最优的一阶条件如下：

$$C_t^{-\sigma} = \mu_t \tag{7.9}$$

$$\theta N_t^{\eta} = \mu_t (1-\tau_t^n) w_t \tag{7.10}$$

$$Z_t \lambda_t = \mu_t \tag{7.11}$$

$$\lambda_t = \beta E_t \left[\lambda_{t+1}(1-\delta) + \mu_{t+1}(1-\tau_{t+1}^k) R_{t+1} \right] \tag{7.12}$$

$$\frac{\mu_t}{P_t} = \beta E_t \mu_{t+1}(1+i_t) \frac{1}{P_{t+1}} \tag{7.13}$$

7.3.2 厂商

在新凯恩斯模型的假设之下，生产企业被分为两个类别，分别是最终品生产企业和中间品生产企业。其中最终品生产企业面临的是完全竞争的市场，但是它并不使用劳动和资本进行生产，而是使用各类中间品生产厂商的产出作为生产要素。而中间品生产厂商则使用劳动和资本进行生产，中间品生产的企业很多，且生产的是有差别的中间商品，面临的是一个垄断竞争的市场。基于以上假设，我们分别设定最终品和中间品生产厂商的生产函数。

(1) 最终品厂商。

最终品厂商是完全竞争的，其利用中间品厂商的产出作为投入，追求最大化利润。设定最终品厂商的生产函数为 CES 形式，采用迪克西特·斯蒂格利茨模型（D-S 效用函数），我们设定最终品厂商的生产函数表达式如下：

$$Y_t = \left[\int_0^1 Y_t(j)^{\frac{\omega-1}{\omega}} dj \right]^{\frac{\omega}{\omega-1}} \quad (7.14)$$

其中 Y_t 表示最终品的产量，$Y_t(j)$ 为第 j 个中间品厂商生产的产量，ω 为各类中间品的替代弹性，且满足 $\omega > 1$。当 ω 趋近于正无穷大的时候，最终品的生产函数简化为中间品的线性加总，所有的中间品均是完全替代的。当 ω 趋向于 0 的时候，函数为列昂惕夫形式，当 $\omega = 1$ 的时候，函数为 Cobb-Douglas（CD）形式。现实取值的时候，$1 < \omega < +\infty$，这意味着中间品之间的替代是不完全的，体现了中间品垄断竞争的含义。在完全竞争的市场，最终品厂商的利润为零。最终产品的价格为 P_t，设定中间品的价格为 $P_t(j)$，则对于最终品厂商来讲，其利润最大化的目标函数如下：

$$\max_{Y_t(j)} P_t Y_t - \int_0^1 P_t(j) Y_t(j) dj \quad (7.15)$$

式（7.15）对中间品数量 $Y_t(j)$ 求偏导，可得到如下函数：

$$P_t \frac{\omega}{\omega-1} \left[\int_0^1 Y_t(j)^{\frac{\omega-1}{\omega}} dj \right]^{\frac{\omega}{\omega-1}-1} \frac{\omega-1}{\omega} Y_t(j)^{\frac{\omega-1}{\omega}-1} = P_t(j) \quad (7.16)$$

式（7.16）进行整理，可以得到对中间产品的需求函数如下：

$$Y_t(j) = \left[\frac{P_t(j)}{P_t} \right]^{-\omega} Y_t \quad (7.17)$$

最终品厂商面对的是完全竞争的市场，因此均衡状态下企业的利润为 0，可得：

$$P_t Y_t = \int_0^1 P_t(j) Y_t(j) dj \quad (7.18)$$

将中间品的需求函数带入式（7.18）并去除需求参数之后可得到如下的一般价格指数：

$$P_t = \left[\int_0^1 P_t(j)^{1-\omega} dj \right]^{\frac{1}{1-\omega}} \quad (7.19)$$

(2) 中间品厂商。

基于新凯恩斯模型的假设，中间品厂商是垄断竞争的。我们将在中间品厂商的模型中引入粘性价格，这意味着不是所有的中间品厂商都能够自由地调整其价格。因此中间品厂商将面临两个决策问题：一是对于不能调整价格的厂商，需要通过控制要素投入以最小化其生产成本；二是对能够调整价格的厂商，需要选择合适的价格以实现最大化利润。接下来我们将从这两个方面分别分析中间品厂商面临的决策问题并进行模型构建。

首先，所有的中间品厂商通过投入劳动和资本进行生产。设定中间品厂商采用 CD 形式的生产函数进行生产，则中间品厂商的生产函数形式如下：

$$Y_t(j) = A_t(j) K_t(j)^{\alpha_t} N_t(j)^{1-\alpha_t} \tag{7.20}$$

其中 A_t 为中间品厂商的全要素生产率，α_t 为生产中资本的占比。在本书中，A_t、α_t 分别用于描述机器人技术进步的两个特征，即全要素生产率冲击以及机器人要素替代冲击，其相关特征后续在冲击部分统一描述。中间品厂商面临的是垄断竞争环境，同时所有厂商都面临同样的劳动价格 W_t，在厂商无法自由地调整价格来实现最大化利润的情况下，厂商可以选择合适的劳动与资本投入，以最小化其生产成本。此时成本最小化函数可以表示为如下形式：

$$\min_{N_t(j), K_t(j)} W_t^p N_t(j) + R_t^p K_t(j) \tag{7.21}$$

中间品厂商面临总产出大于总需求的资源约束如下：

$$A_t K_t(j)^{\alpha} N_t(j)^{1-\alpha} \geq \left(\frac{P_t(j)}{P_t}\right)^{-\omega} Y_t \tag{7.22}$$

根据式（7.21）和式（7.22），构造其成本最小化的拉格朗日函数如下：

$$L = -W_t^p N_t(j) - R_t^P K_t(j) + \psi_t(j) \left[A_t K_t(j)^{\alpha} N_t(j)^{1-\alpha} - \left(\frac{P_t(j)}{P_t}\right)^{-\omega} Y_t \right]$$

$$\tag{7.23}$$

其中 $\Psi_t(j)$ 为拉格朗日乘子，对劳动和资本求偏导数，可得到最优的一阶条件如下：

$$W_t^P = \psi_t(j)(1-\alpha) A_t K_t(j)^{\alpha} N_t(j)^{-\alpha} \tag{7.24}$$

$$R_t^P = \psi_t(j) \alpha A_t K_t(j)^{\alpha-1} N_t(j)^{1-\alpha} \tag{7.25}$$

将式（7.24）和式（7.25）左右两边分别相除可以得到：

$$\frac{W_t^P}{R_t^P} = \frac{1-\alpha}{\alpha} \frac{K_t(j)}{N_t(j)} \tag{7.26}$$

由此可见，每个厂商的资本劳动比是一致的，同时每个厂商的拉格朗日乘子也是一致的，我们可以将每个厂商的资本劳动比表示为加总的形式。分别定义劳动供给与资本供给的加总形式如下：

$$N_t = \int_0^1 N_t(j) dj \tag{7.27}$$

$$K_t = \int_0^1 K_t(j) dj \tag{7.28}$$

同时对名义的劳动与资本价格都除以价格水平，可得到实际的劳动与资本价格，因此得到如下的表达式：

$$\frac{w_t}{R_t} = \frac{W_t^P}{R_t^P} = \frac{1-\alpha}{\alpha} \frac{K_t}{N_t^d} \tag{7.29}$$

根据拉格朗日乘子法的经济学含义可以知道，中间品厂商的边际成本可以表示为 $mc_t = \frac{\psi_t}{P_t}$，将该边际成本带入名义劳动价格和名义资本价格的一阶条件，可以得到劳动和资本的实际边际成本分别如下：

$$w_t = mc_t(1-\alpha) A_t \left(\frac{K_t}{N_t}\right)^{\alpha} \tag{7.30}$$

$$R_t = mc_t \alpha A_t \left(\frac{K_t}{N_t}\right)^{\alpha-1} \tag{7.31}$$

以上是在考虑中间品企业不能灵活调整价格的情况下基于企业成本最小化决策得到的企业实际边际成本的表达式。

其次，我们考虑在模型中引入粘性价格。对黏性价格的构造，我们参考凯芙（Calvo，1983）的做法。具体策略是，设定每一期，只有 $1-\phi$ 的厂商可以调整其商品价格 $P_t(j)$，剩余 ϕ 比例的厂商无法调整其价格，因此该部分厂商面临的依然是原有的价格水平。此时企业面临两种决策问题，一是不可调整价格的厂商最小化其成本，二是可调整价格的厂商调整价格到适合的水平以实现利润最大化。前一种决策问题的描述如前述。对于后一问题的决策，我们采用随机贴现指数进行描述。模型中我们设定一个时期内，企业产品的价格保持不变的概率是 ϕ，那么两期内保持不变的概率是 ϕ^2，依次类推，S 期之后，其产品价格依然保持不变的概率是 ϕ^s。

因为 $0<\phi<1$，因此随着时间的增加，企业不能调整产品价格的概率越来越低。企业将未来的收益贴现到当期，对贴现后的当期利润求最大化。为此我们引入随机贴现指数（Stochastic Discount Factor，SDF）对未来的收益进行贴现处理。该指数的表达形式如下：

$$M_{t+s}=\beta^s\frac{\mu'(C_{t+s})}{\mu'(C_t)} \tag{7.32}$$

基于该贴现指数，企业的最大化利润可表示为如下形式：

$$\underset{p_t(j)}{\text{Max}}E_t\sum_{s=0}^{\infty}(\phi\beta)^s\frac{\mu'(C_{t+s})}{\mu'(C_t)}\left\{\frac{P_t(j)}{P_{t+s}}\left[\frac{P_t(j)}{P_{t+S}}\right]^{-\omega}Y_{t+s}-mc_{t+s}\left[\frac{P_t(j)}{P_{t+S}}\right]^{-\omega}Y_{t+s}\right\} \tag{7.33}$$

括号中的第一项是企业 j 从产品销售中得到的收益，第二项为企业生产所产生的成本，取消乘数可得到如下方程：

$$\underset{p_t(j)}{\text{Max}}E_t\sum_{s=0}^{\infty}(\phi\beta)^s\frac{\mu'(C_{t+s})}{\mu'(C_t)}[P_t(j)^{1-\omega}P_{t+s}^{\omega-1}Y_{t+s}-mc_{t+s}P_t(j)^{-\omega}P_{t+s}^{\omega}Y_{t+s}] \tag{7.34}$$

式（7.34）对价格 $P_t(j)$ 取一阶条件可得：

$$P_t^*=P_t(j)=\frac{\omega}{\omega-1}\frac{X_{1t}}{X_{2t}} \tag{7.35}$$

其中 P_t^* 表示调整之后的价格，X_{1t}、X_{2t} 分别为如下形式：

$$X_{1t}=\mu'(C_t)mc_tP_t^{\omega}Y_t+\phi\beta E_tX_{1t+1} \tag{7.36}$$

$$X_{2t}=\mu'(C_t)P_t^{\omega-1}Y_t+\phi\beta E_tX_{2t+1} \tag{7.37}$$

可以看出，当 $\phi=0$ 时，式（7.36）、式（7.37）的最后一项将消除，此时意味着所有的企业都可以自由的调整价格，这与灵活价格下的模型是一致的。

7.3.3 政府与货币当局

政府在经济调控中的作用是非常重要的。我国的"机器换人"计划大多是由政府推动的。政府可以通过税收和转移支付等财政政策对经济进行调控，同时政府也扮演了货币当局的角色，是债券和货币的发行方，可以通过发行货币或者调整利率等货币政策对经济进行调控，因此在模型构建中我们需要把政府考虑进来。政府的收入主要来自税收和发放的债券，其中税收本书设定来自三个方面，分别是对劳动者的劳动所得税和对资本收益部分征收的资本所得税和其他赋税。政府的支出主要用于偿还债券的本金、利息和其他支出，因此政府面临的预算约束如下：

$$G_t + (1 + i_{t-1})\frac{B_t}{P_t} \leq \tau_t^n w_t N_t + \tau_t^k R_t K_t + T_t + \frac{B_{t+1}}{P_t} \quad (7.38)$$

其中 G_t 表示政府的其他总支出。同时设定政府支出是社会总产出的函数，可以表示为如下的形式：

$$\ln G_t = (1 - \rho_g)\ln(\gamma Y_t) + \rho_g \ln G_{t-1} + \varepsilon_g \quad (7.39)$$

政府作为货币当局，对货币进行宏观调控。货币政策采用泰勒规则进行执行，利率满足如下的变动规则：

$$i_t = (1 - \rho_i)i + \rho_i i_{t-1} + (1 - \rho_i)[\phi_\pi(\pi_t - \pi) + \phi_y(\ln Y_t - \ln Y_{t-1})] + \varepsilon_t^i$$

$$(7.40)$$

同时，货币当局还可以通过调整税收的财政政策对经济进行的调控，相关的财政政策调整手段如下：

$$\tau_t^n = (1 - \rho_n)\tau^n + (1 - \rho_n)\ln\frac{w_t N_t}{wN} + \rho_n \tau_{t-1}^n + \varepsilon_{n,t} \quad (7.41)$$

$$\tau_t^k = (1 - \rho_k)\tau^k + (1 - \rho_k)\ln\frac{R_t K_t}{RK} + \rho_k \tau_{t-1}^k + \varepsilon_{k,t} \quad (7.42)$$

7.3.4 技术冲击

根据前面的描述，机器人技术进步共有三种冲击，其中以 A_t 的变化表示机器人技术进步的全要素生产率冲击，以资本份额 α_t 的变化来衡量机器人资本的要素替代冲击，以投资转化率 Z_t 的变化表示投资专有技术进步的投资转化率冲击。A_t、α_t 和 Z_t 均服从 AR(1) 过程，因此其动态变化可表示为如下形式：

$$\ln A_t = \rho_A \ln A_{t-1} + \varepsilon_{A,t} \quad (7.43)$$

$$\ln \alpha_t = (1 - \rho_\alpha)\ln \bar{\alpha} + \rho_\alpha \ln \alpha_{t-1} + \varepsilon_{\alpha,t} \quad (7.44)$$

$$\ln Z_t = \rho_Z \ln Z_{t-1} + \varepsilon_{Z,t} \quad (7.45)$$

其中，ρ_A 与 ρ_α 分别为机器人技术冲击与机器人要素替代冲击的自回归系数，取值范围为（0，1）。$\varepsilon_{A,t}$ 与 $\varepsilon_{\alpha,t}$ 分别为独立的白噪声扰动，分别服从 $N(0, \sigma_{2A})$ 与 $N(0, \sigma_{2a})$，$\bar{\alpha}$ 为稳态的劳动份额，两个随机因素独立不相关。

7.3.5 模型的均衡与加总

在模型的均衡状态下，技术冲击 A_t 是外生的，同时政府发行的债券 $B_t = 0$，企业的利润也为 0。因此将均衡状态下政府的预算约束方程代入家庭的预算约束方程，可得到如下的表达式：

$$C_t + I_t \leq (1 - \tau_t^n) w_t N_t + (1 - \tau_t^k) R_t K_t - G_t + \tau_t^n w_t N_t + \tau_t^k R_t K_t + \prod_t \tag{7.46}$$

均衡状态下，家庭的总收入等于总开支，对式（7.46）进行整理可得：

$$C_t + I_t + G_t = Y_t \tag{7.47}$$

此外，将中间品厂商的生产函数进行加总，可得到如下的等式：

$$A_t K_t(j)^\alpha N_t(j)^{1-\alpha} = \left[\frac{P_t(j)}{P_t}\right]^{-\omega} Y_t \tag{7.48}$$

式（7.48）两边同时取积分，并进行整理，可得到总产出的表达式如下：

$$Y_t = \frac{A_t K_t^\alpha N_t^{1-\alpha}}{\nu_t^p} \tag{7.49}$$

其中 ν_t^p 是价格离散指数，其表达式如下：

$$\nu_t^p = \int_0^1 \left[\frac{p_t(j)}{p_t}\right]^{-\omega} dj \tag{7.50}$$

经过上述分析，我们可以得到描述动态随机一般均衡的模型系统，分别如下：

（1）家庭效用最大化的一阶条件和资本积累方程：

$$C_t^{-\sigma} = \mu_t \tag{7.51}$$

$$\theta N_t^\eta = \mu_t (1 - \tau_t^n) w_t \tag{7.52}$$

$$Z_t \lambda_t = \mu_t \tag{7.53}$$

$$\lambda_t = \beta E_t [\lambda_{t+1}(1-\delta) + \mu_{t+1}(1-\tau_{t+1}^k) R_{t+1}] \tag{7.54}$$

$$\frac{\mu_t}{P_t} = \beta E_t \mu_{t+1}(1+i_t)\frac{1}{P_{t+1}} \tag{7.55}$$

$$K_{t+1} = (1-\delta)K_t + Z_t I_t \tag{7.56}$$

（2）最终品企业的价格与需求函数：

$$P_t = \left[\int_0^1 P_t(j)^{1-\omega} dj\right]^{\frac{1}{1-\omega}} \tag{7.57}$$

（3）中间品企业成本最小化条件：

$$w_t = mc_t(1-\alpha)A_t\left(\frac{K_t}{N_t^d}\right)^{\alpha} \tag{7.58}$$

$$R_t = mc_t \alpha A_t\left(\frac{K_t}{N_t^d}\right)^{\alpha-1} \tag{7.59}$$

（4）中间品企业粘性价格下利润最大化条件：

$$P_t^* = \frac{\omega}{\omega-1}\frac{X_{1t}}{X_{2t}} \tag{7.60}$$

$$X_{1t} = C_t^{-\sigma} mc_t P_t^{\omega} Y_t + \phi\beta E_t X_{1t+1} \tag{7.61}$$

$$X_{2t} = C_t^{-\sigma} P_t^{\omega-1} Y_t + \phi\beta E_t X_{2t+1} \tag{7.62}$$

（5）政府与货币当局：

$$\ln G_t = (1-\rho_g)\ln(\gamma Y_t) + \rho_g \ln G_{t-1} + \varepsilon_g \tag{7.63}$$

$$i_t = (1-\rho_i)i + \rho_i i_{t-1} + (1-\rho_i)[\phi_\pi(\pi_t - \pi) + \phi_y(\ln Y_t - \ln Y_{t-1})] + \varepsilon_t^i \tag{7.64}$$

$$\tau_t^n = (1-\rho_n)\tau^n + (1-\rho_n)\ln\frac{w_t N_t}{wN} + \rho_n \tau_{t-1}^n + \varepsilon_{n,t} \tag{7.65}$$

$$\tau_t^k = (1-\rho_k)\tau^k + (1-\rho_k)\ln\frac{R_t K_t}{RK} + \rho_k \tau_{t-1}^k + \varepsilon_{k,t} \tag{7.66}$$

（6）加总条件：

$$C_t + I_t + G_t = Y_t \tag{7.67}$$

$$Y_t = \frac{A_t K_t^{\alpha} N_t^{1-\alpha}}{v_t^p} \tag{7.68}$$

$$v_t^p = \int_0^1 \left[\frac{p_t(j)}{p_t}\right]^{-\omega} dj \tag{7.69}$$

（7）技术冲击：

$$\ln A_t = \rho_A \ln A_{t-1} + \varepsilon_{A,t} \tag{7.70}$$

$$\ln\alpha_t = (1-\rho_\alpha)\ln\overline{\alpha} + \rho_\alpha \ln\alpha_{t-1} + \varepsilon_{\alpha,t} \tag{7.71}$$

$$\ln Z_t = \rho_Z \ln Z_{t-1} + \varepsilon_{Z,t} \tag{7.72}$$

以上模型系统共有 22 个方程，22 个未知数。通过对这些方程组求解，即可得到对经济环境的一般描述结果。但是直接对上述方程组进行求解是不可能的，一是模型中含有积分项，这是由于中间品生产企业调整价格的决策行为导致模型具有异质性，本书中表现为中间品企业的异质性；二是系统中含有价格变量，一般情况下价格是非平稳的，无法带入模型求解，因此需要将价格项去除；三是名义货币供给也具有非平稳性。基于以上原因，我们需要对模型中出现的异质性和非平稳性问题进行处理，进而再对模型进行求解。

7.3.6 去异质性和非平稳性

首先，我们要去除模型的异质性，Calvo 黏性价格的设定原则为我们解决这一问题提供了良好的方式。由前面的推导可知，总价格水平的表达式为：

$$P_t = \left(\int_0^1 P_t(j)^{1-\omega}dj\right)^{\frac{1}{1-\omega}} \tag{7.73}$$

在这里，我们以通货膨胀率代替价格，设定通货膨胀率的表达式如下：

$$\pi_t = \frac{P_t}{P_{t-1}} \tag{7.74}$$

$$\pi_t^* = \frac{P_t^*}{P_{t-1}} \tag{7.75}$$

根据 Calvo 黏性价格的设定原则，有 $1-\phi$ 比例的企业可调整价格为 P_t^*，其余 ϕ 比例的企业无法调整价格，保持为 $p_t(j)$。因此上述的总价格表达式可以拆开表示为：

$$P_t^{1-\omega} = \int_0^{1-\phi} P_t^{*\,1-\omega}dj + \int_{1-\phi}^1 P_{t-1}(j)^{1-\omega}dj \tag{7.76}$$

式 (7.76) 可进一步化简为如下形式：

$$P_t^{1-\omega} = (1-\phi)P_t^{*\,1-\omega} + \int_{1-\phi}^1 P_{t-1}(j)^{1-\omega}dj \tag{7.77}$$

将最后一个积分公式表达为如下的形式：

$$\int_{1-\phi}^{1} P_{t-1}(j)^{1-\omega} dj = \phi \int_{0}^{1} P_{t-1}(j)^{1-\omega} dj = \phi P_{t-1}^{1-\omega} \quad (7.78)$$

这一变化是基于 Calvo 黏性价格的精妙设计，因为可以调整产品价格的中间厂商是随机选取的，而社会生产总存在着大量中间厂商，因此对单位区间上子集价格的积分与整个单位区间价格的积分成一定的比例关系，这个比例就是子集的长度。在本书中，无法调整价格的厂家的比例是 ϕ，因此提取的比例系数就是 ϕ。故而总的价格水平可以表示为：

$$P_t^{1-\omega} = (1-\phi) P_t^{*1-\omega} + \phi P_{t-1}^{1-\omega} \quad (7.79)$$

式（7.79）两边同时除以 $P_{t-1}^{1-\omega}$，并用通货膨胀率进行替换，可得到如下的替代公式：

$$\pi^{1-\omega} = (1-\phi)(\pi^*)^{1-\omega} + \phi \quad (7.80)$$

基于同样的处理方式，可以对最终品厂商的价格离散指数进行异质性处理。根据前面的分析，价格离散指数可以通过如下的变化进行调整：

$$\nu_t^p = \int_0^1 \left[\frac{P_t(j)}{P_t}\right]^{-\omega} dj = \int_0^{1-\phi} \left(\frac{P_t^*}{P_t}\right)^{-\omega} dj + \int_{1-\phi}^{1} \left[\frac{P_{t-1}(j)}{P_t}\right]^{-\omega} dj \quad (7.81)$$

$$\int_{1-\phi}^{1} \left[\frac{P_{t-1}(j)}{P_t}\right]^{-\omega} dj = \phi \pi_t^{\omega} \int_0^1 \left[\frac{P_{t-1}(j)}{P_{t-1}}\right]^{-\omega} dj = \phi \pi_t^{\omega} \nu_{t-1}^p \quad (7.82)$$

进而可得到价格离散指数的表达式如下：

$$\nu_t^p = (1-\phi)(\pi_t^*)^{-\omega} + \pi_t^{\omega} \phi \nu_{t-1}^p \quad (7.83)$$

其次，对于非平稳的价格参数 P 进行处理。同样，我们依然将引入替代参数对其进行替代，最后将包含替代参数的函数代入均衡系统进行求解，以解决非平稳性问题。为此，我们在通货膨胀指数之外再设定两个替代参数，表达式如下：

$$x_{1t} = \frac{X_{1t}}{P_t^{\omega}} \quad (7.84)$$

$$x_{2t} = \frac{X_{2t}}{P_t^{\omega-1}} \quad (7.85)$$

整理后可得到如下函数：

$$x_{1t} = \mu'(C_t) mc_t Y_t + \phi \beta E_t x_{1t+1} \pi_{t+1}^{\omega} \quad (7.86)$$

$$x_{2t} = \mu'(C_t) Y_t + \phi \beta E_t x_{2t+1} \pi_{t+1}^{\omega-1} \quad (7.87)$$

$$\pi_t^* = \frac{\omega}{\omega-1}\frac{x_{1t}}{x_{2t}}\pi_t \tag{7.88}$$

最后以实际货币余额代替名义货币余额:

$$m_t = \frac{M_t}{P_t} \tag{7.89}$$

经过以上的异质性和非平稳性处理之后,均衡系统的模型就可以进行求解了。通过对所有的参数和变量取合适的初始值,再利用 Dynare 工具箱可快速的计算出模型的稳态值。

7.3.7 均衡系统

经过以上处理之后我们可以得到替代之后的均衡方程系统,共有 22 个方程,这些方程式共同决定了均衡状态下的经济稳态。函数分别如下:

$$C_t^{-\sigma} = \mu_t \tag{7.90}$$

$$\theta N_t^\eta = \mu_t(1-\tau_t^n)w_t \tag{7.91}$$

$$Z_t\lambda_t = \mu_t \tag{7.92}$$

$$\lambda_t = \beta E_t[\lambda_{t+1}(1-\delta) + \mu_{t+1}(1-\tau_{t+1}^k)R_{t+1}] \tag{7.93}$$

$$\mu_t = \beta E_t \mu_{t+1}(1+i_t)\pi_{t+1}^{-1} \tag{7.94}$$

$$K_{t+1} = (1-\delta)K_t + Z_t I_t \tag{7.95}$$

$$\pi_t^{1-\omega} = (1-\phi)(\pi_t^*)^{1-\omega} + \phi \tag{7.96}$$

$$w_t = mc_t(1-\alpha)A_t\left(\frac{K_t}{N_t}\right)^\alpha \tag{7.97}$$

$$R_t = mc_t\alpha A_t\left(\frac{K_t}{N_t}\right)^{\alpha-1} \tag{7.98}$$

$$x_{1t} = C_t^{-\sigma}mc_t Y_t + \phi\beta E_t x_{1t+1}\pi_{t+1}^\omega \tag{7.99}$$

$$x_{2t} = C_t^{-\sigma}Y_t + \phi\beta E_t x_{2t+1}\pi_{t+1}^{\omega-1} \tag{7.100}$$

$$\pi_t^* = \frac{\omega}{\omega-1}\frac{x_{1t}}{x_{2t}}\pi_t \tag{7.101}$$

$$\ln G_t = (1-\rho_g)\ln(\gamma Y_t) + \rho_g \ln G_{t-1} + \varepsilon_{g,t} \tag{7.102}$$

$$i_t = (1-\rho_i)i + \rho_i i_{t-1} + (1-\rho_i)[\phi_\pi(\pi_t-\pi) + \phi_y(\ln Y_t - \ln Y_{t-1})] + \varepsilon_{i,t} \tag{7.103}$$

$$\tau_t^n = (1-\rho_n)\tau^n + (1-\rho_n)\ln\frac{w_t N_t}{wN} + \rho_n \tau_{t-1}^n + \varepsilon_{n,t} \qquad (7.104)$$

$$\tau_t^k = (1-\rho_k)\tau^k + (1-\rho_k)\ln\frac{R_t K_t}{RK} + \rho_k \tau_{t-1}^k + \varepsilon_{k,t} \qquad (7.105)$$

$$C_t + I_t + G_t = Y_t \qquad (7.106)$$

$$Y_t = \frac{A_t K_t^\alpha N_t^{1-\alpha}}{v_t^p} \qquad (7.107)$$

$$v_t^p = (1-\phi)(\pi_t^*)^{-\omega} + \pi_t^\omega \phi v_{t-1}^p \qquad (7.108)$$

$$\ln A_t = \rho_A \ln A_{t-1} + \varepsilon_{A,t} \qquad (7.109)$$

$$\ln\alpha_t = (1-\rho_\alpha)\ln\bar{\alpha} + \rho_\alpha \ln\alpha_{t-1} + \varepsilon_{\alpha,t} \qquad (7.110)$$

$$\ln Z_t = \rho_z \ln Z_{t-1} + \varepsilon_{Z,t} \qquad (7.111)$$

上述方程式中共有 22 个变量，分别是消费 C_t、劳动 N_t、实际工资 w_t、产出 Y_t、投资 I_t、债券实际利率 i_t、实际租金率 R_t、边际成本 mc_t、资本 K_t、政府支出 G_t、四个替代参数 π_t、π_t^*、x_{1t}、x_{2t}，连个拉格朗日乘子 λ_t、μ_t，价格离散指数 v_t^p 以及五个外生冲击变量 A_t、α_t、Z_t、τ_t^n、τ_t^k。还包含 17 个参数，分别是消费的相对风险厌恶系数 σ、劳动在效用函数中所占的比重 θ、劳动供给的相对风险规避弹性 η、中间品的替代弹性 ω、价格调整比例 ϕ、贴现率 β、资本折旧率 δ、中性技术冲击的自回归系数 ρ_A、替代冲击的自回归系数 ρ_α、投资专有技术冲击的自回归系数 ρ_Z、货币冲击的自回归系数 ρ_i、政府支出冲击的回归系数 ρ_g、资本所得税冲击的系数 ρ_k、劳动收入冲击的系数 ρ_n、中间品生产企业资本占比的稳态 $\bar{\alpha}$、政府支出相对收入的调整系数 γ、货币政策的调整系数 ϕ_π 和 ϕ_y。通过求解以上方程组即可得到均衡状态下各主要变量的值，从而可对技术冲击带来的影响进行模拟。在求解之前，我们首先需要对参数进行赋值。各参数的赋值的方法主要通过校准法进行，同时基于校准后的参数值，计算出模型的初始稳态值，以编入输入模型进行计算。

7.4 模型稳态值的计算

本书的数值模拟计算过程主要是基于 Matlab 的 Dynare 工具箱进行。在使用 Dynare 进行模拟计算之前，需要对各变量赋予距离稳态值非常近的初始值，如果初始值的赋值距离稳态值较远，那么 Dynare 将无法进行求解。为此我们需要基于现有的参数对模型的稳态值进行计算，通过直接将稳态值输入 Dynare 以完成程序的初始化和计算。模型稳态值的计算主要基于均衡系统的模型框架进行求解，计算的过程如下，其中不带任何下标的字符均表示对应变量的稳态值。首先在稳态时，设定 $A=1$、$Z=1$，稳态的通货膨胀率等于外生的通货膨胀率 π。根据消费的欧拉方程可得到均衡状态下债券利息的稳态值如下：

$$i = \frac{\pi}{\beta} - 1 \tag{7.112}$$

同时可以求得资本利息的稳态值如下：

$$R = \frac{\frac{1}{\beta} + \delta - 1}{1 - \tau^k} \tag{7.113}$$

然后根据通货膨胀的演化方程，可以得到调整价格对应的通货膨胀稳态：

$$\pi^* = \left(\frac{\pi^{1-\omega} - \phi}{1 - \phi} \right)^{\frac{1}{1-\omega}} \tag{7.114}$$

再求得价格扩散的稳态：

$$\nu = (1-\phi)(\pi_t^*)^{-\omega} \pi_t^\omega + \pi_t^\omega \phi \nu \tag{7.115}$$

进一步整理可得：

$$\nu = \frac{(1-\phi)(\pi^*)^{-\omega} \pi^\omega}{1 - \pi^\omega \phi} \tag{7.116}$$

接下来，可以计算出 x_1/x_2 的稳态值：

$$\frac{x_1}{x_2} = \frac{\pi^*}{\pi} \frac{\omega - 1}{\omega} \tag{7.117}$$

综合式（7.95）、式（7.96），将式（7.117）代入其中，可得到实际边际成本的稳态：

$$mc = \frac{1 - \phi \beta \pi^\omega}{1 - \phi \beta \pi^{\omega-1}} \frac{\pi^*}{\pi} \frac{\omega - 1}{\omega} \tag{7.118}$$

根据工资价格方程与资本价格方程，消掉资本劳动比可以得到工资的稳态如下：

第7章 基于动态随机一般均衡模型的模拟分析

$$w = mc(1-\alpha)\left(\frac{R}{mc \cdot \alpha}\right)^{\frac{\alpha}{\alpha-1}} \qquad (7.119)$$

然后进行劳动稳态的求解。这里用到消费劳动比和资本劳动比作为中间变量进行计算。由资本积累方程可以，稳态时，$I = \delta K$，将稳态时的投资与生产函数带入市场出清条件可得如下方程：

$$C + \delta K = (1-\gamma)\frac{AK^\alpha N^{1-\alpha}}{\nu} \qquad (7.120)$$

两边同时除以稳态时的劳动，整理可得：

$$\frac{C}{N} = \left(\frac{1-\gamma}{\nu}\right)\left(\frac{K}{N}\right)^\alpha - \delta\frac{K}{N} \qquad (7.121)$$

式（7.121）即为稳态时的人均消费。根据消费方程和劳动的供给方程，同样可以得到人均消费的另一种表达形式如下：

$$\frac{C}{N} = \left[\frac{(1-\tau^n)w}{\theta N^{\eta+\sigma}}\right]^{\frac{1}{\sigma}} \qquad (7.122)$$

将式（7.121）、式（7.122）联立起来可以得到：

$$\left(\frac{w}{\theta N^{\eta+\sigma}}\right)^{\frac{1}{\sigma}} = \frac{1}{\nu}\left(\frac{K}{N}\right)^\alpha - \delta\frac{K}{N} \qquad (7.123)$$

进一步整理可得到关于劳动的稳态值的表达式如下：

$$N = \left\{\frac{w(1-\tau^n)}{\theta\left[\frac{1-\gamma}{\nu}\left(\frac{K}{N}\right)^\alpha - \delta\frac{K}{N}\right]^\sigma}\right\}^{\frac{1}{\eta+\sigma}} \qquad (7.124)$$

根据劳动的稳态即可求得消费的稳态：

$$C = \left[\frac{(1-\tau^n)w}{\theta N^\eta}\right]^{\frac{1}{\sigma}} \qquad (7.125)$$

由资本劳动比的表达式可以得到资本的稳态值如下：

$$K = \frac{w}{R}\frac{\alpha}{1-\alpha}N \qquad (7.126)$$

由资本的积累方程可以得到投资的稳态：

$$I = \delta K \qquad (7.127)$$

由产品的生产函数可以得到最终品产出的稳态如下：

$$Y = \frac{AK^\alpha N^{1-\alpha}}{\nu} \qquad (7.128)$$

随后可计算出替代参数 x_{1t}、x_{2t} 的稳态：

$$x_{1t} = \frac{C^{-\sigma} Y mc}{1 - \phi\beta\pi^{\omega}} \tag{7.129}$$

$$x_{2t} = \frac{C^{-\sigma} Y}{1 - \phi\beta\pi^{\omega-1}} \tag{7.130}$$

然后解得政府支出的稳态如下：

$$G_t = Y_t - I_t - C_t \tag{7.131}$$

将上述稳态值作为模型的初始值赋予相关的变量，即可通过 Dynare 进行均衡系统的计算和脉冲响应的分析。

7.5　模型参数校准与估计

本书中需要赋值的参数有两类：一类是用于控制模型稳态的参数，这部分参数采用校准法进行赋值；另一类是对模型动态影响较大的参数，则采用贝叶斯估计法进行估计。

7.5.1　参数校准

控制模型稳态的参数通过校准法进行赋值，即参考现有文献中对相关参数的计算结果进行取值。本书中共有 11 个参数需要进行校准。首先是贴现因子 β、消费的相对风险厌恶系数 σ 和劳动供给的相对风险规避弹性 η，根据陈利锋（2019）的分析，将其分别取值为 0.98、2 和 6；然后是资本折旧率 δ，根据王俊杰（2018）的分析，将其取值为 0.03，这意味着年折旧率为 12%，高于目前多数文献中 10% 的设定，因为机器人更新换代的速度在加快；其次是不能调整价格的厂商比例 ϕ 和政府支出占总产出的比重 γ，根据梅冬州等（2011）的分析，将其分别取值为 0.75 和 0.15，前者意味着每个季度能够调整价格的厂商的比例是 25%，所有厂商一年内价格全部调整一次；再次是最终品生产的替代弹性 ω 和资本在生产中占比的稳态值 $\bar{\alpha}$，根据于尚艳和易小丽（2013）的分析，将其分别取值为 6 和 0.5；最后是闲暇在效用函数中所占的比重 θ 以及资本所得税和劳动所得税的稳

态值 τ^k 和 τ^n，根据王玉凤和张淑芹（2015）的分析，将其分别取值为 0.33、0.17 和 0.24。各参数的取值总结如表 7.1 所示。

表 7.1　　　　　　　　　　校准后各参数的取值

参数	β	δ	σ	η	θ	ϕ	ω	$\bar{\alpha}$	γ	τ^k	τ^n
赋值	0.98	0.03	2	6	0.33	0.75	6	0.5	0.15	0.17	0.24

7.5.2　数据处理与贝叶斯估计

其余的参数主要是影响模型动态性的参数，本书将通过贝叶斯估计进行计算。为了保障贝叶斯估计能够顺利进行，根据布兰查德-卡恩条件（BK 条件）的要求，所选择的观测变量个数不能大于外生冲击的个数。本书中共有 7 个外生冲击，结合数据的完整性，我们选择 5 个观测变量进行估计，分别是产出、消费、投资、通货膨胀和利润。所有数据均来自中国经济信息网数据库，时间跨度为 2009 年第一季度到 2019 年第三季度共 43 个时期。其中产出以 GDP 作为衡量指标、消费以社会消费总额为衡量指标、投资以社会固定资产投资额为衡量指标、利率以银行同行拆借利率为衡量指标、通货膨胀以居民消费价格指数（CPI）进行环比处理之后的结果作为衡量指标。进一步对各名义数据以 2009 年第一季度为基期的 CPI 指数进行调整以得到实际数据，并对各变量取自然对数。同时因为各观测变量均为季度数据，针对季度数据可能存在的季节性问题本书采用 X12 方法进行调整，然后通过 HP 滤波对变量进行去趋势，只保留波动部分进行贝叶斯估计。

在进行估计之前，我们还需要对各参数设定先验分布。根据斯麦茨和沃特斯（Smets and Wouters，2007）的研究，我们将各外生冲击的持续性参数的先验分布均值均取值为 0.5，其分布类型均为 Beta 型，各外生冲击的标准差的先验分布均取值为 0.1，其分布类型设定为逆伽马（Inverse Gamma）型。利率对通货膨胀和产出缺口的反应系数 φ_π、φ_y，根据陈利锋（2019），将其先验分布均值分别设定为 1.6 和 0.5，分布类型分别是 Gamma 和 Beta 型，估计算法为 Metropolis-Hastings 算法。相关参数的贝叶斯估计结果如表 7.2 所示。

表 7.2　　　　　　　　动态参数的贝叶斯估计结果

参数	符号	分布类型	先验		后验	
			均值	标准差	均值	90% HPD 区间
全要素生产率冲击	ρ_A	Beta	0.5	0.1	0.852	[0.787, 0.881]
要素替代冲击	ρ_α	Beta	0.5	0.1	0.631	[0.567, 0.707]
投资转化率冲击	ρ_z	Beta	0.5	0.1	0.715	[0.648, 0.753]
政府支出冲击	ρ_g	Beta	0.5	0.1	0.609	[0.569, 0.617]
资本所得税冲击	ρ_k	Beta	0.5	0.1	0.363	[0.352, 0.368]
劳动所得税冲击	ρ_n	Beta	0.5	0.1	0.502	[0.488, 0.510]
货币冲击	ρ_i	Beta	0.5	0.1	0.254	[0.252, 0.257]
全要素生产率冲击	σ_A	逆 Gamma	0.1	INF	0.027	[0.024, 0.029]
要素替代冲击	σ_α	逆 Gamma	0.1	INF	0.021	[0.019, 0.023]
投资转化率冲击	σ_z	逆 Gamma	0.1	INF	0.015	[0.012, 0.017]
政府支出冲击	σ_g	逆 Gamma	0.1	INF	0.061	[0.055, 0.066]
资本所得税冲击	σ_k	逆 Gamma	0.1	INF	0.078	[0.077, 0.078]
劳动所得税冲击	σ_n	逆 Gamma	0.1	INF	0.065	[0.065, 0.066]
货币冲击	σ_i	逆 Gamma	0.1	INF	0.053	[0.052, 0.053]
利率对通胀的反应系数	φ_π	Gamma	1.6	0.5	1.225	[1.201, 1.254]
利率对产出的反应系数	φ_y	Beta	0.5	0.1	0.407	[0.383, 0.414]

7.6　技术进步冲击的模拟分析

由前述分析可知，机器人技术进步对劳动力市场的冲击表现为全要素生产率冲击、资本要素替代冲击以及投资转化率冲击等三种外生冲击的综合作用。为了对比分析这一综合影响的效果，我们首先检验单一冲击的结果，然后对综合冲击的脉冲反应进行对比分析。

7.6.1　单一技术冲击的脉冲响应

首先考察就业与劳动者实际工资在单一技术冲击下的脉冲响应，同时为了考察机器人技术进步对宏观经济的综合影响并了解其影响劳动力市场的传导机制，我们将分别考察总产出以及总消费的冲击反应。相关要素对各类单一技术冲击的脉冲响应如图7-1所示。

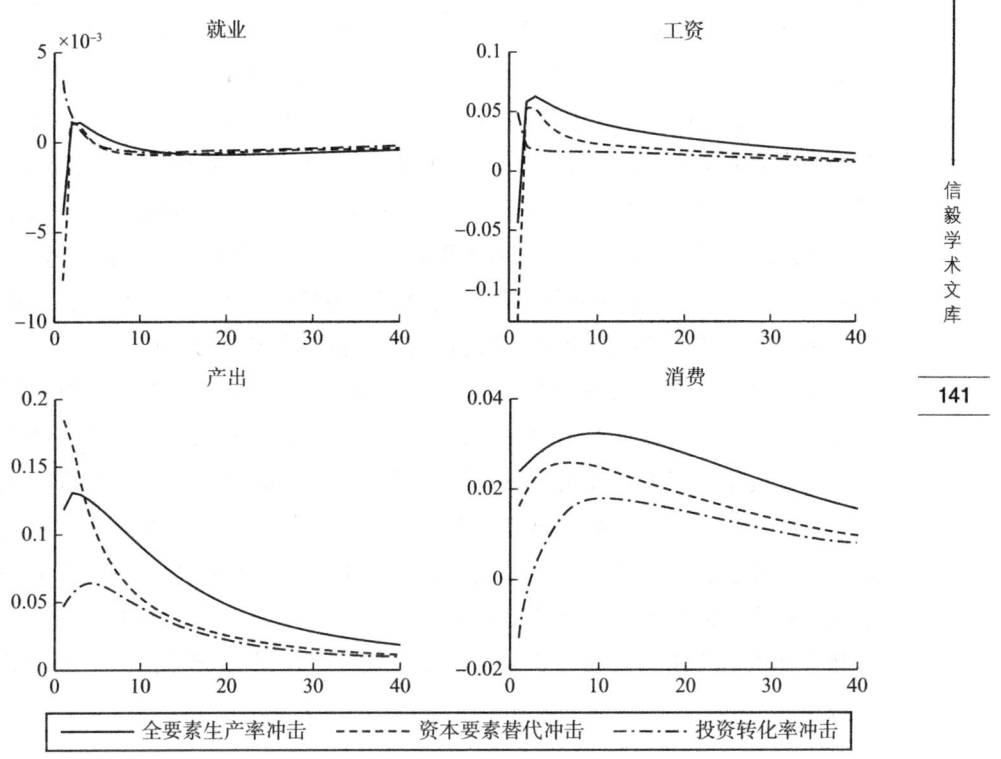

图7-1 技术进步单一技术冲击的脉冲响应

通过观察图7-1可以发现，全要素生产率冲击在短期内对劳动者就业和工资的影响波动较大。一单位标准差全要素生产率的正向冲击发生后，就业和工资均立即下降，但在第二期立即上升且超过了稳态值并在第三期达到峰值。从第四期开始，就业与工资均开始缓慢下降，其中就业从第八期开始低于稳态值，但工资一直保持高于稳态值。这说明全要素生产率的提升在长期对劳动者工资产生了持久的正向冲击，但对劳动就业产生了负向影响。就产出和消费而言，全要素生产率的提升产生了长期的正向促进作用。由图7-1可以看出，资本要素替代对劳动者就业与工资的影响与全要素生产率冲击的影响类似。区别在于其影响的短期波动更大，长期效果衰减更快。一单位标准差的资本替代冲击发生后，就业与工资立即下降，第二期快速上升，其中就业达到峰值并快速衰减，从第五期开始低于稳态值，工资也快速下降但是长期始终高于稳态值，但相较全要素生产率冲击对工资的促进效果而言，资本要素替代的长期冲击作用较弱。此外，资本要素替代冲击对产出与消费均产生了长期的正影响，但是影响效果弱于全要素生产率冲击。最后是投资转化率冲击，由图 7-1 可以看出，一单位标准差的正向冲击发生后，就业与工资均立即上升，但随后在短期内快速衰减，就业从第五期开始低于稳态值，劳动者工资第三期衰减到新的稳态值，但依然高于此前的稳态值，说明劳动者工资长期有提升。产出与消费均在冲击发生后逐渐提升，其中产出在第四期达到峰值，消费在第十一期达到峰值，此后开始缓慢下降，但是长期相对于之前的稳态值均有显著的提升。

综合来看，以上三种冲击对劳动力市场的短期影响差异较大，但是长期效果类似，即对就业有负向影响，对工资有正向影响。就影响的短期波动而言，资本要素替代冲击的影响最为强烈，就影响的长期强度而言，全要素生产率冲击的影响最为显著，尤其是对劳动者工资的长期影响。对就业而言，投资转化率冲击的短期效果最强，但是持久性最差，其他两类冲击波动较大，效果类似；就劳动者工资而言，全要素生产率冲击与资本要素替代冲击的作用均较为显著，且持久性较强，但是投资转化率冲击的效果最弱。

7.6.2 机器人技术进步替代冲击的脉冲响应

机器人技术进步对劳动力市场的影响是通过三种冲击共同作用的，为了综合考察机器人技术进步的影响，我们把三类冲击的共同作用同时考虑进来，以观察劳动力市场各要素的综合反应。此外，三种冲击共同作用时，各自的冲击强度是有差异的，因为不同类型的技术进步，表现出来的技术特征不同，因此在促进全要素生产率提升、要素替代以及投资转化方面的作用存在差异，为了考察不同类型技术冲击的影响强度差异，我们对三种技术冲击的强度进行区分，分别对三种不同的冲击施加五倍的强度，以对比分析其影响的区别。考虑到技术进步的速度很快，我们将三种冲击的强度加强，以考虑增强之后的技术冲击的影响。为此我们设置了五种不同的冲击强度，如表 7.3 所示。

表 7.3　　　　　　　　　综合冲击的不同强度

冲击类型	冲击强度				
全要素生产率冲击	一倍冲击	五倍冲击	一倍冲击	一倍冲击	五倍冲击
要素替代冲击	一倍冲击	一倍冲击	五倍冲击	一倍冲击	五倍冲击
投资转化率冲击	一倍冲击	一倍冲击	一倍冲击	五倍冲击	五倍冲击

根据上述的不同冲击类型，可得到不同技术进步速度情况下综合冲击的脉冲响应图如图 7-2 所示。

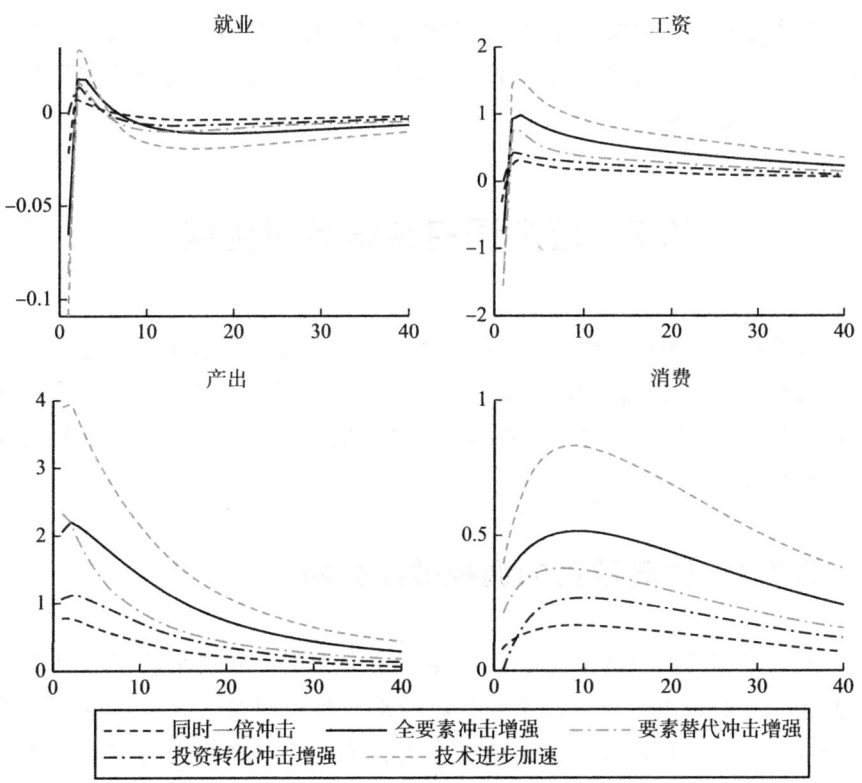

图 7-2　技术进步综合冲击的脉冲响应

从图 7-2 可以看出，在综合冲击的作用下，机器人技术进步短期内对劳动者就业和工资的影响均有较大的波动，随着技术进步的加速，波动也在增强。由综合影响的结果可以看出，一单位标准差的三重冲击导致就业和工资立即下降，但随后在第二期立即上升并高于稳态值，两者均在第三期达到峰值，此后开始快速下降，就业在第六期开始低于稳态值，但是工资一直高于稳态值，说明综合冲击长期对就业产生了负向影响但是对劳动者工资产生了正向影响。产出和消费均在冲击发生后立即上升，产出在第二期达到峰值，消费在第十期达到峰值，此后开始下降，但是上期均显著的高于稳态值，可见技术进步的综合冲击对就业和产出均产生了正向影响。分别考虑在单一冲击增强的影响发现，三类冲击对就业的影响类似，但是对劳动者工资的影响表现为全要素生产率冲击最强，要素替代冲击次之，投资转化冲击随后，这与单一冲击的特征类似。综合来看，机器人技术进步短期内对就业有一定的促进作用，但是长期来看有破坏作用。为了促进技术进步的长期发展与社会就业的稳定，有必要通过实施宏观政策进行调控。接下来本书将分别从财政政策和货币政策两个角度分析宏观调整手段的机制和效果。

7.7 宏观调控政策分析检验

政府调控的手段一般分为财政政策和货币政策，前者主要通过调控资本所得税、劳动所得税和政府支出进行调节；后者主要通过控制货币发行量或者利率进行调整。接下来我们将分别对财政政策和货币政策的效果进行分析检验。

7.7.1 财政政策的调控效果分析

本书考察的财政政策的手段主要有三个类别，分别是政府的财政支出政策、征收资本所得税政策和征收劳动所得税政策。我们在技术进步综合冲击下分别增加以上三个政策冲击，劳动力市场要素的变动，结果如图 7-3 所示。

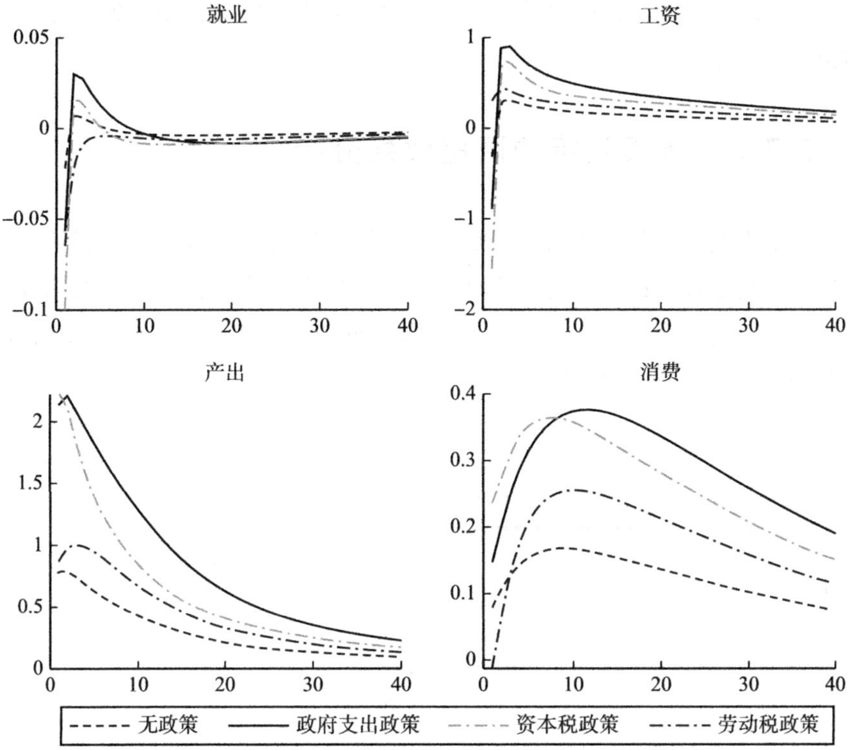

图 7-3 财政政策调控的脉冲响应

如图 7-3 所示,对于三种政策而言,政府支出政策和资本税政策能够在短期内刺激就业,其中政府支出政策的效果最明显,且持续的周期更长。但是长期来看,这两项政策的就业促进作用不明显。此外劳动所得税政策对就业有显著的负影响,特别是短期内,将会恶化就业环境。以上结果表明财政政策在长期稳定就业中并没有起到积极的促进作用,但是短期内,增加政府支出和提高资本所得税能够有效地提升就业,特别是通过扩大政策支出,能够起到短期内稳定就业的作用。结合产出和消费的脉冲图可以发现,政府支出的增加在短期内能够有力促进社会产出的提升,社会总产出的扩大将有利于拉动就业,但是其对产出的促进作用随着时间而快速衰减,因此对就业的稳定是短期的。征收资本所得税能达到同样的作用,但是其效果相对扩大财政支出较弱。结合有关机器人技术进步的就业破坏效应可知,如果政府希望在技术进步的影响下稳定社会就业,则应该实施增加政府财政支出的财政政策，增加劳动所得税只会导致失业进一步加剧。

7.7.2 货币政策的调控效果分析

本书中使用的货币政策规则是泰勒规则，即通过调整利率控制货币的流通。对货币政策的检验同上述财政政策，即在机器人技术进步的综合冲击下，引入货币政策冲击，观察劳动力市场的各要素对冲击的波动情况。相关变量的脉冲响应图如图7-4所示。

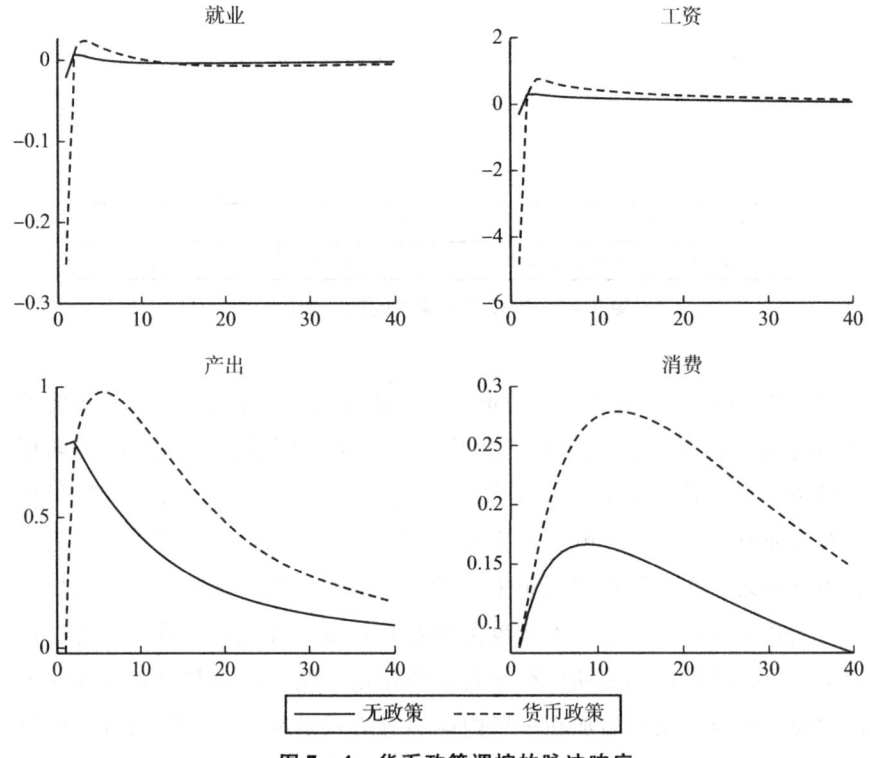

图7-4 货币政策调控的脉冲响应

由图7-4可以发现，货币政策短期内对就业的影响波动较大，但是短期内对就业总体而言具有一定的促进作用。当一单位标准差的货币政策发生时,就业立即下降,但是第二期即快速上升,并高于未实施政策时的水平,随后就业开始下降,并在第十期之前一直都是高于未实施政策时的水平。同时货币政策对劳动者的工资有积极的正向影响,而且是长期的。结合产出和消费的脉冲响应图可以发现,货币政策在短期内降低了产出,但是随后产出开始逐渐增加,并在第二期即接近原有的水平,第三期高于原有的水平。货币政策对社会总产出的劳动促进了对就业的需求,因此可以稳定就业。此外积极的货币政策有利于提升消费者工资,促进消费,提升人们的福利水平。但是宽松的货币政策长期内对就业有负向影响,因此货币政策可作为稳定就业的短期手段加以实施。结合前述分析可见,积极的财政政策和宽松的货币政策在短期内均有利于稳定就业,应对技术进步对劳动力市场的短期冲击可以作为宏观调控的手段予以实施。

7.8 本章小结

本章通过构建模拟中国经济的动态随机一般均衡模型,分析了工业机器人技术进步对劳动力市场的冲击并对相应的宏观调控政策进行了检验。建模中,本书引入了粘性价格和垄断竞争,使得模型对经济环境的更符合现实约束。在前一章分析工业机器人技术进步对就业影响的新特征的基础之上,本章总结出工业机器人技术进步对经济和劳动力市场影响的新特征表现在四个方面:一是机器人技术进步会促进社会全要素生产率的提升;二是机器人应用会造成机器人资本对劳动的替代;三是机器人的技术进步会使得投资的转化率提升,属于投资专有技术的进步,四是机器人技术进步的速度会越来越快,设备的更新换代也会越来越快。综上多个方面的总结,本书在模型中分别引入了三种技术冲击和乘数因子,综合考察工业机器人带来的影响。同时为了实现政府对机器人技术进步冲击进行宏观调控,本书进一步考察了财政政策与货币政策的调控效果。研究发现机器人技术进步在短期对就业有促进作用,但是长期将导致就业下降,同时劳动者的工资将随着技术进步而提升。短期内,财政政策中政府财政支出政策和资本税政策对稳定就业市场有促进作用,劳动所得税政策对技术冲击无效果,同时宽松的货币政策对促进就业也有积极的正向作用;但长期来看，财政政策和货币政策均对稳定就业无效，只可作为短期的宏观调控手段。通过本章的分析可以得到两点启示：第一，不同类型的技术产品在生产应用中将表现出不同的经济特征，有些倾向于提升全要素生产率，有些带有较强的技术偏向性，对劳动者有替代的倾向，有些则表现为专有设备和资产的专项技术。不同类型的机器人产品对劳动力市场的影响存在差异，针对不同类型技术进步的影响应该区别对待。第二，在应对技术进步的就业冲击时应充分发挥财政政策与货币政策的调控作用。政府的财政支出政策与积极的货币调控政策在短期内能够促进就业，缓解偏向性技术变迁带来的经济后果，因此面对技术进步带来的就业问题，政府可以通过实施积极的财政政策与货币政策进行宏观调控。但是长期来看，财政政策和货币政策均无效。因此在实施财政政策和货币政策时应该审时度势，以制定最佳的政策。

  本章的预测分析让我们认识到，机器人技术进步作为一种通用型的技术发展，长期来看对全社会的就业会产生一定程度的破坏，这种破坏来自对生产率的提升，以及资本对人力的替代。但是机器人技术进步作为新的技术方向，也会对就业产生一定的补偿作用。就中国目前的现实情况而言，机器人现阶段的影响是怎样的？影响机器人使用与就业效应的原因又有哪些？本书接下来将着眼于狭义的工业机器人范畴，就其对中国就业现阶段的影响进行实证分析，以更准确地把握工业机器人的定量影响，并为现阶段平衡工业机器人应用与就业稳定提供政策建议。

第8章 工业机器人应用对中国制造业就业总量影响的实证分析

本章将着眼于狭义的工业机器人,在前述统计分析的基础之上进一步实证研究其对中国制造业就业总量的影响。本章的实证分析是基于2013~2017年中国286个地级市的面板数据展开,使用的工业机器人数据和制造业就业数据分别来自IFR的统计报告和《中国城市统计年鉴》。根据前面的分析,IFR提供了2006年至今工业机器人在中国多个行业安装销售的统计数据,但缺乏省级层面以及区域分布层面更细分维度的数据。因为数据的局限性,导致我们直接使用IFR的数据进行实证研究难以实施。为了克服分析的障碍,本书参考了阿西莫格鲁和雷斯特雷波(Acemoglu and Restrepo,2017)实证研究美国工业机器人就业效应的做法,以基于任务制的模型(Task Based Model)为基础,构造"机器人渗透度(Exposure to Robot)"作为解释工业机器人应用对就业影响的核心解释变量,最后基于全国的面板数据对现实的影响结果进行实证分析。本书在横截面层面共统计了286个地级市的数据,并计算了相应地区的机器人渗透度数据。时间跨度为2013~2017年共5年,而这5年恰恰是中国工业机器人市场迅猛增长的5年,也是工业机器人应用对中国就业影响逐渐凸显的时期。本节的研究主要分为四个部分:一是对本章构造的实证模型的理论背景模型,即基于任务制模型的构造进行说明,并对核心解释变量"机器人渗透度"进行计算;二是构造本书的实证检验模型并对模型的变量进行统计说明;三是对模型存在的内生性问题通过工具变量法进行处理;四是模型的稳健性检验,通过多维度检测模型结果的稳定性。

8.1 理论模型的背景

本书的实证模型是以阿西莫格鲁和雷斯特雷波（Acemoglu and Restrepo，2017）基于任务制模型的研究成果为基础进行构造，他们通过基于任务制模型的研究实证分析了美国工业机器人应用对就业的影响，但因为数据的不同，他们对美国问题的研究与本书对中国问题的研究略有差异。本书将结合中国的面板数据进行模型构造，搭建研究中国工业机器人应用对就业影响的研究框架。

在阿西莫格鲁和雷斯特雷波（Acemoglu and Restrepo，2017）的任务制模型中，假设经济体中有 I 个行业，每个行业 i 在进行最终品 y_i 生产的过程中都需要基于一系列连续的任务 $s \in [0, S]$。在这一系列连续的任务中存在一个技术可行性的阈值 M_i，当 $s < M_i$ 时，所有的任务都可以用机器人进行生产；当 $s > M_i$ 时，所有的任务机器人都无法进行生产。同时假设，在满足技术可行性的条件下，使用机器人进行生产时更加有利可图的。因此可以得到每个任务 s 的生产函数如下：

$$x_{ri}(s) = \begin{cases} n_{ri}(s) + \gamma l_{ri}(s), & if\ s < M_i \\ \gamma l_{ri}(s), & if\ s > M_i \end{cases} \tag{8.1}$$

其中，n_{ri} 表示生产中使用的机器人的数量，其生产率标准化为 1。l_{ri} 表示生产中使用的人工的数量，γ 表示人工的生产率。在区域 r 中，行业 i 的最终品的生产是由一系列连续的任务 s 共同完成的，其总的生产函数如下：

$$X_{ri} = A_{ri} \min_{s \in [0, S]} \{x_{ri}(s)\} \tag{8.2}$$

其中，A 表示行业 i 的生产率。在每个区域 r，其总产出 Y_r 以 CES 形式表示为如下形式：

$$Y_r = \left(\sum_{i \in I} a_i Y_{ri}^{\frac{\sigma-1}{\sigma}} \right)^{\frac{\sigma}{\sigma-1}} \tag{8.3}$$

其中，σ 表示最终品生产的替代弹性，且满足 $\sigma > 0$。a_i 表示行业 i 的产出在最终品产出中的比重。同时设定在每个区域内，机器人和劳动的供给函数分别如下所示：

$$W_r = w_r Y_r L_r^e \tag{8.4}$$

$$Q_r = q_r \left(\frac{N_r}{Y_c}\right)^{\eta} \tag{8.5}$$

其中，L 表示劳动者的数量，N 表示机器人的数量。W 表示人工工资率，Q 表示机器人的价格。系数 $\varepsilon > 0$，$\eta > 0$ 表示劳动和机器人的弹性系数。由式（8.4）和式（8.5）以及企业成本最小化的市场出清条件可以得到劳动者的需求函数如下：

$$L_r^d = \sum_{i \in I} \frac{a_i^{\sigma}}{\gamma A_{ri}} (1 - M_i) P_{X_{ri}}^{-\sigma} Y_r \tag{8.6}$$

其中，$P_{X_{ri}}$ 表示区域 r 中行业 i 的产出的价格。对两边取对数差分可得到如下表达式：

$$d\ln L_r^d = -\sum_{i \in I} l_{ri} \frac{dM_i}{1 - M_i} - \sigma \sum_{i \in I} l_{ri} d\ln P_{X_{ri}} + d\ln Y_r \tag{8.7}$$

式（8.7）为机器人技术进步影响就业需求的局部均衡，有三种效应会对劳动者的需求产生影响，第一种即式（8.7）右边第一项，替代效应，当产出和价格不变时，机器人技术进步将取代就业；第二项为价格效应，即机器人技术进步会导致生产升本下降，进而导致产出增加就业上升；第三项为规模效应，即机器人技术进步导致社会生产率提升，产出增加，进而就业上升。后两种效应都是由机器人技术进步带来的生产率提升所导致，因此也被称为生产率效应。由上述计算过程可以进一步求解得到机器人技术进步影响就业的一般均衡条件：

$$d\ln L_r = -\frac{1+\eta}{1+\varepsilon} \sum_{i \in I} l_{ri} \frac{dM_i}{1 - M_i} + \frac{1+\eta}{1+\varepsilon} \pi_c \sum_{i \in I} l_{ri} \frac{s_{riL}}{s_{rL}} \frac{dM_i}{1 - M_i} \tag{8.8}$$

当 $M_i \approx 0$ 时，

$$\sum_{i \in I} l_{ri} \frac{s_{riL}}{s_{rL}} \frac{dM_i}{1 - M_i} \approx \sum_{i \in I} l_{ri} \frac{dM_i}{1 - M_i} \approx \frac{1}{\gamma} \sum_{i \in I} l_{ri} \frac{dR_i}{L_i} \tag{8.9}$$

由此一般均衡条件可简化为如下形式：

$$d\ln L_r = \beta_r^L \sum_{i \in I} l_{ir}^L \frac{dR_i}{L_i} + \varepsilon_r^L \tag{8.10}$$

其中，

$$\beta_r^l = \left(\frac{1+\eta}{1+\varepsilon}\pi_c - \frac{1+\eta}{1+\varepsilon}\right)\frac{1}{\gamma} \tag{8.11}$$

式（8.10）为机器人影响就业的一般表达形式，其中右侧的第一项即为机器人渗透度,表示机器人在不同地区的分布密度,上式表示了机器人渗透度对劳动者就业变动的影响。该式即为本书分析工业机器人应用对就业影响的理论基础,本书将基于此式构建静态面板模型,并结合中国的面板数据分析工业机器人应用对中国制造业就业的现实影响。在实证研究中,我们还需要在等式的右边增加控制变量,具体的面板模型接下来将进一步描述。

8.2 机器人渗透度的构造与计算

根据阿西莫格鲁和雷斯特雷波(Acemoglu and Restrepo,2017)、多思等(Dauth et al.,2017)以及基亚基奥等(Chiacchio et al.,2018)等的定义,机器人渗透率可理解为机器人密度,用来描述机器人在各个行业或各地区生产中的介入程度。其假设前提是,某一行业内的机器人分布程度在一个国家内的所有区域都是一致的,因此某一地区的机器人密度取决于该地区内各行业的就业份额。在计算地区的机器人密度时,我们需要以该地区各行业的就业份额作为权重,对所有行业的机器人密度进行加总,进而得到各个地区的机器人密度即机器人渗透度的表达式如下:

$$ETR_r^t = \sum_{i \in I} l_{ri}^t \frac{R_i^t}{L_i^t} \quad (8.12)$$

其中 $l_{ri}^t = \frac{L_{ir}^t}{L_r^t}$,$L_{ri}^t$ 表示 t 时期 r 区域 i 行业就业者的数量,L_r^t 表示 t 时期 r 区域的就业者总数,因此 l_{ri}^t 表示 t 时期 r 区域 i 行业就业人员比例,该比例即为权重。R_i^t 表示 t 时期 i 行业的工业机器人数量。L_i^t 表示 t 时期 i 行业全国就业者总数,因此 $\frac{R_i^t}{L_i^t}$ 表示 t 时期 i 行业的全国层面的机器人密度。以 t 时期 r 区域 i 行业劳动者比例 l_{ri}^t 为权重,将所有相关行业 i 的机器人密度相加即可得到 t 时期 r 区域的机器人渗透程度 ETR_r^t。本书统计数据的时间跨度为2013~2017年,统计口径为地级市,进而计算出286个地级市层面机器人渗透度的值。计算过程中相关数据的来源和处理方法如下:

(1) 区域为中国内地286个地级市。

第8章 工业机器人应用对中国制造业就业总量影响的实证分析

(2) 时间跨度为 2013~2017 年。

(3) 行业以七大门类为标准进行计算，分别是农林牧副渔业、采掘业、制造业、燃气水电业、建筑业、教育科研业、其他行业。其中教育科研业是将教育与科学研究两个行业合并，其他行业是将剩余的所有行业进行合并。

(4) 劳动者的数据以城镇单位就业人数为标准，单位为人。数据来源于《中国城市统计年鉴》和《中国统计年鉴》。

(5) 工业机器人的数据来自世界机器人联合会 (IFR) 的统计报告，单位为台。

经过计算，可得 286 个地级市 2013~2017 年每年的机器人渗透度的数据。其中长三角、珠三角和环渤海湾地区是中国工业机器人应用最为集中的区域。此外，在中部和东北地区也有一定程度的工业机器人的应用。与之形成鲜明对比的是西部地区，工业机器人分布密度较低。通过对重点地区的工业机器人渗透度的比较分析，我们可以得到 2013~2017 年，全国机器人渗透度最高的 20 个地级市的数据及其变化情况如表 8.1 所示。

表 8.1　　2013~2017 年机器人渗透度排名前 20 地级市　　单位：台

2013 年		2014 年		2015 年		2016 年		2017 年	
东莞市	2.001	东莞市	2.870	东莞市	3.880	东莞市	5.572	东莞市	8.223
中山市	1.813	中山市	2.594	中山市	3.489	中山市	4.948	中山市	7.235
佛山市	1.750	佛山市	2.480	佛山市	3.380	佛山市	4.894	苏州市	7.231
苏州市	1.672	苏州市	2.457	苏州市	3.364	苏州市	4.867	惠州市	7.087
惠州市	1.600	惠州市	2.367	惠州市	3.272	惠州市	4.728	佛山市	7.038
嘉兴市	1.509	嘉兴市	2.130	嘉兴市	2.776	威海市	4.060	威海市	6.065
嘉峪关市	1.482	无锡市	2.026	威海市	2.752	嘉兴市	3.975	无锡市	5.890
泉州市	1.467	深圳市	1.994	无锡市	2.740	汕尾市	3.867	嘉兴市	5.882
无锡市	1.413	泉州市	1.993	汕尾市	2.684	无锡市	3.865	漯河市	5.824
威海市	1.398	威海市	1.982	滨州市	2.618	滨州市	3.687	滨州市	5.336
汕尾市	1.388	汕尾市	1.944	深圳市	2.612	漯河市	3.678	深圳市	5.268
深圳市	1.378	滨州市	1.914	漯河市	2.599	深圳市	3.591	珠海市	5.267

续表

2013年		2014年		2015年		2016年		2017年	
珠海市	1.321	珠海市	1.874	泉州市	2.582	珠海市	3.574	焦作市	5.163
滨州市	1.314	嘉峪关市	1.836	珠海市	2.579	泉州市	3.554	汕尾市	5.141
江门市	1.309	江门市	1.816	江门市	2.513	江门市	3.538	江门市	5.063
漯河市	1.280	漯河市	1.800	嘉峪关市	2.414	新余市	3.502	常州市	5.061
青岛市	1.198	镇江市	1.767	镇江市	2.411	镇江市	3.497	许昌市	5.009
潮州市	1.186	新余市	1.717	新余市	2.391	许昌市	3.382	嘉峪关市	4.982
肇庆市	1.147	青岛市	1.651	肇庆市	2.339	常州市	3.358	潮州市	4.931
镇江市	1.146	肇庆市	1.650	常州市	2.317	揭阳市	3.312	新余市	4.835

数据来源：由作者计算整理所得。

由表8.1可以看出，2013~2017年，机器人渗透度ETR排名前20的城市总体变化不大。东莞市连续5年排名第一，紧随其后的是中山市，连续5年排名第二，其次是佛山市，连续4年排名第三。此外可以看出，排名前20的城市大多集中在珠三角和长三角区域。5年间，珠三角城市平均有8.8家，占比44%，接近一半，是名副其实的制造业重镇。长三角城市平均4家，占比20%。其他地区的城市占比40%，其中山东平均3家，此外福建、江西、河南、甘肃等地均有地区上榜。

8.3 实证模型与数据描述

基于上述理论模型的分析，我们将进一步构造分析中国数据的面板模型。本书实证中用到的数据主要分为三大部分，分别是被解释变量、核心解释变量和控制变量。其中被解释变量为各地区制造业就业总量和不同结构下的就业总量，核心解释变量即机器人渗透度，余下的为控制变量。关于控制变量的选取，本书根据阿西莫格鲁和雷斯特雷波（2017）的做法，共选取了五组六个控制变量以表示现实经济环境的约束。第一组控制变量是控制人口的变化，该控制变量主要用于观察地区人口总量的变化对就业的影响,本书以各地级市的年平均人口作为该控制变量;第二组控制变量是资本存量的变化,该控制变量主要用于观察地区资本积累的变化对就业的影响,本书以各地级市的固定资产投资作为该控制变量;第三组控制变量是进出口的变化,该控制变量主要用于观察地区的对外贸易对就业的影响,本书以各地级市年出口额度为控制变量;第四组控制变量是外资使用水平,该控制变量主要用于观察外商投资对就业的影响,本书以各地级市实际使用外资额作为该控制变量;第五组控制变量是地区经济发展水平,该控制变量主要用于观察地区经济的发展状况对就业的影响,本书以各地级市地区生产总额表示该控制变量。基于以上的分析,本书构造了实证分析中国数据的面板模型如下:

$$\ln L_{st} = \beta_0 + \beta_1 ETR_{st} + \beta_2 \ln Popu_{st} + \beta_3 \ln K_{st} + \beta_4 \ln Export_{st}$$
$$+ \beta_5 \ln FDI_{st} + \beta_6 \ln GDP_{st} + \varepsilon_s^L \qquad (8.13)$$

实证模型中,各参数的含义、来源和数据处理方法分别如下:

(1) L_{st} 为被解释变量,即本书重点考察的制造业就业数量。本节以各地级市城镇单位制造业人数为准。数据来源《中国城市统计年鉴》,单位为千人,实证中取对数代入。

(2) ETR_{st} 为核心解释变量机器人渗透度,数据来源如前文所述。

(3) $Popu_{st}$ 表示地区年平均人口,单位为千人,数据来源《中国统计年鉴》,实证中取对数代入。

(4) K_{st} 表示地区固定资产投资额,代表各地的资本存量,数据来源《中国城市统计年鉴》,单位为亿元。实证中以固定资产投资价格指数(2013年=100)进行平减,取对数代入。

(5) $Export_{st}$ 表示地区出口额,数据来源《中国城市统计年鉴》,单位为百万美元。实证中以消费者物价指数CPI(2013年=100)进行平减,取对数代入。

(6) FDI_{st} 表示地区实际使用外资额,数据来源《中国城市统计年鉴》,单位为百万美元,实证中消费者物价指数CPI(2013年=100)进行平减,取对数代入。

(7) GDP_{st} 表示地区生产总额,代表各地区的经济发展水平,数据来源《中国城市统计年鉴》,单位为亿元,实证中以GDP指数(2013年=100)进行平减,取对数代入。

各变量的统计结果如表 8.2 所示。

表 8.2　　　　　　　　实证数据的描述性统计

变量	符号	均值	方差	最小值	最大值
制造业人数	$\ln L$	11.334	1.23	7.522	14.766
机器人渗透度	ETR	1.395	1.081	0.067	8.223
年平均人口	$\ln Popu$	8.177	0.698	5.309	10.431
资本存量	$\ln K$	7.097	0.865	4.202	9.775
出口额	$\ln Export$	6.914	2.092	-3.219	12.63
外商直接投资	$\ln FDI$	5.476	1.983	-4.659	10.283
地区生产总值	$\ln GDP$	7.233	0.907	4.831	10.045

8.4　基准回归

为了确定使用哪一种回归模型,我们分别用随机效应和固定效应对模型进行回归,然后使用 Hausman 检验对两种模型进行筛选,报告的结果如表 8.3 所示。

表 8.3　　　　　　　　基准回归的 Hausman 检验

变量	FE	RE	Difference	S.E.
ETR	-0.0196	0.0136	-0.0331	0.0026
$\ln Popu$	-0.1274	0.1125	-0.2400	0.1375
$\ln K$	-0.0024	-0.1015	0.0991	0.0149
$\ln Export$	0.0293	0.0880	-0.0586	0.0066
$\ln FDI$	0.0063	0.0188	10.0125	0.0032
$\ln GDP$	0.5196	0.9892	-0.4696	0.0800
常数项	8.476	3.2416	5.2351	1.166

chi2(7) = (b - B)'[(V_b - V_B)^(-1)](b - B) = 403.72
Prob > chi2 = 0.0000

检验结果显示，Hausman 检验值为 328.15，P 值为 0.00，因此应当选择固定效应模型进行分析。在回归的过程中，我们先以核心解释变量机器人渗透度（ETR）为基础进行计算，进而逐步增加其他控制变量，以分别考虑不同外部环境对就业的综合影响、基准回归的实证结果如表 8.4 所示。

表 8.4　工业机器人应用对制造业就业总量影响的基准回归

变量	(1)	(2)	(3)	(4)	(5)	(6)
ETR	-0.0249*** (0.00605)	-0.0253*** (0.00615)	-0.0309*** (0.00620)	-0.0299*** (0.00612)	-0.0250*** (0.00641)	-0.0196*** (0.00634)
$\ln Popu$		0.128 (0.119)	0.0490 (0.119)	0.0229 (0.117)	0.0106 (0.122)	-0.127 (0.121)
$\ln K$			0.100*** (0.0203)	0.0982*** (0.0201)	0.0923*** (0.0213)	-0.00239 (0.0252)
$\ln Export$				0.0252*** (0.00937)	0.0331*** (0.0105)	0.0294*** (0.0103)
$\ln FDI$					0.0165** (0.00643)	0.00630 (0.00648)
$\ln GDP$						0.520*** (0.0774)
常数项	11.37*** (0.00964)	10.32*** (0.970)	10.26*** (0.960)	10.32*** (0.947)	10.38*** (0.985)	8.477*** (1.006)
样本量	1430	1424	1424	1422	1349	1349

注：括号内为 t 值；***、** 分别表示 1%、5% 的显著性水平。

上述结果显示，在只考虑工业机器人渗透度单一影响情况下，工业机器人应用就中国制造业就业有显著的负面影响，具体来说，机器人渗透度增加一个单位，即平均每千名劳动者增加一台机器人，制造业就业总量将下降 2.49%，且结果在 1% 显著水平上显著。如果进一步考虑人口因素，相应的影响系数基本保持不变，同时结果显示，人口因素对制造业就业的影响不显著。再进一步将各地区的资本存量进行控制之后发现，机器人的影响系数提高到 3.09%，且在 1% 水平上显著，说明在足够的资本存量的情况下，引入机器人之后对就业的负影响更严重。同时结果显示，资本存量对制造业就业有显著的正面影响。随后考虑出口因素，机器人的影响系数下降为2.99%，结果显示，出口对制造业就业有显著的正向影响。考虑外商直接投资的影响，结果显示，对机器人的就业效应影响不大，同时外商直接投资对制造业就业有显著的正影响。考虑地方经济发展水平的影响，结果表明，地方经济的发展水平对制造业就业有显著的正向影响，同时机器人对就业的影响下降到1.96%。由基准回归可见，工业机器人对制造业就业的影响是显著为负的。

8.5　内生性处理

在基准回归中直接使用机器人渗透度对制造业就业进行实证分析可能存在内生性问题，这是因为机器人渗透度会影响就业，但同时就业的变化也会反过来影响机器人渗透度，比如在"用工荒"的情况下，企业会被动选择安装机器人来替代工人，因此来自劳动力市场的冲击会影响企业安装使用机器人的决策。这意味着机器人渗透度与劳动者就业之间存在双向因果关系，从而导致内生性的产生，本书采用工具变量法对模型进行重新估计。

为了使工具变量与随机扰动项无关，同时又与内生变量相关，本书选择滞后一期的机器人渗透度作为工具变量，并使用两阶最小二乘法（2SLS）进行估计。针对工具变量选择的合理性我们还需要进行一系列的检验，检验内容主要有三个方面，分别是不可识别检验、弱工具变量检验和过度识别检验。其中不可识别检验采用 Kleibergen Paap rk LM 统计量进行检验；对弱工具变量则采用 Cragg Donald Wald F 统计量进行检验，检验的过程是首先计算出 F 统计量的值，然后根据斯托克和尤格（Stock and Yogo, 2002）研究计算给出的临界值进行比较，以确定检验结果的好坏；最后是过度识别问题，因为本书采取的是滞后一期的机器人渗透度，与内生变量一一对应，属于"恰好识别"，因此无须进行过度识别检验。接下来本书将主要针对前两个检验需求进行工具变量的检验。相关的估计和检验结果如表8.5所示。

表 8.5　工业机器人应用对制造业就业总量影响的 IV – 2SLS 估计结果

变量	(1)	(2)	(3)	(4)	(5)	(6)
ETR	-0.0401*** (0.00787)	-0.0391*** (0.00811)	-0.0450*** (0.00839)	-0.0432*** (0.00826)	-0.0388*** (0.00839)	-0.0332*** (0.00810)
$\ln Popu$		0.185 (0.255)	0.0983 (0.247)	0.0700 (0.240)	0.0590 (0.248)	-0.0747 (0.214)
$\ln K$			0.109*** (0.0311)	0.106*** (0.0305)	0.102*** (0.0301)	0.0113 (0.0340)
$\ln Export$				0.0241 (0.0180)	0.0318 (0.0221)	0.0282 (0.0219)
$\ln FDI$					0.0140* (0.00716)	0.00420 (0.00663)
$\ln GDP$						0.498*** (0.111)
常数项	11.39*** (0.0110)	9.877*** (2.078)	9.821*** (2.004)	9.903*** (1.952)	9.957*** (2.021)	8.138*** (1.972)
样本量	1430	1424	1424	1422	1349	1349

Kleibergen Paap rk LM statistic：961.001 [0.0000]
Cragg – Donald Wald F statistic：230000
Stock – Yogoweak ID test critical values：10% 显著性水平的临界值是 16.38

注：括号内为 t 值；***、* 分别表示 1%、10% 的显著性水平。

如上述结果所示，Kleibergen Paap rk LM 统计量的值为 961.001，在 1% 显著水平上拒绝不可识别的假设，因此本书选择的工具变量不存在不可识别问题。同时，Cragg Donald Wald F 统计量的值为 230000，显著大于 Stock Yogo 弱工具变量在 10% 显著水平上的临界值 16.38，因此本书选择的工具变量不存在弱工具变量问题。综上所述，本书选择的工具变量是非常有效的。由表 8.5 中的实证结果可以发现，机器人渗透率对制造业就业的影响都是显著为负的。第六个完整模型的实证结果表明，机器人渗透度每提高一个单位，即每千人的机器人拥有量增加一台，制造业就业总量下降 3.32%，且在 1% 水平上显著。与基准回归结果对比可以发现，基准回归低估了机器人渗透度对就业的影响，在进行 IV 处理之后，相关影响系数由 1.98% 提升到 3.32%。

8.6 稳健性检验

为了证明以上分析结果的可靠性,我们将进一步对上述分析进行稳健性检验。检验的内容主要分为两部分:一是考察工业机器人的就业效应是否是因某些特定的行业造成的,二是考察这种效应是否随时间跨度的变化而改变。首先检验第一个问题。由前面的分析可知,工业机器人的主要应用领域之一是汽车行业,在制造业内部,汽车行业的工业机器人使用量占40%。那么,工业机器人对就业的影响是不是因为汽车行业的特殊性造成的呢?除了汽车行业外,其他行业是否也存在类似的就业效应呢?因此我们的稳健性检验将首先考虑剔除汽车行业,以检验工业机器人应用对就业的影响是不是具有普遍作用。为此,我们在回归数据中剔除汽车行业的数据,用剩余行业的数据进行上述类似回归,然后比较相关结果是否一致。在数据搜集中,因为无法获得每个地级市汽车行业的相关数据,导致基于地级市的实证检验无法进行,这使我们更换以省级面板数据为基础进行检验,每个省的机器人渗透度计算与就业人员的统计均剔除了汽车行业,回归的方法依然是经过 IV 处理之后的 2SLS 估计法,相关的回归结果如表 8.6 所示。

表 8.6　　　　剔除汽车行业后 IV – 2SLS 检验结果

变量	(1)	(2)	(3)	(4)	(5)	(6)
ETR	-0.108*** (0.0315)	-0.0738*** (0.0233)	-0.0428* (0.0239)	-0.0440* (0.0233)	-0.0423* (0.0243)	-0.0443* (0.0248)
$\ln Popu$		1.339*** (0.238)	1.711*** (0.266)	1.622*** (0.256)	1.614*** (0.254)	1.527*** (0.300)
$\ln K$			-0.122*** (0.0418)	-0.110*** (0.0381)	-0.118*** (0.0423)	-0.117*** (0.0436)
$\ln Export$				0.0695*** (0.0233)	0.0626** (0.0299)	0.0628** (0.0300)
$\ln FDI$					0.0158 (0.0205)	0.0131 (0.0213)

续表

变量	(1)	(2)	(3)	(4)	(5)	(6)
lnGDP						0.120 (0.185)
常数项	6.817*** (0.0218)	-4.397** (1.999)	-6.395*** (2.106)	-6.109*** (1.956)	-6.127*** (2.000)	-6.430*** (2.002)
样本量	155	155	155	155	155	155

注：括号内为 t 值；***、**、* 分别表示1%、5%、10%的显著性水平。

上述结果显示，在剔除汽车行业后，机器人渗透度对制造业就业总量的影响没有发生实质性改变，相关影响系数均显著为负。与地级市数据的分析结果相比发现，基于省级面板数据的回归结果的影响系数有所增大，这一结果的变化应该是由于统计口径的变化引起的，但是对分析工业机器人的就业效应没有影响。

我们再考察机器人的就业效应是否会随着时间跨度而发生改变。原回归计算中的时间区间是 2013~2017 年，这 5 年正是中国工业机器人市场快速增长的 5 年，如果改变时间区间，影响结果是否会有实质性改变呢？接下来我们分别将时间区间调整为 2014~2017 年和 2012~2016 年，同样基于地级市的面板数据，利用 IV-2SLS 法进行回归，以检验结果的稳定性。相关回归结果分别如表 8.7 和表 8.8 所示。

表 8.7　　　2014~2017 年稳健性检验 IV-2SLS 检验结果

变量	(1)	(2)	(3)	(4)	(5)	(6)
ETR	-0.0495*** (0.00810)	-0.0471*** (0.00810)	-0.0480*** (0.00806)	-0.0453*** (0.00781)	-0.0421*** (0.00799)	-0.0418*** (0.00795)
ln$Popu$		0.0976 (0.235)	0.0413 (0.231)	0.0129 (0.225)	0.0196 (0.236)	-0.0957 (0.204)
ln$K$			0.0947*** (0.0344)	0.0968*** (0.0339)	0.0956*** (0.0351)	0.00652 (0.0471)
ln$Export$				0.0265 (0.0173)	0.0333 (0.0208)	0.0308 (0.0192)
lnFDI					0.0111 (0.00712)	0.00344 (0.00655)

续表

变量	(1)	(2)	(3)	(4)	(5)	(6)
lnGDP						0.508 *** (0.141)
常数项	11.40 *** (0.0128)	10.60 *** (1.914)	10.38 *** (1.875)	10.42 *** (1.844)	10.34 *** (1.941)	8.279 *** (2.015)
样本量	1144	1138	1138	1136	1074	1074

注：括号内为 t 值；*** 表示 1% 的显著性水平。

上述结果显示，时间聚焦到 2014～2017 年，机器人渗透度对就业的影响依然是显著的负影响，这与前面的分析结果是一致的。同时，机器人渗透度的影响系数有所增加，这是因为 2013 年以后，机器人的密度越来越高，因此随着机器人渗透度的提升，其对就业的影响效应也逐渐增强。

表 8.8　　2012～2016 年稳健性检验 IV-2SLS 检验结果

变量	(1)	(2)	(3)	(4)	(5)	(6)
ETR	-0.0209 * (0.0110)	-0.0216 * (0.0118)	-0.0421 *** (0.0145)	-0.0377 *** (0.0146)	-0.0277 ** (0.0141)	-0.00191 (0.0129)
ln$Popu$		0.0539 (0.252)	-0.00691 (0.246)	-0.0334 (0.236)	-0.0428 (0.240)	-0.135 (0.209)
ln$K$			0.109 *** (0.0349)	0.0968 *** (0.0353)	0.0854 *** (0.0326)	-0.0195 (0.0339)
ln$Export$				0.0454 (0.0281)	0.0610 (0.0395)	0.0478 (0.0391)
lnFDI					0.0117 * (0.00680)	0.00489 (0.00670)
lnGDP						0.486 *** (0.120)
常数项	11.38 *** (0.0123)	10.94 *** (2.055)	10.69 *** (2.020)	10.67 *** (1.954)	10.72 *** (1.979)	8.783 *** (2.035)
样本量	1144	1143	1143	1143	1085	1085

注：括号内为 t 值；***、**、* 分别表示 1%、5%、10% 的显著性水平。

上述结果显示，在时间区间 2012~2016 年，综合六种模型，影响系数均为负，且五种情况下负向影响是显著的，这说明机器人渗透度对就业依然具有一定的负影响。但是同时可以看到机器人渗透度对就业负向影响的显著性有所下降，影响系数的大小有所减小。这一结果说明，随着时间的前移，机器人渗透度的就业影响效应逐渐减弱，主要是因为 2013 年以前中国的工业机器人数量虽然也在逐渐增加，但是机器人的密度依然很小，其对就业的影响相对微弱。随着时间的后移，中国工业机器人的安装使用数量越来越多，机器人密度越来越高，对就业的影响也越来越大。特别是 2013 年以后，中国成为全球最大的工业机器人市场，机器人对就业的影响开始逐渐显现。以上两种稳健性检验的结果说明本书的研究结论具有一定的稳健性，同时也揭露出工业机器人对中国制造业就业影响的时间独特性，是中国近年来制造业产业升级背景下才逐渐显现出来的问题。

8.7 本章小结

本章的主要内容是研究工业机器人的应用对中国制造业就业总量的影响。首先通过构造衡量机器人分布程度的变量机器人渗透度作为核心解释变量，构造面板模型对其影响就业总量的结果进行分析。基于 31 个省份和 286 个地级市的数据分别计算了各个省市的机器人渗透度，结果表明长三角和珠三角等地是中国工业机器人分布最广泛的区域。其次，以此为核心解释变量分析了机器人渗透度对中国制造业就业总量的影响，基准回归的实证结果表明，工业机器人应用对制造业就业总量存在显著的负影响。随后本书对可能存在的内生性问题进行处理，选取了滞后一期的机器人渗透度作为工具变量，在此通过两阶段最小二乘法对结果进行回归分析。分析结果再次表明，工业机器人应用对就业总量的影响依然是显著为负的，同时经过工具变量处理之后的模型，其影响系数有所提升。一单位的机器人渗透度的提升，即每千名劳动者拥有机器人的数量增加一台，中国制造业就业总量将下降 3.32%，也即一台机器人将减少 33.2 个就业岗位。最后本书又对研究的结果进行了稳健性检验。检验分两个方面进行，一是去除汽车行业的数据，以检验工业机器人的就业效应是否由于汽车行业的特殊性所带动。二是更换检验的时间区间，分别以 2014～2017 年的数据和 2012～2016 年的数据进行检验，以验证工业机器人的影响是否具有时间上的异质性。第一种检验结果显示，在去除汽车行业的数据之后，结果依然是显著为负的，说明工业机器人的就业效应普遍存在，而非由汽车行业造成。第二种检验的结果显示更换时间区间后，工业机器人的影响依然是显著为负的，但是 2014～2017 年的显著性更强，影响系数也更大，而 2012～2016 年的显著性明显下降，且相应的系数也在减小。对比分析发现，随着近年来中国工业机器人使用量越来越多，在智能制造和产业升级的政策促进下，机器人的应用范围越来越广泛，其影响也越来越深刻，工业机器人的就业效应在近几年随着时间的后移越来越显著。

第9章 工业机器人应用对中国制造业就业结构影响的实证分析

本章将在本书第8章就业总量影响分析的基础上进一步对工业机器人应用影响就业结构的现状进行实证分析。关于对就业结构的影响，我们重点关注以下四个方面的结构变化和影响差异：一是对不同地区之间就业影响的差异；二是不同行业之间就业影响的差异；三是不同技能劳动者之间就业影响的差异；四是对不同性别劳动者之间就业影响的差异。本章将分别对这几方面的影响差异进行研究，并结合前述的总量分析，以及本书课题组实践调研的总结，进一步对工业机器人应用影响就业的根本原因进行剖析，分析导致工业机器人应用以及就业变动的核心要素并进行检验，为理解工业机器人的就业效应提供更为深刻的认知，为后续的政策建议建立坚实的研究基础。

9.1 对不同地区制造业就业的影响

首先我们将中国的地级市按照其所属的省份不同分为东、中、西和东北四个区域，其分类方式与本书统计分析部分的表述一致。此外为了进一步分析东、中部地区的典型差异，我们分别挑选了广东省和江苏省作为东部地区代表，河南省和湖北省作为中部地区的代表进行分别回归以研究不同区域的细节差异。相关回归结果如表9.1所示。

表 9.1　　工业机器人应用对制造业就业影响的区域差异

变量	东部	中部	西部	东北	广东、江苏	河南、湖北
ETR	-0.0527*** (0.00885)	0.00131 (0.0115)	-0.0644** (0.0308)	-0.0592 (0.0403)	-0.0354*** (0.00769)	-0.0117 (0.0182)
$\ln Popu$	-0.236 (0.322)	-0.321** (0.158)	0.719** (0.361)	-0.399 (0.926)	-0.0582 (0.156)	2.045** (0.912)
$\ln K$	0.0219 (0.0590)	0.0848** (0.0417)	-0.125 (0.101)	0.0627 (0.0548)	0.109*** (0.0406)	0.163** (0.0656)
$\ln Export$	0.0511 (0.0556)	-0.00749 (0.0273)	0.00156 (0.0203)	0.147*** (0.0461)	0.0801** (0.0318)	-0.0395 (0.0626)
$\ln FDI$	-0.0524** (0.0248)	-0.00897 (0.0232)	0.00214 (0.00779)	0.00461 (0.0136)	0.00327 (0.0174)	0.0404 (0.0347)
$\ln GDP$	0.623*** (0.235)	0.407* (0.239)	0.414* (0.211)	0.213 (0.172)	0.0435 (0.206)	0.593 (0.473)
常数项	-0.0527*** (0.00885)	0.00131 (0.0115)	-0.0644** (0.0308)	-0.0592 (0.0403)	-0.0354*** (0.00769)	-0.0117 (0.0182)
样本量	424	398	360	162	170	145

注：括号内为 t 值；***、**、* 分别表示1%、5%、10%的显著性水平。

以上结果显示，工业机器人应用对全国不同地区制造业就业的影响存在差异，其中对东部地区存在显著的负影响，具体而言，东部地区机器人渗透率提高一个单位，制造业总就业下降5.27%，结果在1%显著性水平上显著，这一结果明显高于对全国层面总就业的影响。如果以江苏省和广东省为典型进行分析，影响系数为-3.54%，且在1%水平上显著，这一结果与对全国的影响一致。对中部和东北地区而言，工业机器人对制造业就业的影响不显著，如果以河南省和湖北省作为典型地区，影响结果同样不显著。对比中部地区与中部典型省份的影响系数符号可见，工业机器人对中部的影响具有不确定性。此外工业机器人对西部地区制造业就业有显著的负影响，结果在10%显著性水平上显著，显著性低于东部地区。以上分析结果表明，目前工业机器人的影响主要集中在中国东部地区，这一区域是中国制造业的重点区域，使用工业机器人的频率较高，因此工业机器人替代问题也较为突出。虽然西部地区也表现出机器人替代的显著性，但是西部地区的工业机器人使用密度较低，因此不能断定制造业就业的下降是因为工业机器人的使用造成的,有可能来自于其他的影响因素,对西部地区影响的深层原因需要进一步分析。

9.2 对不同行业就业的影响

就不同的行业而言,我们关心两个方面:一是制造业以外的行业门类,比如农林牧渔业、采掘业等,因为这些行业门类也有工业机器人在逐渐投入使用;二是制造业内部的行业大类,主要是橡胶与塑料制品、金属制品、汽车、电子通信等四个重点领域,因为这四个行业大类是制造业内部工业机器人应用最为广泛的行业。对以上两个方面我们将逐一进行回归分析。首先,对制造业以外行业门类的影响分析,我们主要聚焦于农林牧渔业、采掘业、电力热力燃气及水生产和供应业、建筑业以及教育研究等五大门类,因为IFR只提供了以上行业的分类统计数据。回归分析依然基于地级市的面板数据,回归方法依然是IV-2SLS,相关回归结果如表9.2所示。

表9.2 工业机器人应用对制造业以外行业门类就业的影响

变量	农林牧渔	采掘业	制造业	电热燃气水	建筑业	教育研究
ETR	-0.122*** (0.0229)	-0.196*** (0.0271)	-0.0332*** (0.00810)	-0.0828*** (0.0116)	-0.0630*** (0.0100)	-0.00645 (0.00481)
$\ln Popu$	0.534* (0.308)	-0.0862 (0.454)	-0.0747 (0.214)	0.163 (0.235)	-0.207** (0.0998)	0.459*** (0.138)
$\ln K$	-0.202*** (0.0606)	-0.188** (0.0906)	0.0113 (0.0340)	-0.00313 (0.0291)	0.0311 (0.0305)	0.0141 (0.0124)
$\ln Export$	-0.0256 (0.0295)	-0.0436 (0.0375)	0.0282 (0.0219)	0.00501 (0.0103)	-0.00548 (0.0167)	0.00688 (0.00624)
$\ln FDI$	-0.0161 (0.0166)	0.00503 (0.0250)	0.00420 (0.00663)	-0.0121* (0.00623)	0.00980 (0.00805)	0.00182 (0.00400)
$\ln GDP$	0.504*** (0.172)	0.735*** (0.253)	0.498*** (0.111)	-0.0317 (0.111)	0.953*** (0.107)	0.257*** (0.0616)
常数项	1.488 (2.829)	5.639 (3.943)	8.138*** (1.972)	8.100*** (2.303)	5.401*** (1.007)	5.052*** (1.503)
样本量	1333	1253	1349	1349	1349	1349

注:括号内为t值;***、**、*分别表示1%、5%、10%的显著性水平。

如表 9.2 显示，工业机器人替代对农林牧渔业、采掘业、电力热力燃气及水生产和供应业、建筑业等行业均具有显著的负影响，但是对教育研究行业的影响不显著。同时通过对比系数的大小可以发现，工业机器人对制造业以外各个行业门类就业的影响均大于对制造业就业的影响，其中影响最大的是采掘业，其次是农林牧渔业，这可能是因为其他行业门类劳动者的流动性较制造业更大的缘故。由表 9.2 可知，工业机器人对中国各主要行业均存在显著的影响，这与前面分析的工业机器人影响的渗透性、广泛性相一致，随着工业机器人作为一种通用目的技术的广泛使用，未来不仅在制造业内部，在其他非制造业行业也开始对劳动产生替代。

其次，进一步研究工业机器人对制造业内部细分行业就业的影响。根据 IFR 的统计数据，橡胶与塑料制品、金属制品、汽车、电子通信四大行业是工业机器人应用的重点领域，因此我们将专注于对以上四个子行业进行分析。因为在地级市层面，我们无法获得制造业内部细分行业的数据，因此我们使用省级面板数据进行回归，回归方法依然是 IV-2SLS 法，相关回归结果如表 9.3 所示。

表 9.3　　工业机器人应用对制造业内部子行业就业的影响

变量	制造业	橡胶塑料	金属制品	汽车	电子通信
ETR	-0.0672*** (0.0118)	-0.0198 (0.0400)	-0.0834*** (0.0313)	0.0508** (0.0257)	-0.166** (0.0778)
$\ln Popu$	-0.828 (0.731)	-3.872 (2.613)	-2.146 (1.955)	-2.135 (1.692)	20.98*** (5.249)
$\ln K$	0.0890*** (0.0296)	0.149 (0.136)	-0.281*** (0.0868)	0.197** (0.0882)	0.436 (0.269)
$\ln Export$	0.0396 (0.0386)	-0.116 (0.124)	0.132 (0.103)	-0.116 (0.0805)	-0.164 (0.246)
$\ln FDI$	0.00156 (0.0206)	0.262*** (0.0668)	-0.0398 (0.0548)	0.0340 (0.0445)	0.185 (0.138)
$\ln GDP$	0.417*** (0.157)	0.266 (0.516)	1.515*** (0.419)	1.064*** (0.332)	-1.180 (1.007)
常数项	14.48** (5.980)	35.85* (21.39)	15.35 (16.06)	16.71 (13.86)	-156.7*** (43.15)
样本量	155	151	153	149	145

注：括号内为 t 值；***、**、* 分别表示 1%、5%、10% 的显著性水平。

如表 9.3 显示，在制造业内部，工业机器人应用对不同行业就业的影响存在差异。对金属制品、汽车以及电子通信行业均存在显著的负影响，但是对橡胶与塑料制品行业的影响不显著，不过由系数可以看出，工业机器人的影响依然是负向的。就不同行业的影响大小而言，工业机器人对电子通信行业的影响最大，其次是金属制品业，最后是汽车行业。近年来，随着手机、半导体、家用电器等各类电子产品生产的自动化，越来越多的电子企业生产线员工被机器人替代，电子行业已经超越汽车行业成为机器人替代就业的重点领域，这一变动需要重点关注。对制造业内部细分行业的影响显示，工业机器人在制造业内部的分布已经非常广泛，对制造业行业的影响具有广泛渗透性。对于使用工业机器人的重点领域，如企业、电子通信产业等，影响是非常深刻的，这是因为这些行业的工业机器人密度非常高，影响更显著。

9.3 对不同技能劳动者就业的影响

工业机器人应用对不同技能劳动者就业的影响也是我们重点关注的问题之一。诸多理论研究显示机器人技术进步对低技能劳动者的就业产生替代作用，对高技能劳动者的就业产生创造效用（萨克斯和克利克夫，2012；萨克斯等，2015）。现阶段中国制造业产业的技术升级是否存在类似的现象呢？本节以不同技能劳动者的数量变化为基础开展实证研究，其中高技能劳动者定义为大专及以上学历的劳动者，低技能劳动者定义为高中及以下学历的劳动者，因为受地级市数据的限制，仍以省级数据进行回归，回归方法为 IV-2SLS，相关回归结果如表 9.4 所示。

表 9.4　工业机器人应用对制造业高、低技能劳动者就业的影响

变量	高技能劳动者	低技能劳动者
ETR	0.0137 (0.0163)	-0.0459*** (0.00579)
$\ln Popu$	3.577*** (1.015)	0.131 (0.360)

续表

变量	高技能劳动者	低技能劳动者
ln$K$	0.110 ** (0.0537)	0.0563 *** (0.0191)
ln$Export$	-0.191 *** (0.0411)	0.0517 *** (0.0146)
lnFDI	0.0354 (0.0286)	-0.00218 (0.0102)
lnGDP	-0.391 * (0.218)	0.391 *** (0.0775)
常数项	-20.87 ** (8.307)	-0.640 (2.949)
样本量	155	155

注：括号内为 t 值；*** 、** 分别表示 1%、5% 的显著性水平。

上述结果显示，工业机器人应用对高技能劳动者就业产生了正向影响，但是影响不显著，对低技能劳动者的就业有显著的负向影响，具体来说，机器人渗透度提高一个单位，即每一千名劳动者的机器人拥有量增加一台，低技能劳动者的就业量下降4.59%，结果在1%显著性水平上显著。这一下降比例大于平均情况下制造业劳动者的下降水平。这一对比分析显示，目前，工业机器人应用主要替代了低技能劳动者，这与理论分析结论相一致。关于高技能劳动者，虽然影响不显著，但从影响系数的符号可以看出，工业机器人的影响是正向的，也就是说对高技能劳动者的就业有促进作用，这一结论与关于高技能劳动者的理论分析相一致。综上可见，实证研究表明，现阶段中国制造业的产业升级对高技能劳动者的就业有促进作用，对低技能劳动者的就业有破坏效应且尤为显著，需要格外关注。当下工业机器人对制造业就业结构升级的作用正处于进行时，低技能劳动者的替代效应在扩散的同时，高技能劳动者的促进效应也在显现，未来就业结构升级的变化需要进一步观察。

9.4 对不同性别劳动者就业的影响

接下来我们将考察工业机器人应用对制造业不同性别劳动者就业的影响。对不同性别劳动者的关注主要在于就业影响发生之后两者可能出现截然不同的再就业选择。我们需要关注工业机器人对他们的不同影响程度,进而分析再就业再平衡过程中两者面临的不同选择。由于目前统计年鉴中数据的限制,本节研究中男、女性别就业人口数分别是城镇单位总就业人口中男、女性别劳动者的数量,回归依然基于省级面板数据和 IV - 2SLS 法,相应的回归结果如表 9.5 所示。

表 9.5　　工业机器人应用对制造业就业影响的性别差异

变量	男性劳动者	女性劳动者
ETR	-0.0415*** (0.00585)	-0.0117*** (0.00453)
$\ln Popu$	0.176 (0.364)	1.242*** (0.282)
$\ln K$	0.0597*** (0.0192)	0.0609*** (0.0149)
$\ln Export$	0.0207 (0.0147)	0.0334*** (0.0114)
$\ln FDI$	-0.00101 (0.0103)	0.00335 (0.00794)
$\ln GDP$	0.361*** (0.0783)	0.112* (0.0606)
常数项	-0.591 (2.979)	-7.773*** (2.305)
样本量	155	155

注:括号内为 t 值;***、* 分别表示1%、10%的显著性水平。

上述研究结果表明，工业机器人应用对男、女劳动者的就业均存在显著的负向影响。对比来看，对男性劳动者就业的影响是对女性劳动者影响的 4 倍。这一结果表明在被机器人替代的岗位中，大部分是由男性劳动者承担的。结合上一节对不同技能劳动者就业影响的研究结果发现，被机器人替代的岗位大多是由低技能的男性劳动者承担。此外，工业机器人对女性劳动者就业的影响也非常显著，其负面作用不容忽视。以上结果提醒我们，在制定针对不同技能劳动者的就业再平衡政策时，对男、女劳动者的就业形势要区别对待。

9.5 本章小结

本章首先研究了工业机器人替代对劳动者就业结构的影响及其差异，分别从区域差异、行业差异、技能差异和性别差异四个维度进行了对比分析。研究发现，在区域层面上，工业机器人对东部地区的劳动者就业有显著的负影响，对西部和东北地区的就业影响不显著。关于中部地区，在总量层面上分析存在显著的正向影响，但是当以湖北和河南作为典型省份进行重点分析时发现其影响并不显著。因此对于中部地区的就业效应需要针对不同的地区区别对待。其次在行业层面上，本书重点考察了工业机器人安装使用量较大的若干重点行业，研究发现工业机器人对各行业就业的负影响是普遍存在的。无论是在制造外部的门类层面还是制造业内部的大类层面，工业机器人对就业都存在显著的负向影响。其中影响最大的行业分别是水电气、电子、汽车等行业，都属于工业机器人使用的重点领域。再次针对高技能劳动和低技能劳动者，本书以大学专科学历为界进行区分，研究发现工业机器人应用对低技能劳动者的就业有显著的负向影响，对高技能劳动者的就业存在正向影响，但是结果不显著。说明目前在中国，工业机器人主要替代的是低技能的劳动者。最后我们考察了工业机器人对男、女不同性别劳动者影响的差异。男女劳动者分别以总就业人员中男女的数量为准。结果显示，工业机器人应用对男、女劳动者的就业均存在显著的负向影响，其中对男性劳动者的影响更大，是对女性影响水平的 4 倍。结合技能差异和男女性别差异的分析结果发现,工业机器人替代的主要是低技能的男性劳动者。结合理论分析和调研结果,这一实证结论与理论和现实相一致。以上结果表明,工业机器人应用对制造业就业存在普遍的负向影响,本书将其称为"机器人替代现象"。

第10章 "机器人替代"现象的深层原因剖析

10.1 工业机器人替代的深层次原因剖析与检验

经过上述实证分析发现，工业机器人应用对制造业就业存在普遍的负向影响，我们将这一结果称为"机器人替代"现象。这从直观角度很容易理解，一台机器人可以替代若干人工岗位。但这是否意味着工业机器人替代就是造成制造业就业破坏的"元凶"呢？对此我们不能贸然给出结论，因为工业机器人替代可能只是表象，其背后还有深层次的因素在推动，我们需要进一步对推动工业机器人替代人工的深层原因进行剖析。经过多次深入企业、劳动力市场、政府部门等机构，与相关的责任主体就该问题进行调查研究，在东莞、佛山、嘉兴、武汉等地的调研中发现，诸多企业对工业机器人的应用持无奈的态度，因为愈发激烈的市场竞争与愈加高昂的用工成本导致企业不得不考虑使用机器人替代人工进行生产。来自劳动力市场的反馈告诉我们，类似东莞、广州、佛山等制造业重点区域越来越多地面临招工难的压力，尤其是新一代的年轻劳动者多不愿意继续在工厂上班，低技能的劳动岗位越来越无法招到合适的工人。同时政府层面也在积极的推动"机器换人"计划，在当下的国际竞争中，中国制造业大而不强的局面使得我们很难占领高附加值的产业链条，更多的是为国外的高端制造企业生产配套产品，如此尴尬的局面严重制约了中国高端制造业的发展，制约了中国核心技术的研发与产业链的升级，为了赢得未来的竞争，我们必须进行制造业的升级改造，以获得足够的竞争优势。结合上述调查研究，本书认为导致企业使用工业机器人替代人工进行生产的原因主要来自三个方面：第一，工业机器人能够完成人工无法胜任的工作，如精度、速度、环境等方面。在一些生产环节，因为工作环境、特殊任务、加工质量和生产效率等要求，人工无法胜任某些工作岗位，此时企业不得不采用工业机器人进行生产；第二，企业面临"招工难""用工荒"等劳动力短缺问题的困扰，不得不采用工业机器人进行生产。近年来由于内地省市的快速发展，地区之间发展的不均衡逐渐被打破，原有到沿海地区或者发达城市打工的内地劳动者越来越多地回流到原籍或者其他城市进行工作，导致类似东莞、佛山等制造业重地出现了"招工难""用工荒"的问题。同时随着近年来服务业的快速发展，尤其是新型服务业，如"骑手""自媒体运营"等大量涌现，越来越多的年轻劳动者不愿意回到工厂从事生产性劳动者。这些原因迫使部分企业开始使用工业机器人替代人工进行生产；第三，企业面临"用工贵"的问题。因为中国经济的快速发展，居民收入和消费都在快速提升，制造业劳动者的工资也在水涨船高，导致部分企业无法负担高企的人力成本，因此不得不使用工业机器人进行生产以降低成本。以上三大原因可能是导致企业使用工业机器人替代人工进行生产的根本所在。如果是原因一，那么工业机器人根本不构成对就业的破坏，反而是对现有就业岗位的补充，填补了人工无法胜任的岗位空白；如果是原因二，说明社会发展中新型服务业等其他产业的发展可能吸引了更多的劳动者，此时工业机器人不曾对制造业就业产生破坏作用，而是对制造业岗位的补充与延伸，补充了因为行业发展以及劳动力流动造成的岗位缺失；如果是原因三，说明使用工业机器人进行生产比人工更具有比较优势，此时工业机器人对人工的替代根本原因是劳动力成本上升，工业机器人应用只是一种表现形式，劳动力成本上升从侧面反映出社会经济发展与社会总需求和总产出的增加，此时制造业更应该通过智能化改造提升生产效率，因此使用工业机器人进行生产将成为必然趋势。以上三个原因中，原因一的补偿作用是毋庸置疑的。本章接下来将通过引入第三产业劳动占比与劳动力成本作为控制变量，对工业机器人应用影响制造业就业总量的原因二和原因三进行实证检验。回归中第三产业劳动占比表示为 $L\text{-}in\text{-}thirdind$，劳动力成本表示为 $lnsalary$，数据均来自《中国城市统计年鉴》，回归中取对数形式代入。相关检验结果如表 10.1 所示。

表 10.1　　第三产业扩容及劳动力成本上升影响的检验结果

变量	(1)	(2)	(3)	(4)
ETR	-0.0332*** (0.00810)	0.0107 (0.0116)	0.0177 (0.0132)	0.0197* (0.0114)
$\ln Popu$	-0.0747 (0.214)	0.0556 (0.185)	-0.0673 (0.207)	0.0517 (0.184)
$\ln K$	0.0113 (0.0340)	0.0230 (0.0239)	0.0654* (0.0395)	0.0340 (0.0336)
$\ln Export$	0.0282 (0.0219)	0.0178 (0.0174)	0.0205 (0.0191)	0.0166 (0.0164)
$\ln FDI$	0.00420 (0.00663)	0.000322 (0.00633)	-0.00227 (0.00598)	-0.000891 (0.00634)
$\ln GDP$	0.498*** (0.111)	0.192** (0.0898)	0.422*** (0.112)	0.189** (0.0886)
$L\text{-}in\text{-}thirdind$		-0.0295*** (0.00597)		-0.0283*** (0.00736)
$\ln salary$			-0.484*** (0.129)	-0.103 (0.157)
常数项	8.138*** (1.972)	10.76*** (1.654)	9.053*** (1.863)	10.84*** (1.620)
样本量	1349	1349	1349	1349

注：括号内为 t 值；***、**、*分别表示1%、5%、10%的显著性水平。

表 10.1 显示，在分别考虑第三产业劳动力占比和劳动力成本的影响之后，机器人渗透度对制造业就业总量的影响变得不显著，同时第三产业劳动力占比与劳动力成本对制造业就业总量表现出显著的负向影响。根据《中国统计年鉴》的统计数据显示，中国第三产业人员的占比由 2013 年 38.5% 提高到 2017 年的 44.91%，在岗人员平均工资由 2013 年的 52388.00 元增加到 2017 年的 76121.00 元。由此可见，第三产业就业的扩容以及劳动力成本上升是隐藏在工业机器人背后导致中国制造业就业总量下降的推动力量，工业机器人替代是以上因素共同推动的综合效应。这种综合效应在中国不同地区之间是否存在差异呢？考虑到中国各地区之间人口数量变化的差异，我们基于上述思考引入新的控制变量，进一步对东、中、西部和东北地区的制造业就业数量进行进一步回归，同时对就业人口

变动较大的广东和河南两省进行单独回归,以对比中、东部不同地区影响之间的差异。相关结果如表 10.2 所示。

表 10.2 不同地区第三产业扩容及劳动力成本上升影响的检验结果

变量	东部	中部	西部	东北	广东	河南
ETR	-0.00345 (0.00807)	0.000428 (0.0251)	0.0648 (0.0514)	0.0761** (0.0377)	-0.00423 (0.00720)	0.0332* (0.0188)
$\ln Popu$	0.535* (0.293)	-0.247 (0.197)	0.676* (0.372)	-1.794*** (0.366)	0.0235 (0.107)	-0.0272 (0.471)
$\ln K$	0.00865 (0.0686)	0.0872 (0.0626)	-0.0677 (0.0754)	0.0641 (0.0543)	0.0376 (0.0493)	0.274 (0.198)
$\ln Export$	0.00920 (0.0225)	-0.0100 (0.0319)	0.00760 (0.0160)	0.0347 (0.0242)	0.0288** (0.0128)	-0.0152 (0.0520)
$\ln FDI$	-0.0194 (0.0193)	-0.0103 (0.0255)	-0.00383 (0.00920)	-0.00204 (0.00948)	-0.0132 (0.0125)	0.00975 (0.0850)
$\ln GDP$	0.170 (0.192)	0.338 (0.295)	0.132 (0.211)	0.0488 (0.141)	0.693*** (0.233)	1.224 (0.752)
$L\text{-}in\text{-}thirdind$	-0.0411*** (0.00625)	-0.00985 (0.0113)	-0.0312** (0.0148)	-0.0288*** (0.00690)	-0.0318*** (0.00378)	-0.0370*** (0.00851)
$\ln salary$	0.0815 (0.163)	0.0921 (0.252)	-0.249 (0.287)	-0.721*** (0.269)	0.00919 (0.106)	-0.125 (0.322)
常数项	8.113*** (2.625)	10.90*** (2.713)	6.980** (3.464)	26.33*** (3.141)	7.839*** (1.552)	2.936 (6.788)
样本量	424	398	365	162	105	85

注:括号内为 t 值;***、**、* 分别表示 1%、5%、10% 的显著性水平。

上述结果显示,在考虑第三产业扩容及劳动力成本上升等核心因素的影响之后,工业机器人对制造业就业影响的显著性明显下降。东、中、西部地区工业机器人的影响均不再显著,同时对东北地区产生了显著的正向影响。对于制造业和人口流入的大省广东而言,在拓展分析之后工业机器人的影响依然是负向的,但是影响已经不再显著,但对于劳动力输出的大省河南省而言,工业机器人对就业产生了显著的正向影响。同时结果显示,第三产业劳动者占比的增加对上述地区的制造业就业均产生了显著的负向影响,劳动力成本上升的影响不显著。由此可见,就中国不同地区而言,近年来第三产业的扩容均在不同程度推动了地区工业机器人替代。快速发展的第三产业吸纳了很大一部分制造业的劳动者，对制造业就业产生了一定的冲击。工业机器人替代是劳动力结构变化和劳动力成本上升等因素共同推动下的综合效应，工业机器人成为以上因素影响就业的中间作用过程。就工业机器人而言，其在中国制造业产业升级以及中国就业结构变迁中扮演着重要的角色，我们需要更深入地了解工业机器人的作用和价值，这对推动中国先进制造业的发展以及促进产业结构与就业结构的协调发展具有重要意义。

10.2 工业机器人在制造业产业升级与就业结构变迁中的核心作用

由前面的分析可知，工业机器人对制造业劳动者的替代是中国制造业产业升级以及就业结构变迁等因素共同推动下的综合效应，工业机器人作为中间过程，一方面承载着中国先进制造业发展的重要使命，另一方面衔接着中国劳动力产业转移带来的就业空白，因此需要充分认识和发挥工业机器人的积极作用，以促进中国先进制造业的发展，协调中国劳动者产业结构的调整。目前有部分学者研究认为工业机器人应用是造成就业破坏的直接原因（吕洁等，2017；田正杰，2017；杜传文等，2018），尤其是对低技能劳动力的替代，因此部分学者建议应该谨慎推进工业机器人的应用。本书课题组进行实践调研并结合分析研究发现，工业机器人替代的背后有更深层次的原因，当下中国工业机器人的应用并非造成就业破坏的直接原因，而是社会经济与产业发展下的替代表现，同时也是当下促进中国制造业产业升级的重要举措，对中国经济的转型升级与发展意义重大，因此必须正确认识工业机器人的价值，在恰当处理就业问题的同时，能够充分利用工业机器人的发展来促进中国的产业升级。

10.2.1 工业机器人对促进我国制造业产业转型升级的重要作用

中国制造业正在由传统制造模式向智能制造转变。《中国制造2025》

计划颁布之后，国家、省市层面分别制定了各类战略和政策以促进智能制造的发展。制造业转型升级，由传统制造业向智能制造业转变，其核心是希望实现四个目标：提质、增效、降成本、减排放，唯有如此才能使中国的制造业产品具有国际竞争力。这些目标的实现都需要工业机器人的协助，由此可能产生对劳动者就业的影响，在此过程中需要我们正确认识相互作用的过程，并就具体问题给出合适的政策方案。

（1）提质：提高产品质量是中国制造业的迫切需求，也是赢得国际竞争的核心。但是一些高精度、高洁净度、高标准的产品往往是传统制造方式很难实现的，尤其对于高端制造业，主要原因是受制于加工设备的精度和操作工人的熟练程度。但是先进的工业机器人设备可以克服这些缺陷，高精度的数控机床比一般车床能够加工出更加高质量的产品，高精密的机器人设备能够达到人工无法企及的加工精度，因此企业为了获得市场竞争力必然会选择安装先进的工业机器人等装备进行生产。不仅仅在高端制造业，传统的制造业产品也正因为客户要求的提高以及竞争环境的改变而变得越来越注重产品质量，企业为了能够赢得竞争也要提高加工质量，从而需要引进先进的生产加工设备。在这一过程中，先进的工业机器人将替代传统的生产设备，与此同时，传统生产岗位的工人将被工业机器人生产岗位的工人替代，后者往往需要具备更高的技能，由此形成了高技能劳动者对低技能劳动者的替代。为此我们需要努力促进劳动者技能结构的升级，提升低技能劳动者的水平，唯有如此才能使劳动者在就业市场具有竞争优势。劳动者技能的提升将创造更大的价值，同时也将能够获得更高的劳动报酬。

（2）增效：提升企业的生产效率是制造业企业的重要目标，生产效率的提升意味着单位产出的增加、单位成本的降低和企业利润的提升，因此不断提升生产效率是制造企业的迫切需求。但生产效率的提升受到诸多因素的限制，其中最主要的就是生产设备的加工效率，一条先进的自动化生产线其生产速度可能是传统人工流水线的若干倍，因此使用自动化、智能化的生产线和生产设备替代传统的人工流水线或者自动化、半自动化的低速流水线成为企业不得不采取的选择。工业机器人等生产设备可以长时间不间断的工作，同时随着技术的提升，先进的机器人设备能够达到较高的生产速度，备受企业青睐。此时传统的制造业企业可以通过技术改造替换掉原有的生产设备，在这一过程中原有生产线的工作岗位将会被新的工作岗位替代，而新的工作岗位往往需要使用新的设备，因此需要操作工人具有更高的技能。与提升产品质量时面临的情况类似，低技能的劳动者将面临被淘汰的风险，因此需要不断进行技能培训以促进劳动者顺利转岗。

（3）降成本：除了通过提升生产效率降低单位生产成本外，企业最直观的降成本措施是削减工人，通过裁员可以减少大笔的人工开支。尤其是随着劳动力成本的不断上升，人工成本成为企业的巨大负担，迫使企业想尽一切办法减少操作工人，裁减不必要的岗位。在生产制造环节，通过使用工业机器人替代人工进行生产成为企业重要的减员方式，尤其是一些简单重复的一线操作岗位，因为技术水平低，较容易被机器人替代。随着工业机器人技术的进步，其能够替代的操作范围越来越广泛，大量重复型的体力劳动都存在被替代的风险，如搬运、码垛、装箱、上下料、分拣、检测等，甚至某些复杂的操作岗位也开始被逐渐替代，比如生产流程控制、生产线物料调度等，在一些发达地区甚至出现了无人工厂和关灯生产的情况。由此可见，生产中机器人能够替代的岗位越来越多，这也意味着越来越多的生产线工人面临被替代的风险。就目前而言，因为工业机器人普及度的限制，首先面临被淘汰的是大量的一线操作工。这些岗位大多是低技能的劳动岗位，但由于此类岗位劳动供给的下降，大批量失业的情况在我国并未出现，究其原因，大批的劳动者在移动互联网时代可以轻松实现就业的产业转移，我们后续将进一步展开分析。

（4）减排放：减排是各类生产型企业不得不面对的一个重要问题。从政府的角度来讲，减少企业生产过程的废弃物排放是重要的工作目标。随着企业环保压力的增大，其自身也开始希望能够降低排放以求长远发展，高效率的工业机器人应用能够在一定程度上解决这一问题。除了专用的节能减排设备外，通过引用自动化、高效率的生产加工设备有助于生产过程中物料利用率的提升和生产过程的科学化管理，因此政府会鼓励企业进行清洁生产的技能改造，为企业提供相应的补贴。在这一过程中就业的破坏效应不显现，因为专用的节能减排设备一般是对原有生产过程的补充，通过使用先进的生产设备降低排放的就业效应更多的是对原有岗位低技能劳动者的替代。

综上所述，中国制造业产业转型升级过程中离不开工业机器人的支撑，这是先进生产力的代表，是提质增效的关键，其对就业的影响需要结合具体情况单独分析，总体过程如图10-1所示。

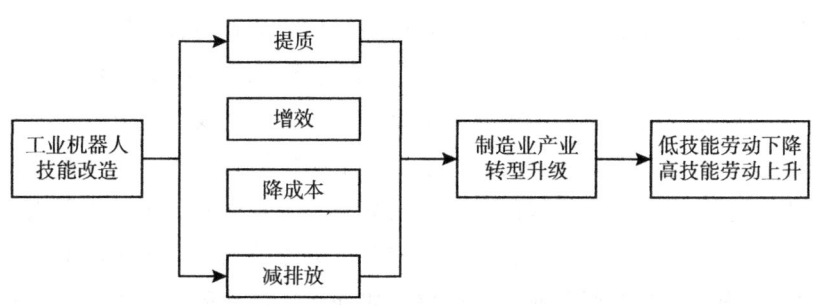

图10-1 工业机器人对制造业转型升级的推动作用及就业影响

10.2.2 工业机器人在就业结构转变中的重要作用

通过上述分析可知，工业机器人的应用可能导致劳动者就业技能结构的转变，而劳动者就业结构的转变也在反过来刺激着对工业机器人的需求。当前，中国的劳动力出现了明显的产业转移现象，第一、二产业的劳动者正向第三产业转移。在此过程中，制造业劳动力的供给受到冲击，服务业劳动力的供给在持续上升。同时劳动者的区域结构也在发生变化，部分地区的劳动力供给下降，而另一些地区的供给在增加。劳动力就业结构的转变可能导致某些地区、某些行业劳动力工业的减少，如珠三角地区曾出现"招工难""用工荒"的现象，工业机器人的应用对弥补相关产业的就业空白至关重要。在新的社会经济环境下，劳动者的就业特征发生了较大转变，这些转变是当下中国社会经济发展不可避免的现象，我们需要结合这些因素分析就业结构的新特点，进行分析并进而把握工业机器人的作用与价值。

（1）劳动者年龄结构影响了就业的产业结构。

当前，中国新一代的年轻劳动力以"90后"的年轻人为主，这一代的年轻人从小生活的环境与早期的传统制造业劳动者存在较大差异，生活质量的改善，生活内容的丰富使得他们不再愿意从事单调的生产线工作，而是追求更多样化的工作与生活，这一因素对制造业的劳动供给产生了巨大的挑战。传统制造业岗位在早期吸纳了大量的一线操作工,但是工作内容简单单调,对目前新一代的劳动者无法构成吸引力,导致制造业一线劳工的招聘难度逐渐增大。在移动互联网的时代,新型服务业的发展为新一代年轻人提供了全新的工作选择,因此很多年轻劳动者转移到服务业,导致制造业的劳动力供给逐渐减少。在这样的趋势下,企业逐渐面临"招工难""用工荒"的难题,因此使用工业机器人替代一线劳工成为很多企业的选择。在劳动者产业转移的大背景下,工业机器人替代是企业被迫的选择,同时也是适应时代发展的结果。从另外一个角度看,工业机器人的出现解放了一线操作工的工作,使得他们有机会能够从事人工更具有比较优势的生产岗位,包括服务业生产岗位,如外卖、快速骑手、直播、自媒体等,这些服务业岗位丰富了当下人们的生活。在此背景下,工业机器人的发展为制造业的顺利过渡创造了条件,使得制造业企业在新时代发展的背景下能够顺利实现由劳动密集型的生产方式向资本密集型的生产方式转变,工业机器人的应用顺应了这一发展趋势,具有积极的时代意义。

(2)劳动者对工作环境的新要求促进就业的产业结构转变。

对工作环境的要求越来越高成为当下劳动者的新诉求。早期的制造业岗位存在诸多生产环境恶劣的情况,工厂的生产条件容易让人们联想到充满危险和不够整洁。同时很多的生产型企业分布在城市的郊区,周围缺乏丰富的城市生活。在早期制造业发展背景下,人们的生存压力较大,劳动力供给丰富,导致这些因素被忽略。但是随时社会经济环境的改善,人们生活水平的提高,传统工厂的作业环境很难再吸引劳动者。在制造业岗位的收入没有大幅提升的情况下,人们不再愿意承担安全风险、健康风险从事枯燥单调的生产操作,导致企业不得不进行生产环境的改善或者进行机器人替代。与此相反的是服务业工作环境的改善与提高,无论是新型服务业还是传统服务业,从业者生活在城市的中心,享受着城市发展带来的便利,不用面临工厂操作的危险与风险,使劳动者更愿意从事服务业。在此背景下,企业使用工业机器人进行生产应运而生。

(3)区域经济的发展导致劳动者就业的区域结构和产业结构的转变。

早期区域经济发展的不协调也导致了制造业劳动者的流动。如前面的分析,早期东北地区制造人劳动者流失严重,而东部沿海地区的劳动者逐渐增加,劳动者不断聚集到经济更加发达的地区就业。这一趋势也反映在中、西部地区对东部沿海地区的劳务输出，尤其是河南、湖北、江西、四川、广西等地的劳动者在东南沿海地区大量聚集，为珠三角等地提供了大量的劳动力，使得当地制造业的劳动力供给非常充沛。但是随着近年来内地经济的崛起，中、西部地区的经济活力开始逐步提升，大量的工作岗位开始出现，以前"东南飞"的劳动者开始逐渐回流到老家开展各类工作，这导致东南沿海等地的制造业劳动者供给大量减少。因为制造业的产业转移以及内地服务业的发展，回流的劳动者很大一部分流出了制造业，转而从事更多样化的服务业岗位工作，使服务业就业人口不断增加。这一区域经济发展的变动过程导致劳动者的区域结构和产业结构发生了较大转变。

（4）生活成本提高影响就业的产业结构转变。

生活成本的上升对劳动者的流动也有巨大影响。经济社会的发展使得人们的生活成本逐步提高，为了改善生活条件，人们更愿意从事高附加值的工作，服务业的发展恰恰满足了劳动者的这一需求。与制造业的固定工资相比，服务业更加灵活多变，为劳动者创造更多的收入提供了可能。以新型服务业的快递骑手为例，多劳多得成为行业的特征，努力工作获得的收入有可能高于在传统制造业岗位获得的收入，这对劳动者有着很大的激励作用，使得劳动者更愿意从事这样的工作。但是反观制造业，大部分行业的利润空间波动不大，导致企业对生产成本的控制较为严格，在这种情况下劳动者的工资弹性较小，劳动者长期工作的意愿不强，劳动者自然会由制造业转移到服务业，企业将不得不选择使用工业机器人进行替代。

随着技术进步，工业机器人的价格开始下降，大部分企业使用机器人进行生产具备了成本的可行性，与劳动者的工资不断上升形成对比的是机器人的价格在不断下降，在这一趋势下，工业机器人替代开始越来越普遍。以上几方面劳动者就业特征的变化都会不同程度导致当下劳动者就业的产业结构、区域结构发生较大转变，这一转变对制造业劳动力的供给形成了巨大的挑战，也造成了就业的真空。在此情形下，工业机器人的出现有效填补了就业的空白，稳定了制造业的发展，同时工业机器人的应用也促进了劳动者技能结构的转变。由此可见，工业机器人在劳动者就业结构的转变中意义非常重大。

10.3 本章小结

在前两章有关工业"机器人替代"对就业影响分析的基础之上，本章进一步对机器人替代现象背后的根本原因进行了深入剖析，对"机器人替代"背后的深层次推动力量进行了理论和实证研究，发现快速发展的服务业等第三产业吸纳了很大一部分制造业的劳动者，对制造业就业产生了一定冲击，而劳动力成本上升也是促进企业进行机器人替代的关键因素。本书认为导致企业使用工业机器人替代人工进行生产的原因主要来自三个方面：一是工业机器人能够完成人工无法胜任的工作，二是企业面临"招工难""用工荒"等劳动力短缺问题的困扰，三是企业面临"用工贵"的问题。劳动力成本上升从侧面反映出社会经济的发展与社会总需求和总产出的增加，因此"机器人替代"是劳动力结构调整和劳动力成本上升等多种因素作用下的综合效应。最后本章总结发现工业机器人对中国制造业产业升级意义重大，一方面推动制造业提质增效，另一方面衔接了劳动力结构转移的空白，有力推进和稳定了制造业的发展。在区域的就业结构发生大的转变时，会对制造业劳动力的供给形成巨大挑战，造成就业真空。工业机器人的出现有效地填补了就业空白，也促进了劳动者技能结构的转变。

第 11 章　工业机器人促进经济高质量增长的机制分析

工业机器人作为智能制造的典型体现,在促进就业结构转变的过程中也促进了经济的发展。以工业机器人应用为代表的智能制造作为制造业产业转型升级的高级形态,是先进制造发展的方向。智能化的生产方式相对于传统自动化、半自动化或者人工的生产方式具有较强的比较优势:一方面推动了企业的技术进步,拓展了生产可能性边界;另一方面提高了技术效率,降低了成本,减少了污染物的排放,实现了可持续发展。

随着人工智能技术的应用与渗透,智能制造已经成为中国制造业发展的新常态。《中国制造2025》的国家行动纲领提出要以信息化与工业化的两化融合为主线,以推进智能制造为主攻方向,实现中国制造业由大变强的历史跨越。"党的十九届五中全会"进一步指出,要坚持把发展经济的着力点放在实体经济上,要推动互联网、大数据、人工智能等同各产业深度融合,推动先进制造业集群发展。因此,深入推进实施智能制造已经成为我国"十四五"期间的一项重大国策。当前中国制造业智能化的发展程度如何?智能制造的发展对我国经济增长的作用与贡献怎样?是我们需要及时分析并回答的问题。习近平总书记在党的十九大会议上强调,中国经济已由高速增长阶段转向高质量发展阶段,实现中国经济的高质量增长是发展智能制造等现代产业体系的根本目标。智能制造正在成为推进供给侧结构性改革的新动能,振兴实体经济的新机遇,建设制造强国和质量强国的新引擎。因此深入分析当前中国智能制造的发展现状及其对经济高质量增长的影响意义重大,一方面为全面理解制造业智能化对经济高质量增长的贡献建立坚实的理论基础,另一方面为推进中国"十四五"时期智能制造相关政策的优化与实施提供翔实的现实依据。本章将在有关工业机器人影响就业的分析基础之上，进一步就其影响经济高质量增长的情况进行理论和实证分析。

11.1 制造业智能化促进经济增长的理论分析

智能制造作为制造业产业转型升级的高级形态，是先进制造发展的方向。智能化的生产方式相对于传统自动化、半自动化或者人工的生产方式具有较强的比较优势：一方面推动了企业的技术进步，拓展了生产可能性边界；另一方面提高了技术效率，降低了成本，减少了污染物的排放，实现了可持续发展。

11.1.1 制造业智能化推动了技术进步，拓展了企业生产可能性边界

制造业智能化改造过程是利用智能设备对传统设备进行升级的过程，是利用智能的生产方式对传统生产方式进行替代的过程。随着物联网、5G、人工智能、数字孪生等科技的发展，计算机的算力和算法都获得了大幅提升，传统制造业的数字化发展也带来了海量数据。三者的日益融合逐渐形成了以"数据+算力+算法"为核心的智能制造技术体系。智能经济背景下对大数据、算力与算法的深度应用大幅提高了企业生产决策的智能化水平，使得企业具有更多的生产可能性。

（1）产能提升。在大批量生产情况下，传统企业的自动化流水线具有较强的优势，但在小批量多转换的生产需求下，传统生产线的停机损失较大。智能制造的柔性生产线能快速满足小批量多转换的生产需求，基于智能决策系统可以节省大量的转换时间，提升企业的产能。在遇到设备故障或者生产参数偏误的情况下传统自动化生产线只能被动应对，而智能设备基于大数据的机器学习算法可以提前预知设备故障的发生，从而有效降低故障损失。

（2）质量改善。基于生产过程中积累的大量数据，企业可以基于生产经验建立模拟生产过程的算法模型，通过机器学习系统对大数据中的生产

规律进行模拟,然后再将模拟结果与生产经验进行比对,进而有效改进生产过程的参数,获得更高的良品率。

（3）产品创新。传统的生产方式多是基于客户的批量要求进行标准化生产,随着智能制造的发展,智能的生产方式将基于客户多样化的需求进行个性化定制,需要企业能够进行创新型产品的开发。基于对客户多样化需求的智能分析,驱动生产端的个性化产品开发,使得智能制造企业可以快速生产出不同款式的创新产品,因此智能制造加上智能的客户反馈系统将提升企业的产品创新能力。基于产能的提升、质量的改善与产品创新,智能化工厂的生产可能性边界获得极大拓展,单位智能资本比传统资本的产出得到较大提升,智能企业的资本投资回报提高,资本积累不断深化。在智能企业技术进步的影响下,智能企业的资本产出、劳动产出和全要素生产率都将获得提升,从而促进经济高质量增长。

11.1.2 制造业智能化提高了技术效率,实现了可持续发展

制造业智能化对经济高质量增长的另一贡献在于其提高了生产过程中各类资源的利用效率,从而降低企业的生产成本,减少生产过程中污染物的排放。企业通过构建智能制造的一体化服务平台,能够促进各类资源要素的有效配置,协调企业内部和外部各部门在信息流、物料流、资金流和人力资源等各方面的高效配置,提升企业的运营效率和管理水平。一方面就生产成本而言,传统企业生产过程中的资源浪费与成本高企很大一部分源自于产业链供应链衔接中的效率损失或企业与部门间交易成本的上升。而基于大数据、区块链和智能算法的智能生产系统可以有效改善传统生产系统中的交易障碍,如信息不对称、买卖博弈等,从而将生产过程中的各类损失与成本降到最低。另一方面就污染物排放而言,诸多企业在既定的生产工艺下,对多年来形成的生产参数产生了既定的路径依赖,单纯依靠工人的生产经验很难再进一步提升。尤其是在部分复杂、有害和特殊的工作环境下,尝试进一步改善生产参数的实验条件很难搭建,因此企业废弃物排放难以改善。通过引进智能化的生产决策系统可以有效改善这一现状。比如,恒逸石化作为是一家大型化纤生产企业,利用物联网技术

准确获得工厂喷煤到产出蒸汽整个流程中的大量数据，然后通过工业大脑构建生产过程的优化模型进行模拟计算，准确实时预测蒸汽量，并向燃煤工程师推荐最优燃煤工艺参数指导实际生产，最终每年降低燃煤消耗4%左右。由此可见，通过智能化生产方式的引进，企业能够大幅提升生产的技术效率，降低生产成本，减少污染物排放，实现了可持续发展与绿色发展，在促进全要素生产率提升的同时实现生态效益同步，从而促进经济高质量增长。制造业智能化促进经济高质量增长的作用机制如图11-1所示。

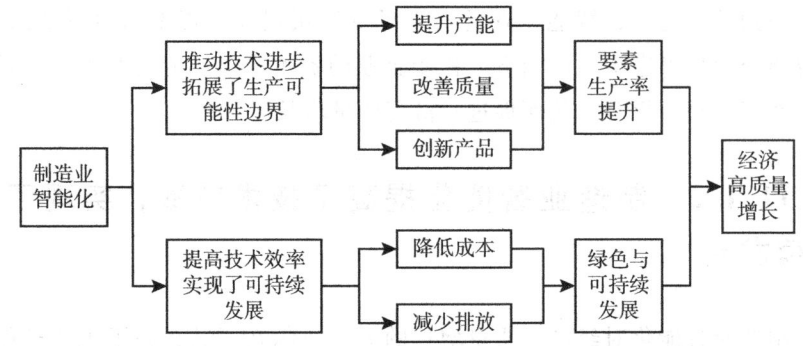

图 11-1　制造业智能化促进经济高质量增长的作用机制

11.2　实证模型与数据分析

本书将基于 2013~2018 年中国 286 个地级市的面板数据，通过构造静态面板模型，对制造业智能化影响中国经济高质量增长的现实情况进行实证分析，并对上述理论机制进行实证检验。参考杨光和侯钰（2020）的分析方法，本书构建如下计量模型：

$$Productivity_{it} = \beta_0 + \beta_1 Rob_{it} + \sum_k \beta_k X_{it}^k + \mu_{it} + \lambda_{it} + \varepsilon_{it} \quad (11.1)$$

其中下标 i 表示不同的地区（本书为地级市），下标 t 表示不同的年份（本书为 2013~2018 年），β 表示不同变量的影响系数。其他各参数的含义、计算方法与数据来源分别如下。

11.2.1 被解释变量

Productivity 表示各地区经济高质量增长的衡量指标，是本书的被解释变量。如前分析，为了能够对各地区的经济高质量增长情况进行详细刻画，本书分别选择全要素生产率、绿色全要素生产率和劳动生产率三个指标进行描述。其中全要素生产率衡量经济增长的综合水平，绿色全要素生产率衡量经济增长的可持续发展程度，劳动生产率则衡量劳动者的产出效率。鉴于制造业智能化的发展首先影响制造业产业的变化，因此以制造业数据为基准进行生产率的计算将最为显著，但限于制造业数据的匮乏，本书以第二产业的数据进行替代，相关数据均来自《中国城市统计年鉴》。各指标计算中进一步的数据选取计算方法说明如下：

（1）全要素生产率。全要素生产率的计算基于非径向非角度的 DEA—SBM 模型，结合 Malmquist 指数方法进行测算。产出变量为各地级市第二产业的地区生产总值，投入变量分别为各地区的资本存量以及从业人员数量。其中资本存量以规模以上企业固定资产合计为代理变量进行计算，从业人员数量以城镇单位从业人员数量为代理变量进行计算，此外产出和固定资产均以 2012 年为基期进行平减。

（2）绿色全要素生产率。绿色全要素生产率的计算主要考虑了非期望产出和能源投入，计算方法依然是基于非径向非角度的 DEA—SBM 模型，结合 Malmquist 指数方法进行测算。其中非期望产出包括制造业废水排放量、制造业二氧化硫排放量和制造业烟尘粉尘排放量，能源投入以各地区的制造业用电量为代理变量进行计算。

（3）劳动生产率。劳动生产率的计算以各地区第二产业的生产总值除以第二产业从业人员数量进行表示。在实证分析中，劳动生产率将被作为全要素生产率的替代变量进行稳健性检验，计算中取对数代入计算。

11.2.2 核心解释变量

本书的核心解释变量是以工业机器人为代理变量表示的制造业智能化程度。具体而言，以每个地区制造业工业机器人的分布密度，即千人机器人拥有量，进行衡量。其中工业机器人数据来源于世界机器人联合会提供的制造业机器人统计数据，制造业就业人口数据来自《中国城市统计年鉴》。但 IFR 的统计数据只包含全国层面的机器人总数，没有细分到地级市的数据，为此本书借鉴阿西莫格鲁和雷斯特雷波（Acemoglu and Restrepo, 2017）以及多思（Dauth, 2018）的计算方法，通过构造每个地级市机器人的分布权重进行测算。首先假设每个行业的工业机器人分布密度在不同地区保持一致，然后以每个地区不同行业的就业人员比重作为权重进行加权平均，即可得到不同地区的制造业机器人分布密度。计算公式如下所示。

$$ETR_{st} = \sum_{j \in H} \frac{R_j^t}{L_j^t} \frac{L_{sj}^t}{L_s^t} \quad (11.2)$$

其中 ETR 表示机器人的分布密度，下标 s 表示不同的地级市，下标 t 表示不同的年份，j 表示不同的行业，H 表示所有行业的集合。式中 R_j^t 表示 t 时期 j 行业的工业机器人数量，L_j^t 表示 t 时期 j 行业全国就业总人数，因此 $\frac{R_j^t}{L_j^t}$ 表示 t 时期 j 行业全国层面的工业机器人分布密度。L_{sj}^t 表示 t 时期 s 城市 j 行业的就业者数量，L_s^t 表示 t 时期 s 城市的就业者总数，因此 $\frac{L_{sj}^t}{L_s^t}$ 表示 t 时期 s 城市 j 行业就业人员比例，即为权重。将 s 城市所有相关行业的工业机器人分布密度加总即可得到 t 时期 s 城市的工业机器人分布密度。

11.2.3 控制变量

有关控制变量的选择，参考宋旭光和左马华青（2019）以及刘亮等（2020）等的研究方法，本书主要考虑以下几个方面的影响，分别是：①地区产业结构（STRUC），本书以第二产业产出占地区 GDP 的比重进行衡量；②外商投资技术溢出的影响（FDI），本书以实际使用外资额度进行衡量，实证中取对数进行计算；③经济开放程度（OPEN），本书以进出口贸易总额占地区 GDP 的比重进行衡量；④政府对市场的干预程度（GOV），本书以政府一般预算支出占地区 GDP 的比重进行衡量；⑤人力资本（HUM），本书以专科以上受教育人数占总人口的比重进行衡量；⑥基础设

施 (*BASE*),本书以全市公路里程数进行衡量。以上数据均来自《中国城市统计年鉴》,其中外资资额、贸易额、预算支出和地方 *GDP* 等均以 2012 年为基期进行平减。相关数据的描述性统计如表 11.1 所示。

表 11.1　　　　　　　　　　数据的描述性统计

变量	定义	均值	最大值	最小值
TFP	全要素生产率	1.037	7.769	0.203
GTFP	绿色全要素生产率	1.053	9.392	0.126
LP	劳动生产率	3.739	5.428	2.201
ETR	制造业智能化水平	1.395	8.223	0.067
FDI	外商投资技术溢出	9.987	14.888	−0.054
STRUC	地区产业结构	0.455	0.755	0.000
OPEN	经济开放程度	0.209	9.558	0.000
GOV	政府干预程度	0.183	0.794	0.014
HUM	人力资本	11.241	14.092	7.545
BASE	基础设施	7.172	9.922	4.190

11.3　实证分析

在进行回归分析之前,我们首先需要通过 Hausman 检验对回归模型进行筛选以确定回归计算的方法。Hausman 检验值为 328.15,P 值为 0.00,因此应当选择固定效应模型进行分析,以下计算均基于固定效应进行回归。

11.3.1　基本回归

本书首先以全要素生产率为被解释变量进行计算,回归结果如表 11.2 所示。

表 11.2　　　　　　　　　　　　基本回归结果

自变量	(1)	(2)	(3)	(4)	(5)	(6)	(7)
ETR	0.145 *** (0.0204)	0.125 *** (0.0105)	0.163 *** (0.0126)	0.162 *** (0.0124)	0.163 *** (0.0122)	0.162 *** (0.0122)	0.146 *** (0.0118)
FDI		0.00235 (0.00720)	-0.00872 (0.00671)	-0.00820 (0.00669)	-0.00693 (0.00651)	-0.00702 (0.00649)	-0.00676 (0.00646)
STRUC			1.892 *** (0.223)	1.893 *** (0.221)	1.943 *** (0.224)	1.942 *** (0.224)	2.011 *** (0.222)
OPEN				0.0439 (0.0355)	0.0444 (0.0360)	0.0443 (0.0359)	0.0417 (0.0338)
GOV					0.283 ** (0.132)	0.285 ** (0.132)	0.208 (0.129)
HUM						-0.0296 (0.0910)	-0.0195 (0.0878)
BASE							0.190 *** (0.0632)
CONS	0.835 *** (0.0285)	0.839 *** (0.0770)	0.0333 (0.107)	0.0195 (0.111)	-0.0692 (0.119)	0.267 (1.022)	-1.214 (1.069)
样本量	1430	1346	1346	1346	1346	1346	1346
R^2	0.144	0.163	0.249	0.252	0.255	0.255	0.270

注：括号内为 t 值；*** 、** 分别表示 1%、5% 的显著性水平。

由上述回归结果可知，制造业智能化对全要素生产率提升存在显著的正效应，即制造业智能化提升一个百分点，全要素生产率提升 14.6%，且在 1% 水平上显著。不考虑控制变量与考虑全部控制变量的两种情况下，制造业智能化的影响系数差别不大。在逐步增加控制变量之后可以发现，产业机构以及基础设施两个变量对全要素生产率提升均存在显著的正向影响；而外商投资的技术溢出、对外开放程度以及人力资本对全要素生产率提升的影响不显著；政府对市场的干预在不考虑基础设施的情况下影响显著为正，在统筹考虑下影响不显著。基本回归的结果揭示了制造业智能化与全要素生产率提升的作用关系与效应程度，不过回归的结果因为内生性问题存在偏差。回归中的内生性问题主要表现在制造业智能化与全要素生产率之间的双向因果关系，因为制造业智能化会影响全要素生产率的变化，但同时全要素生产率的提升会使企业意识到智能化改造的价值，进一步刺激企业增加智能资本的投资，从而采用更多的智能化设备进行生产，形成双向影响。为此，本书将采用工具变量法对这一内生性问题进行处理。

11.3.2 内生性处理

本章选取滞后一期的制造业智能化指标作为工具变量来应对内生性问题。滞后一期的智能化变量与当期变量存在较强的关联度，满足了工具变量的"相关性"原则。同时当期全要素生产率的变化对上一期制造业智能化的程度不产生影响，避免了双向因果关系，也满足了工具变量的"外生性"原则，因此该工具变量的选择具有较强的合理性。后续本书将进一步对该工具变量的适用性进行检验。在确定工具变量之后，将采用IV-2SLS法对其影响结果进行计算，相关回归结果如表11.3所示。

表11.3　IV-2SLS 回归结果

自变量	(1)	(2)	(3)	(4)	(5)	(6)	(7)
ETR	0.144*** (0.0176)	0.128*** (0.0104)	0.166*** (0.0128)	0.165*** (0.0127)	0.166*** (0.0125)	0.165*** (0.0125)	0.150*** (0.0124)
FDI		0.00267 (0.00717)	-0.00854 (0.00668)	-0.00802 (0.00667)	-0.00676 (0.00649)	-0.00684 (0.00646)	-0.00658 (0.00644)
STRUC			1.915*** (0.228)	1.917*** (0.226)	1.965*** (0.229)	1.964*** (0.229)	2.031*** (0.226)
OPEN				0.0435 (0.0355)	0.0440 (0.0361)	0.0440 (0.0360)	0.0414 (0.0339)
GOV					0.286** (0.132)	0.288** (0.133)	0.213 (0.131)
HUM						-0.0283 (0.0910)	-0.0185 (0.0878)
BASE							0.184*** (0.0637)
CONS	0.836*** (0.0245)	0.832*** (0.0762)	0.0163 (0.109)	0.00244 (0.113)	-0.0859 (0.122)	0.236 (1.027)	-1.204 (1.064)
样本量	1430	1346	1346	1346	1346	1346	1346

续表

自变量	(1)	(2)	(3)	(4)	(5)	(6)	(7)
Anderson canon. corr. LM 统计量				1000.170		[0.0000]	
Cragg – Donald Wald F 统计量				17000			
Stock – Yogo weak IV test 临界值				10%偏误		16.38	
				15%偏误		8.96	
				20%偏误		6.66	
				25%偏误		5.53	

注：括号内为 t 值；***、** 分别表示 1%、5%的显著性水平；中括号内为 P 值。

首先，由工具变量的检验结果可见，Anderson canon. corr. LM 统计量为 1000.170，在 1%显著性水平上拒绝"工具变量识别不足"的原假设，表明我们选取的工具变量不存在"不可识别"问题；Cragg – Donald Wald F 统计量为 17000，大于 10%偏误下的 Stock – Yogo weak IV test 临界值 16.38，表明本章选取的工具变量不存在"弱工具变量"问题；同时，本章选取的工具变量是滞后一期的参数，不存在过度识别问题，综上可见我们选取的工具变量是有效的。其次，由上述回归结果可知，制造业智能化对全要素生产率的影响显著为正。在处理了内生性问题之后，相关影响程度几乎保持不变，即制造业智能化提升一个百分点，全要素生产率提升 15%，结果在 1%水平上显著。各控制变量的影响程度与基本回归类似，产业机构与基础设施对全要素生产率提升存在显著的正向影响；而外商投资的技术溢出、对外开放程度以及人力资本对全要素生产率提升的影响不显著。各变量的影响系数与基本回归的结果差异不大。在总体回归之后，本章将进一步对制造业智能化影响全要素生产率的作用机制进行分析检验。

11.3.3 稳健性检验

为了考察智能化对经济增长影响的普遍性，本部分进一步对智能化的作用进行稳健性检验。由前面的分析可知，制造业智能化能够促进全要素生产率的提升，加速资本积累和对低技能劳动者的替代，因此智能化影响的一个必然结果是提高劳动的生产率。现有研究也证实，人工智能的发展与应用将促进劳动力结构升级,提高劳动生产率。因此本部分将以劳动生产率作为全要素生产率的替代变量,进一步对智能化影响劳动生产率的结果进行定量分析,从而开展稳健性检验。以第二产业劳动者的人均产出作为劳动生产率的指标,依然采用IV-2SLS分析方法,相关分析结果如表11.4所示。

表11.4 制造业智能化对劳动生产率影响的回归结果

自变量	(1)	(2)	(3)	(4)	(5)	(6)	(7)
ETR	0.106*** (0.00751)	0.105*** (0.00770)	0.145*** (0.00970)	0.145*** (0.00964)	0.146*** (0.00928)	0.147*** (0.00930)	0.138*** (0.00970)
FDI		0.00209 (0.00744)	-0.00967 (0.00619)	-0.00953 (0.00621)	-0.00719 (0.00561)	-0.00715 (0.00563)	-0.00702 (0.00549)
STRUC			2.009*** (0.172)	2.009*** (0.172)	2.099*** (0.167)	2.100*** (0.167)	2.136*** (0.164)
OPEN				0.0120 (0.0177)	0.0130 (0.0186)	0.0130 (0.0186)	0.0117 (0.0176)
GOV					0.528*** (0.100)	0.527*** (0.101)	0.486*** (0.0989)
HUM						0.0109 (0.0577)	0.0162 (0.0559)
BASE							0.1000*** (0.0337)
CONS	3.591*** (0.0105)	3.580*** (0.0766)	2.724*** (0.0887)	2.720*** (0.0901)	2.557*** (0.0912)	2.433*** (0.651)	1.652** (0.653)
样本量	1430	1346	1346	1346	1346	1346	1346

注:括号内为t值;***、**分别表示1%、5%的显著性水平。

由上述回归结果可见,制造业智能化对劳动生产率存在显著的正影响,在不考虑控制变量的情况下,制造业智能化的影响系数为10.6%,且结果在1%水平上显著,这意味着制造业智能化的程度每提高一个百分点,第二产业的劳动者人均产出将提高13.8%。在不断增加控制变量的过程中,制造业智能化的影响系数略有增加,考虑全部控制变量的情况下,影响系数变为13.8%,结果依然在1%水平上显著。由控制变量的影响系数可知,产业结构、政府对市场的干预以及基础设施对劳动生产率均有显著的正影响,而外商投资的技术溢出、对外开放以及人力资本对劳动生产率的影响不显著，相关结论与此前关于全要素生产率的分析较为类似。由此可见，制造业智能化的发展对全要素生产率以及劳动生产率的提升有类似的促进作用，本书的回归结果较为稳健。

11.3.4 制造业智能化影响全要素生产率的效应与机制分析

为了研究制造业智能化对全要素生产率的影响机制，本书基于全局曼奎斯特指数（GML），将全要素生产率细分为六个维度，分别是技术效率（EC）、技术进步（TC）、纯技术效率（PEC）、纯技术进步（PTC）、规模效率（SEC）和规模技术（STC）等。依然采用 IV-2SLS 方法对制造业智能化的影响进行计算，分别以 TFP 和以上六个技术维度作为被解释变量进行计算，相关的回归结果如表 11.5 所示。

表 11.5　制造业智能化影响全要素生产率的效应与机制分析

自变量	TFP	EC	TC	PEC	PTC	SEC	STC
ETR	0.150*** (0.0124)	-0.00584 (0.0103)	0.165*** (0.00975)	0.0336*** (0.00982)	0.115*** (0.00827)	-0.0362*** (0.00564)	0.0421*** (0.00591)
FDI	-0.00658 (0.00644)	0.00646 (0.00691)	-0.0119* (0.00611)	0.0103 (0.00692)	-0.0161*** (0.00554)	-0.00409 (0.00269)	0.00485 (0.00359)
STRUC	2.031*** (0.226)	2.434*** (0.174)	-0.916*** (0.155)	2.754*** (0.165)	-0.953*** (0.158)	-0.202** (0.0788)	0.0300 (0.106)
OPEN	0.0414 (0.0339)	-0.0399*** (0.0130)	0.0968*** (0.0362)	0.0108 (0.0140)	0.0273 (0.0197)	-0.0476*** (0.0176)	0.0677*** (0.0228)
GOV	0.213 (0.131)	-0.0832 (0.166)	0.372** (0.161)	-0.289** (0.123)	0.640*** (0.114)	0.225** (0.0989)	-0.190** (0.0950)
HUM	-0.0185 (0.0878)	0.0518 (0.0724)	-0.0824 (0.0543)	0.0466 (0.0708)	-0.0703 (0.0553)	-7.76e-05 (0.0214)	0.00362 (0.0362)
BASE	0.184*** (0.0637)	-0.0309 (0.0503)	0.194*** (0.0391)	0.0199 (0.0564)	0.191*** (0.0340)	-0.0408** (0.0166)	-0.00685 (0.0211)
CONS	-1.204 (1.064)	-0.546 (0.842)	0.855 (0.692)	-1.007 (0.864)	0.759 (0.690)	1.397*** (0.260)	0.986** (0.426)
样本量	1346	1346	1346	1346	1346	1346	1346

注：括号内为 t 值；***、**、* 分别表示 1%、5%、10% 的显著性水平。

由上述回归结果可见,从技术效率和技术进步的角度看,制造业智能化促进全要素生产率提升的作用机制主要来自于技术进步,制造业智能化程度提高一个百分点,技术进步水平则提高 16.5%,结果在 1% 水平上显著。与此同时,技术效率的影响则微乎其微,且结果不显著。这说明智能化手段在制造业领域的应用改变了原来的技术生产方式,提升了企业的生产技术前沿,拓展了企业的生产可能性边界,使全要素生产率获得提升。进一步将技术进步(TC)分解为纯技术进步(PTC)和规模技术(STC)发现,技术进步的影响主要来自纯技术进步,影响系数为 11.5%,且在 1% 水平上显著,其对全要素生产率提升的贡献占比为 70%,而规模技术的占比仅为 30%。同时将技术效率(EC)分解为纯技术效率(PEC)和规模效率(SEC)。由回归结果可见,纯技术效率的影响为正,影响系数为 3.36%,且在 1% 水平上显著;而规模效率的影响为负,影响系数为 -3.62%,结果在 1% 水平显著,纯技术效率和规模效率的影响效应相反,强度相当,最终导致技术效率的影响不显著。这说明制造业智能化促进了企业纯技术效率的改进,但是因为规模无效率的影响,导致企业内纯技术效率的贡献被抵消,因此在实施制造业智能化的过程中需要进一步消除因规模无效带来的负面影响,以提升智能化对全要素生产率的影响。同时要鼓励智能制造前沿技术的研发,通过提升企业生产技术水平从而促进企业全要素生产率的提升。

11.3.5 制造业智能化影响绿色全要素生产率的效应与机制分析

经济高质量发展除了要实现全要素生产率提升外,还要追求可持续发展,实现绿色发展,因此在考虑资源约束的情况下进一步研究制造业智能化对经济增长的影响尤为重要。为此,本部分进一步以绿色全要素生产率($GTFP$)为被解释变量,分析资源约束条件下制造业智能化对全要素生产率的影响。为了对比分析其作用机制,本书依然基于 GML 指数,将绿色全要素生产率($GTFP$)分解为六个部分,即绿色技术效率(GEC)、绿色技术进步(GTC)、绿色纯技术效率($GPEC$)、绿色纯技术进步($GPTC$)、绿色规模效率($GSEC$)和绿色规模技术($GSTC$),采用 IV-2SLS 分析法,对影响结果进行回归分析,相关分析结果如表 11.6 所示。

表 11.6　制造业智能化影响绿色全要素生产率的效应与机制分析

自变量	GTFP	GEC	GTC	GPEC	GPTC	GSEC	GSTC
ETR	0.117*** (0.0152)	0.122*** (0.0189)	−0.00398 (0.0101)	0.109*** (0.0207)	0.00354 (0.0136)	0.0270* (0.0143)	0.000869 (0.00970)
FDI	−0.0108 (0.00988)	0.0115 (0.0116)	−0.0226*** (0.00651)	0.0336* (0.0199)	−0.0294*** (0.00948)	−0.0121 (0.00911)	0.0110 (0.0104)
STRUC	2.302*** (0.235)	3.031*** (0.266)	−0.661*** (0.156)	2.263*** (0.249)	−0.124 (0.197)	0.987*** (0.287)	−0.474*** (0.177)
OPEN	0.00725 (0.0201)	0.00513 (0.0236)	−0.00492 (0.0116)	−0.0174 (0.0203)	−0.0192 (0.0214)	0.0427 (0.0478)	0.0183 (0.0201)
GOV	−0.198 (0.187)	0.0202 (0.229)	−0.0354 (0.187)	−0.513* (0.263)	0.165 (0.197)	0.586*** (0.160)	−0.231 (0.170)
HUM	−0.0378 (0.122)	−0.0633 (0.121)	0.0247 (0.0636)	0.00928 (0.114)	−0.0815 (0.0697)	−0.0576 (0.0846)	0.114 (0.0745)
BASE	0.0861 (0.0917)	−0.0416 (0.0856)	0.0953** (0.0459)	−0.109 (0.130)	0.0598 (0.0576)	0.0534 (0.0526)	0.0247 (0.0324)
CONS	−0.216 (1.600)	0.405 (1.593)	0.593 (0.835)	0.323 (1.687)	1.822** (0.840)	0.805 (0.972)	−0.291 (0.861)
样本量	1346	1346	1346	1346	1346	1346	1346

注:括号内为 t 值;***、**、* 分别表示1%、5%、10%的显著性水平。

由上述回归结果可见,制造业智能化对绿色全要素生产率的影响显著为正,影响系数为11.7%,结果在1%水平上显著。与不考虑资源约束条件下的全要素生产率相比,影响程度有所下降。就其影响机制而言,与不考虑资源约束条件下的全要素生产率相比差异较大。制造业智能化对绿色全要素生产率的影响主要来自于技术效率,影响系数为12.2%,结果在1%水平显著,而技术进步的影响甚微,且结果不显著。进一步将绿色技术效率(GEC)分解为绿色纯技术效率(GPEC)和绿色规模效率(GSEC),分析结果可见,绿色纯技术效率的贡献较大,影响系数为10.9%,且在1%水平上显著,而绿色规模效率的影响系数仅为2.7%,且结果在10%水平显著。由上述分析可见,在绿色发展的要求下,制造业智能化通过促进企业绿色纯技术效率的提升,进而拉动了企业绿色全要素生产率的增长。智能化改善了企业的生产状况,提升了生产要素的利用效率,既促进了产出的增加,又控制了污染物的排放。进一步将绿色技术进步(GTC)分解为绿色纯技术进步($GPTC$)和绿色规模技术($GSTC$),分析结果可知,两者对绿色全要素生产率的贡献均微乎其微,且不显著。上述分析表明,制造业智能化带来的技术进步不能提高企业的绿色全要素生产率,即企业生产前沿的改变对企业绿色发展作用甚微。因此,要实现企业的绿色发展,必须在提高企业的生产效率上下功夫,努力改善企业生产要素的利用效率,通过智能化方式促进资源的优化配置以达到提升企业绿色全要素生产率目的。

11.3.6 制造业智能化影响全要素生产率与绿色全要素生产率的区域异质性分析

进一步,本部分就智能化对全要素生产率与绿色全要素生产率影响的区域异质性进行对比分析。我们将地级市按照其所属的省份不同分为东、中、西和东北4个区域。其中东部地区包括:北京、天津、河北、上海、江苏、浙江、福建、山东、广东和海南等10个省市;中部地区包括:山西、安徽、江西、河南、湖北和湖南6个省份;西部地区包括:内蒙古、广西、重庆、四川、贵州、云南、西藏、陕西、甘肃、青海、宁夏和新疆等12个省市区;东北地区包括:辽宁、吉林和黑龙江3个省份。各个地级市根据上述省份进行一一归并。依然采用 IV-2SLS 分析法,详细的回归结果如表 11.7 所示。

表 11.7 制造业智能化影响全要素生产率与绿色全要素生产率的区域异质性分析

自变量	TFP				GTFP			
	东部	中部	西部	东北	东部	中部	西部	东北
ETR	0.102*** (0.0132)	0.165*** (0.0222)	0.189*** (0.0349)	0.353*** (0.0616)	0.101*** (0.0194)	0.0970*** (0.0267)	0.0981 (0.0624)	0.366*** (0.0598)
FDI	-0.0216 (0.0276)	-0.00395 (0.0572)	-0.00655 (0.00713)	0.0122 (0.0154)	-0.0244 (0.0364)	-0.0385 (0.0409)	-0.0114 (0.0134)	0.0346 (0.0216)
$STRUC$	1.173** (0.499)	1.712*** (0.362)	2.314*** (0.291)	3.238*** (0.520)	1.314* (0.783)	1.474*** (0.329)	2.621*** (0.347)	3.538*** (0.543)
$OPEN$	0.0184 (0.0231)	-0.00274 (0.0953)	0.0587*** (0.0142)	0.708 (0.512)	-0.0137 (0.00980)	-0.165 (0.109)	0.0190 (0.0245)	0.613 (0.519)

续表

自变量	TFP				GTFP			
	东部	中部	西部	东北	东部	中部	西部	东北
GOV	0.271 (0.323)	-1.262** (0.503)	0.0464 (0.195)	0.548* (0.325)	0.239 (0.455)	-1.590*** (0.565)	-0.491* (0.253)	0.491 (0.353)
HUM	0.0148 (0.0745)	-0.0623 (0.204)	-0.0725 (0.0949)	0.148 (0.211)	-0.215 (0.191)	-0.126 (0.201)	0.0540 (0.134)	0.181 (0.259)
BASE	0.228** (0.0921)	0.298** (0.124)	0.0908 (0.122)	0.00215 (0.0945)	0.0923 (0.149)	0.211* (0.118)	-0.0203 (0.286)	0.0220 (0.157)
CONS	-1.410 (1.316)	-1.166 (2.126)	-0.0166 (1.085)	-2.493 (2.411)	2.336 (3.200)	0.850 (2.208)	-0.555 (2.387)	-3.292 (3.119)
样本量	434	394	354	164	434	394	354	164

注：括号内为 t 值；***、**、*分别表示1%、5%、10%的显著性水平。

由上述回归结果可见，无论是在东、中、西还是东北地区，制造业智能化的发展均显著促进了全要素生产率提升，且结果均在1%水平上显著。但是对于不同地区而言，智能化的影响程度略有差异，其中东部地区影响效应最低，系数为10.2%，而中、西和东北地区的影响逐渐增长，尤其是东北地区，影响系数是全国平均值的两倍。不过对于绿色全要素生产率而言，影响结果存在较大差异。智能化对西部地区的绿色全要素生产率影响不显著，同时，对东部地区的影响高于中部地区，且两者的影响系数均低于全要素生产率的影响系数。东北地区依然是影响最强烈的区域，系数为36.6%，甚至高于对全要素生产率的影响。以上实证结果所呈现的特征与本章核心解释变量的参数选择与计算方法有关。本书以工业机器人的分布密度作为智能化的代理变量，该代理变量的统计特征与计算方法与上述实证特征息息相关，主要表现在三个方面：一是工业机器人难以表达智能制造的全部特征。工业机器人是制造业智能化的表现形式之一，不过智能制造的数据体现在大数据、算力和算法三个层面。工业机器人融合了部分智能算法与智能控制系统，但是对诸如以MEMS传感器与边缘计算设备为主的智能化则很难体现，导致工业机器人对智能制造的表达有所欠缺。二是工业机器人的分布密度尚不够高。虽然自2013年以来中国工业机器人的安装量大幅提升，但是就分布密度而言，与美、日、韩等发达国家相距甚远

(吕洁等，2017)，因此以工业机器人为代表的智能化对经济增长的影响还处于逐渐加深的过程。三是工业机器人分布密度的计算受重点行业的影响较大。假设每个行业的工业机器人分布密度在不同的地区保持一致，使工业机器人重点应用行业集聚程度高的地区工业机器人分布权重较高。比如汽车行业是工业机器人的重点应用行业，对汽车行业集聚度较高的地区比如东北地区的吉林省、中部地区的湖北省等工业机器人密度较高，而没有汽车行业集聚的省份则分布密度较低。基于上述三点原因，我们发现东北地区的影响系数偏高，东部地区的影响系数偏低。不过虽然存在区域数据的不协调性，但是在总量层面上该数据对本书的分析结果与研究结论无实质影响，对不同地级市的分析可在智能化数据不断完善的基础上进一步追踪研究。

11.4 本章小结

本书从理论和实证两个方面分别分析了制造业智能化对中国经济高质量增长的影响。在理论层面，智能化的影响表现在两个方面：一方面推动了企业的技术进步，拓展了企业的生产可能性边界，从而实现提高产量、改善质量和创新产品并进而促进全要素生产率的提升和经济的高质量增长；另一方面提高了企业的技术效率，降低了企业的生产成本，减少了企业的污染物排放，从而在促进全要素生产率提升的同时兼顾绿色发展与可持续发展，进而实现了经济高质量增长。在实证层面，本章以工业机器人的分布密度为代理变量模拟制造业智能化的发展，以全要素生产率、绿色全要素生产率和劳动生产率为代理变量表示经济高质量增长，基于 2013 ~ 2018 年中国 286 个地级市的面板数据，实证研究了制造业智能化发展对中国经济高质量增长的影响。研究发现，制造业智能化显著促进了中国第二产业全要素生产率、绿色全要素生产率以及劳动生产率的提升。在机制分析中，本章进一步将全要生产率分为技术效率、技术进步、纯技术效率、纯技术进步、规模效率和规模技术六个维度，深入分析了制造业智能化在资源约束以及无资源约束的情况下对经济高质量增长的影响。研究发现，制造业智能化通过技术进步促进全要素生产率提升，其中纯技术进步的贡献占比70%。而对绿色全要素生产率的影响主要通过技术效率发挥作用，其中纯技术效率的贡献最大。第二产业的结构升级、政府的适当干预以及基础设施建设的改善均有助于促进生产率的提升。本章研究表明，要实现智能化对经济增长的促进作用需要充分促进前沿技术的研发并发挥新技术的带动作用；而要实现创新发展与绿色发展的协调统一，则需要进一步提升企业的规模效率。

基于本章的研究结论，为更好促进中国制造业智能化与经济高质量增长的融合，特提出以下政策建议：第一，大力推进智能制造，促进智能技术与制造业企业的深度融合，实施"智能+"行动方案，鼓励传统企业进行智能化改造，实现产业的智能化。第二，大力鼓励制造业智能化前沿技术的研发与应用，促进人工智能技术的发展及其与产业的深度融合，鼓励企业进行技术创新，通过采用最先进的技术提升全要素生产率。第三，进一步深入实施绿色发展计划，提升企业智能化改造之后的规模效率，在提高企业全要素生产率的同时控制企业污染物的排放，实现创新发展与绿色发展的协调统一。

第12章 结论与政策建议

12.1 研究结论

本书深入研究了工业机器人应用对中国制造业就业的影响，分别从理论和实证两个维度进行了综合分析。本书的研究对认识以工业机器人为代表的新技术进步对劳动力市场的影响意义深远，对中国稳步推进制造业产业升级与实现就业市场稳定具有明确的现实意义。本书的研究内容和结论主要有以下几个方面：

第一，在理论机制层面：本书首先分析了工业机器人应用对制造业就业影响的作用机制。以技术进步的就业效应为研究起点，分析了工业机器人影响就业的效应，发现工业机器人主要通过机械化效应和生产率效应影响就业总量，通过资源的配置效应、分工效应等影响就业结构。进一步基于技术进步偏向和投资专有技术进步视角的分析发现，工业机器人属于技能偏向型的技术进步，其技术进步的偏向型对技能劳动的就业有促进作用。同时工业机器人作为专有设备，在技术进步下相对价格持续下降，从而导致企业采用更多的工业机器人进行生产，最终设备投资逐渐增大，对就业产生抑制作用。其次，本书分析了工业机器人影响就业的新特征，主要表现在四个方面：智能化工业机器人不断促进社会全要素生产率的提升；机器人技术进步的速度越拉越快；工业机器人对人工替代的范围越来越广泛；工业机器人的应用加速了社会资本的积累。最后本书通过建立均衡模型对工业机器人技术进步影响就业的机制进行分析。(1) 中国制造业企业使用第二代工业机器人将对就业产生两种效应：就业破坏效应和就业创造效应。从中国现阶段的实际情况来看,由于低技能劳动者数量庞大,高技能劳动力尤其是从事工业机器人设计与创造的高技能劳动力数量偏少,因此即便是工业机器人会促进对部分高技能劳动者的需求,短期内工业机器人应用带来的就业破坏效应将大于就业创造效应。(2)中国制造业企业使用智能机器人替代第二代工业机器人将对就业产生三种效应:就业破坏效应、就业创造效应和智能机器人的就业挤出效应。相比第二代工业机器人,智能机器人使用范围更加广泛。如果说第二代工业机器人的适用范围还局限于流水线下的简单重复劳动,那么智能机器人的触角已经延伸到更为智能的岗位,即不仅影响中低技能劳动者,也将影响高技能劳动者。因而智能机器人的就业破坏效应和挤出效应相叠加对就业产生的负面影响将更为严重。

第二,在数值模拟方面:本书构建了基于新凯恩斯框架的动态随机一般均衡(DSGE)模型,通过数值模拟分析工业机器人技术进步冲击对中国制造业就业的影响。工业机器人未来的发展速度是非常快速的,对社会生产的生产率的提升将起到巨大的促进作用。但是对未来技术进步的结果我们目前无从得知,因此只能通过对经济环境的模拟对工业机器人技术进步的影响进行模拟分析。在模型构建的过程中本书充分考虑了工业机器人影响就业的新特征,分别将全要素生产率冲击、要素替代冲击和投资转化率冲击等三种冲击纳入模型之中,并通过不同的技术冲击乘数模拟冲击的强弱,从而模拟各类冲击对就业的影响。同时,本书对应对工业机器人技术进步冲击的宏观调控政策进行模拟检验,验证各类财政政策以及货币政策的调控效果。综合模拟研究发现,工业机器人技术进步在短期对就业有促进作用,但是长期将导致就业下降,而劳动者的工资将随着技术进步而提升。短期内,财政政策中政府财政支出政策和资本税政策对稳定就业市场有促进作用,扭曲性的劳动所得税政策对技术冲击无效果。此外,宽松的货币政策对促进就业也有积极的正向作用,但长期来看,财政政策和货币政策均对稳定就业无效,只可作为短期的宏观调控手段。理论部分的研究为理解工业机器人的就业冲击建立了理论基础。

第三,在统计分析方面:本书对中国工业机器人的数据与变动和中国制造业就业的数据与变动情况进行了统计分析。统计发现,中国已经连续七年成为全球最大的工业机器人市场,工业机器人保有量位居世界第一。

第 12 章　结论与政策建议

中国制造业工业机器人密度由 2012 年每千人 1.46 台增加到 2017 年每千人 8.81 台，增长近 6 倍。对于中国制造业就业总量而言，2012 年以后，尤其是近 5 年以来出现持续下滑，减少了 653 万人。对就业的区域结构而言，2013 年之后，除中部地区外，其他地区均出现名下的下降，东部地区减少了 400 万人，东北地区下降了 30%。对就业的技能结构而言，2012 年以来，高技能劳动者的数量呈逐步上升的趋势，低技能劳动者则不断下降，两者的比值由 2012 年的 3.60% 上升到 2018 年 5.06%。对性别结构而言，男、女性别劳动者就业总量比例的变化比较一致，女性受到的冲击比男性稍高一些。以上统计分析初步揭示了工业机器人与制造业就业总量相反的变动趋势以及制造业就业结构的不同趋势，为我们理解工业机器人的影响建立了直观的基础。

第四，在实证研究方面：本书就工业机器人应用对中国制造业就业的影响进行了实证分析。实证数据是以中国 286 个地级市的面板数据为基础，时间跨度为 2013～2017 年。研究中，本书构造了衡量中国工业机器人分布密度的核心解释变量"机器人渗透度"，并计算了全国 286 个地级市的机器人密度。通过计算发现，中国东部地区是目前机器人渗透度最高的地区，东莞、佛山、苏州、惠州等地是机器人重镇，其机器人密度近年来一直保持在领先位置。此后基于该数据，本书构建了针对中国面板数据的实证模型，实证检验了机器人渗透度的变化对制造业就业总量影响，回归中针对模型中存在的内生性问题本书通过工具变量法进行了处理。处理后的研究结果表明，一单位的机器人渗透度的提升将导致中国制造业就业总量下降 3.66 个百分点，即每千人中增加一台机器人将减少就业人数 36.6 人。由此可见，工业机器人应用对中国制造业的就业总量存在显著的负影响。

第五，在对就业总量影响分析的基础之上，本书进一步分析了工业机器人对制造业就业结构的影响，同时在上述分析的基础之上，深入剖析了工业机器人替代背后的深层次推动力量。研究发现，工业机器人对东部地区的劳动者就业有显著的负向影响，对西部和东北地区的就业影响不显著；在行业层面上，工业机器人对各行业就业的负向影响是普遍存在的；在技能层面，对低技能劳动者的就业有显著的负向影响，对高技能劳动者的就业存在正向影响，但是结果不显著；在性别层面，对男、女劳动者的就业均存在显著的负向影响，其中对男性劳动者的影响更大，是对女性影响水平的 4 倍。以上结果表明，工业机器人应用对制造业就业的负向影响是普遍存在的，本书将这一现象称为"机器人替代"现象。随后我们对推动机器人替代的背后深层次因素进行了剖析，发现快速发展的服务业等第三产业吸纳了很大一部分制造业的劳动者，对制造业就业产生了一定的冲击，劳动力成本上升也是企业使用机器人替代的原因之一。因此机器人替代现象是劳动力结构调整和劳动力成本上升等要素推动下的综合效应，工业机器人是这一作用的中间过程。

进一步分析发现，工业机器人在中国制造业产业升级以及劳动力就业结构调整过程中扮演着重要的角色。一方面工业机器人能够实现制造业提质、增效、降成本、减排放的发展目标；另一方面能够有效衔接因为劳动力产业转移而出现的就业空白，因此其对推动中国制造业升级与就业结构协调的意义非常重大。工业机器人在促进劳动者技能结构转变的同时也因为劳动者产业结构的转变而被需要，有力地促进和稳定了制造业的发展。党的"十八大"以来，中央强调以创新驱动发展，实施智能制造是提升中国制造业的整体实体的重要举措，更是实现中国由制造业大国向制造业强国转变的并经之路，在这一背景下，我们应该清晰地认识工业机器人的作用和价值，本书研究揭示工业机器人替代是多方因素的综合效应，因此政府在制定智能制造的产业政策时应根据制造业企业生产需求和劳动力结构灵活安排，实现协调发展。

12.2 政策建议

基于理论分析和实证检验，本书发现工业机器人应用对中国制造业就业存在普遍的负向影响，即"机器人替代"现象。书中对工业机器人的作用机制和过程、影响结果以及背后的深层次推动力量进行了剖析，为我们理解工业机器人的价值以及正确认识工业机器人在中国产业升级以及就业结构调整中的作用提供了依据。基于此，结合当下中国制造业产业升级的需求、就业特点以及工业机器人的发展趋势，本书对推进工业机器人和智能制造的发展以及保障就业市场的稳定提出以下政策建议：

第一，稳步有序推进制造业产业升级，不同地区应因地制宜。本书的

第12章 结论与政策建议

实证研究表明，工业机器人应用对制造业就业存在普遍的负向影响，这一影响的背后既有机器人替代的直接作用，也有就业结构转变的现实趋势。工业机器人的应用既有高质量发展的促进，也有企业面临"招工难""用工荒"的迫切需求。因此对中国的不同地区而言，其面临的产业升级需求和就是结构情况是不一致的，对工业机器人应用的迫切程度存在差异，因此应该考虑在不同的地区稳步推进工业机器人的应用，循序渐进，不可一蹴而就。对于东部沿海地区，特别是类似于东莞、佛山等制造业重镇地区，可以优先实施机器人换人计划，对于内地城市，尤其是制造业主导的地区，在没有劳动力供给短缺的情况下，机器人换人计划的实施需要更加谨慎，地方政府应该结合企业发展的需求和劳动供给情况进行权衡。

第二，大力发展工业机器人、智能装备制造业等产业，提升装备制造业的科技水平。本书研究表明，工业机器人的发展在中国制造业产业升级以及制造业劳动力结构转型过程中扮演着重要的角色，一方面工业机器人等智能装备能够有力地提升制造业的产品质量和生产效率；另一方面能够在制造业人口发生流动以及就业结构发生变化的过程中稳定企业的就业岗位，替代、弥补和延伸人工岗位，支持制造业的稳定发展。同时随着中国制造业产业转型的升级，面向高端产品的竞争必须要有与之匹配的高端装备，否则产品的质量无法保障，中国制造业的国际竞争力也很难提升。面向未来的竞争是高端制造业的竞争，因此必须大力鼓励高端装备的发展。目前中国的工业机器人产业集中度不高，大多数的工业机器人依然依赖于进口，因此可以在工业机器人使用密度最高的区域，结合市场需要建立工业机器人发展的产业集群，集中优势资源快速发展，同时接近市场，根据市场需要快速调整，灵活发展。

第三，大力推进工业机器人国产化，降低工业机器人的使用成本，扩大机器人的使用范围。通过分析可知，促进机器人替代的因素中除了第三产业的发展，还有劳动力成本的上升。目前制造业企业在面临"招工难"的同时更面临"用工贵"的问题，高昂的生产制造升本将大大降低制造业企业的市场竞争力，特别是对于大批量的中小型企业，必须能够推出低成本的工业机器人装备，以促进中小企业的应用。因此实现智能机器人的国产化和低成本化对推动中国制造业产业升级意义重大。此外政府可以考虑给予国产机器人装备生产制造企业以及使用国产设备的企业一定程度的补贴，以弥补这些企业在使用机器人替换人工时所增加的成本，这样能够激励企业使用更多的机器人进行生产，也能够有序引导机器人产业和智能制造业的发展，形成产业集聚、技术的集聚，提升中国制造业产业的整体发展水平。

第四，大力实施劳动者的技能培训，促进劳动者技能升级，使劳动力技能结构与企业用工需求同步。智能制造在替换低技能劳动者的同时也在创造对高技能劳动者的新需求。如果没有足够的高技能劳动者出现，就业市场必将出现结构性失业，这将阻碍机器人的普及以及劳动力市场的动态平衡。一方面政府应引导对被替代的低技能劳动者进行培训再就业，有效弥补高技能劳动者岗位的需求，实现劳动者市场的动态平衡。另一方面需要加大对高技能人才的培养。机器人的应用和机器人产业的发展必将创造对更多高技能岗位的需求，这些岗位的人员不能完全依靠对低技能劳动者的技能培训进行转化，因为有些岗位比如机器人设计、研发、制造人才，一般人员很难适应，必须要培养与之匹配的高技能人才。政府可以结合企业的需求，依托于企业建立机器人操控、维修等相关人才培训基地，快速为机器人使用企业提供高技能的人才，同时也需要针对转岗的劳动者提供多样化的技能培训，尤其针对服务业的发展，要满足服务业多样化的生产需要。

第五，大力发展第三产业，促进劳动者产业结构调整，完善多种就业渠道。劳动者就业的产业结构目前已经发生了巨大的变化，第三产业的用工数量远远超过了第二产业，这一变化趋势是随着社会经济的发展与技术进步而逐渐发生的，在这一大趋势下，政府应该大力促进第三产业的发展，顺应社会和时代发展的趋势，为劳动者提供更多的就业机会。同时，制造业的低技能劳动者在技术进步面前较为脆弱，高技能的劳动者很容易通过转岗实现再就业，但是低技能劳动者因为技能限制很容易发生结构性失业。因此政府需要加强对低技能劳动者进行职业培训，提升其职业技能，以实现从制造业到服务业转移。本书分析表明，服务业的发展将创造大量的就业岗位，而服务业岗位的技能需求是多样化的，比如母婴护理、快递骑手、自媒体、创业者等，有些岗位甚至需要持证上岗，有些则需要一定的知识和技能储备。为此，政府应当积极引导服务业的发展，规范服务业的就业需求，提供多种技能培训，以创造多样化的就业岗位。

第六，针对工业机器人产业的发展和广泛应用，应适时地采用宏观调控政策对工业机器人发展可能带来的冲击进行宏观调控。通过分析可知，工业机器人替代因为多方面的原因可能导致就业的下降，通过积极的财政政策和宽松的货币政策可以在短期内起到刺激的作用，适当的扩大政策财政支出、降低资本税等财政政策和货币政策均有利于社会总产出的扩大，进而促进企业对劳动者的需求，带动社会就业。但是需要注意的是，财政政策和货币政策均适用于短期调节，不适合于长期调控，长期技术进步的影响还需要通过产业政策进行调节。

第七，未来技术进步的发展在加速，不排除出现机器人完全替代人工或者完全替代某一类劳动者的情况。此时需要警惕技术进步的收益分配问题，应采取积极的政策将技术收益进行转移以实现所有劳动者都能获益，从而保障经济长期增长。

12.3 未来进一步研究展望

本书的研究在理论和实证方面都展开了相关的分析和论述。就分析的数据和方法而言，本书在以下若干方面存在改进的空间，可在后续的进一步研究中进行细化。

（1）本书实证中以机器人渗透度作为核心解释变量以表明机器人的影响程度。考察工业机器人对劳动力市场的影响最理想的核心解释变量应该就是工业机器人的数量或者工业机器人的资本量，但是因为世界机器人联合会和中国机器人产业联盟统计数据的缺失，我们无法获得详细的省级层面和地级市层面机器人安装使用量的详细数据，如果能够获取详细的机器人数据，那么实证的结果将更为理想。

（2）关于机器人渗透度的计算。根据机器人渗透度的定义，该参数的计算是对各行业机器人密度的加权平均。因为制造业内部和子行业的数据缺失，本书直接使用了七大门类的数据进行计算。如果能够获取关于地级市的制造业内部各大类行业的就业数据，那么关于机器人渗透度的计算将更加细致。

（3）工业机器人技术的发展是多种技术的融合，广义的工业机器人包含如自动化、专业设备、软件系统、人工智能等多种技术范畴，考量机器人等新技术的影响不能抛开这些技术的融合。本书在理论方面的研究所考察的技术进步是多种技术的融合，实证方面的分析则聚焦于狭义的工业机器人领域。未来研究机器人对社会经济的影响可以在此基础上扩充更多的视角，比如人工智能、大数据等技术的新影响特征。

参考文献

[1] 蔡跃洲,陈楠. 新技术革命下人工智能与高质量增长、高质量就业[J]. 数量经济与技术经济研究,2019(5):3-22.

[2] 陈利锋. 多部门经济、异质性市场结构与货币政策——基于包含服务部门的动态随机一般均衡模型[J]. 当代财经,2019(7):3-16.

[3] 陈民生. 人工智能发展、劳动分类与结构性失业研究[J]. 经济学家,2019(10):66-74.

[4] 陈秋霖,许多,周羿. 人口老龄化背景下人工智能的劳动力替代效应——基于跨国面板数据和中国省级面板数据的分析[J]. 中国人口科学,2018(6):30-42.

[5] 陈师,赵磊. 中国经济周期特征与技术变迁——中性、偏向性抑或投资专有技术变迁[J]. 数量经济技术经济研究,2009(4):19-32.

[6] 陈师,赵磊. 中国的实际经济周期与投资专有技术变迁[J]. 管理世界,2009(4):5-16.

[7] 陈彦斌,林晨,陈小亮. 人工智能、老龄化与经济增长[J]. 经济研究,2019,54(7):47-63.

[8] 陈勇,柏喆. 技能偏向型技术进步、劳动者集聚效应与地区工资差距扩大[J]. 中国工业经济,2018(9):79-97.

[9] 陈银忠,易小丽. 投资专有技术变迁与中国经济波动特征——基于小国开放经济RBC模型的分析[J]. 经济问题探讨,2016(3):59-65.

[10] 成艾华,敖荣军,韦燕生. 中国工业行业技能偏向型技术变化的实证检验[J]. 中国人口,资源与环境,2012(5):108-113.

[11] 大卫·李嘉图. 政治经济学及赋税原理[M]. 北京:商务印书馆,1962.

[12] 杜传文,李晴,芮明杰,等. 大规模工业机器人应用与异质性技

能劳动力之间的替代互补关系[J]. 中国科技论坛, 2018 (8): 174-182.

[13] 邓洲. 工业机器人发展及其对就业影响[J]. 地方财政研究, 2016 (6): 25-31.

[14] 董桂才, 巨小超. 工业机器人出口技术复杂度影响因素—基于钻石模型的分析[J]. 中国科技论坛, 2017 (7): 111-117, 160.

[15] 冯钟. 技术进步偏向对中国制造业就业的影响研究[D]. 武汉: 华中科技大学, 2018.

[16] 辜胜阻, 潘啸松, 杨威. 在应对"用工荒"中推动企业转型升级[J]. 人口研究, 2011 (6): 62-72.

[17] 郭凯明. 人工智能发展、产业结构转型升级与劳动收入份额变动[J]. 管理世界, 2019, 35 (7): 60-77.

[18] 华昱. 设备投资专有技术冲击与宏观经济波动—基于贝叶斯估计的新凯恩斯动态随机一般均衡的研究[J]. 产业经济研究, 2016 (6): 67-77.

[19] 黄赜琳. 技术进步与就业波动变化的影响分析—基于可分劳动RBC模型的实证检验[J]. 统计研究, 2016 (6).

[20] 贾根良. 第三次工业革命与工业智能化[J]. 中国社会科学, 2016 (6): 87-106, 206.

[21] 雷蒙德·库兹韦尔. 奇点临近[M]. 董振华, 李庆成, 译. 北京: 机械工业出版社, 2011.

[22] 李春吉, 孟晓宏. 中国经济波动—基于新凯恩斯主义垄断竞争模型的分析[J]. 经济研究, 2006, (10): 72-82.

[23] 李浩, 胡永刚, 马知遥. 国际贸易与中国的实际经济周期-基于封闭与开放经济的RBC模型比较分析[J]. 经济研究, 2007 (5).

[24] 李雪松, 王秀丽. 工资黏性、经济波动与货币政策模拟[J]. 数量经济技术经济研究, 2011 (11): 22-33.

[25] 罗军. 经济开放与技术进步影响我国劳动力就业的实证分析[J]. 财经科学, 2014 (313): 61-71.

[26] 吕朝凤, 黄梅波. 偏向性技术变迁、习惯形成与中国经济周期特征-基于RBC模型的实证分析[J]. 经济评论, 2012 (2): 31-43.

[27] 吕洁, 杜传文, 李元旭. 工业机器人应用会倒逼一国制造业劳

动力结构转型吗？[J]. 科技管理研究，2017（22）：32 - 41.

[28] 吕世斌，张世伟. 中国劳动力"极化"现象及原因的经验研究 [J]. 经济学（季刊），2015，14（1）：757 - 778.

[29] 马克思. 资本论（第1卷），北京：人民出版社，1975.

[30] 梅冬州，龚六堂. 新兴市场经济国家的汇率制度选择 [J]. 经济研究，2011（11）：73 - 88.

[31] 李丫丫，潘安. 工业机器人进口对中国制造业生产率提升的机理及实证研究 [J]. 世界经济研究，2017（3）：87 - 96.

[32] 潘光军. 中国就业问题的宏观经济研究 [M]. 北京：中国财政经济出版社，2006：47.

[33] 萨伊. 供给的逻辑 [M]. 黄文钰，等，译. 杭州：浙江人民出版社，2017.

[34] 唐文健，李琦. 中国设备投资专有技术进步的估计 [J]. 统计研究，2008（4）.

[35] 田正杰. 产业机器人对就业的影响 [D]. 武汉：武汉大学，2017.

[36] 王君，张于喆，张义博. 人工智能等新技术进步影响就业的机理与对策 [J]. 宏观经济研究，2017（10）：169 - 181.

[37] 王俊杰，仝冰. 货币政策规则设定、外生冲击与中国宏观经济波动 - 基于动态随机一般均衡模型的分析 [J]. 当代财经，2018（6）：14 - 26.

[38] 王玉凤，张淑芹. 财政政策冲击对社会福利及宏观经济的动态影响 - 基于新凯恩斯 DSGE 模型的分析 [J]. 财政税，2015（4）：11 - 19.

[39] 肖六亿. 技术进步的就业效应——基于宏观视角的分析 [D]. 武汉：华中科技大学，2007.

[40] 亚当·斯密. 国富论 [M]，唐日松，等，译. 北京：华夏出版社，2005.

[41] 颜品. 就业、工资和技术进步：外来人口对城市劳动力市场的影响研究 [D]. 天津：南开大学，2014.

[42] 杨飞. 技能偏向性技术进步与劳动力市场极化 [D]. 天津：南开大学，2013.

[43] 易小丽. 投资专有技术冲击、货币冲击与中国宏观经济波动

[J]. 福建师范大学学报（哲学社会科学版），2014（4）：36-45+66.

[44] 于尚艳，易小丽. 偏向性技术变迁下的宏观经济波动与货币政策效应-基于DSGE模型的分析 [J]. 经济学家，2013（7）：78-85.

[45] 约瑟夫·熊彼特. 经济发展理论 [M]. 叶华，译. 北京：中国社会科学出版社，2009.

[46] 张红霞. 技术进步的就业效应研究 [D]. 天津：天津大学，2011.

[47] 赵利，技术进步对劳动就业的影响研究-基于山东省的分析 [D]. 天津：天津大学，2009.

[48] 钟世川，雷钦礼. 技术进步偏向对要素收入份额的影响-基于中国工业行业数据的研究 [J]. 产经评论，2013（5）：17-28.

[49] 钟仁耀，刘苇江，刘晓雪，等. 技术进步对上海就业影响的实证分析—基于分行业的视角 [J]. 人口与经济，2013（2）.

[50] 朱翠华. 技术进步就业效应及其影响因素分析-以中国大中型工业企业为例 [D]. 天津：南开大学，2012.

[51] 李丫丫，潘安，彭永涛，等. 工业机器人对省域制造业生产率的异质性影响 [J]. 中国科技论坛，2018，266（6）：127-132.

[52] 宋旭光，左马华青. 工业机器人投入、劳动力供给与劳动生产率 [J]. 改革，2019（9）：45-54.

[53] 李廉水，鲍怡发，刘军. 智能化对中国制造业全要素生产率的影响研究 [J]. 科学学研究，2020，252（4）：36-45，149.

[54] 刘亮，李廉水，刘军，等. 智能化与经济发展方式转变：理论机制与经验证据 [J]. 经济评论，2020（2）.

[55] 范晓男，孟繁琨，鲍晓娜，等. 人工智能对制造企业是否存在"生产率悖论"[J]. 科技进步与对策，2013（8）.

[56] 李春顶. 中国企业"出口-生产率悖论"研究综述 [J]. 世界经济，2015，38（5）：148-175.

[57] 阿里研究院. 智能经济 迈向知识分工的2.0 [R]. 2019.

[58] 杨光，侯钰. 工业机器人的使用、技术升级与经济增长 [J]. 中国工业经济，2020，391（10）：140-158.

[59] 李磊，徐大策. 机器人能否提升企业劳动生产率机制与事实

[J]. 产业经济评论, 2020.

[60] 吕洁, 杜传文, 李元旭. 工业机器人应用会倒逼一国制造业劳动力结构转型吗? 基于 1990~2015 年间 22 个国家的经验分析 [J]. 科技管理研究, 2017 (22): 32-41.

[61] Acemoglu D. Why Do New Technologies Complement Skills? Directed Technical Change and Wage Inequality [J]. Quarterly Journal of Economics, 1998, 113 (4): 1055-1089.

[62] Acemoglu D. Directed Technical Change [J]. Review of Economic Studies, 2002a, 69 (4): 781-809.

[63] Acemoglu D. Technical change, inequality, and the labor market [J]. Journal of economic literature, 2002b, 40 (1): 7-72.

[64] Acemolgu D. Patterns of Skill Premia [J]. Review of Economic Studies, 2003, 70 (2): 1371-1410.

[65] Acemoglu, D, and Autor D. Skills, tasks and technologies: Implications for employment and earnings [J]. Handbook of labor economics, 2010 (4): 1043-1171.

[66] Acemoglu D, Restrepo P. The Race Between Machine and Man: Implications of Technology for Growth, Factor Shares and Employment [R]. NBER Working Papers, 2016.

[67] Acemoglu. D, RestrepoP. Robots And Jobs: Evidence From Us Labor Markets [R]. 2017, NBER Working Paper, No. 23285.

[68] Acemoglu D, Restrepo P. Artificial Intelligence, Automation and Work [R]. NBER Working Papers, 2018.

[69] Andrew B, Edward F. Buffie, and Luis-Felipe Zanna: Should We Fear the Robot Revolution? [R] IMF working paper.

[70] Autor D, Alan B. Krueger, Lawrence F. Katz. Computing Inequality: Have Computers Changed The Labor Market? [J]. Social Science Electronic Publishing, 1998, 113 (4): 1169-1213.

[71] Autor D., Dorn D. This Job is Getting Old: Measuring Changes in Job Opportunities Using Occupational Age Structure [J]. American Economic Review [J]. 2009, 9 (2): 45-51.

[72] Autor D., Dorn D. The Growth of Low-Skilled Service Jobs and the Polarization of the U. S. Labor Market [J]. American Economic Review, 2013, 103 (5): 1553 –1597.

[73] Autor D., Levy F., Murnane R. The Skill Content of Recent Technological Change: A Empirical Exploration [J]. Quarterly Journal of Economics, 2003, 118 (4): 1279 – 1333.

[74] Autor D., Katz F., Kearney M. The Polarization of the U. S. Labor Market [J]. American Economic Review, 2006, 96 (2): 189 –194.

[75] Autor D., Katz F., Kearney M. Trends in U. S. Wage Inequality: Re-Assesing the Revisionists [J]. Review of Economics and Statistics, 2008, 90 (2): 300 –323.

[76] Autor, D. Skills, Education, and the Rise of Earnings Inequality Among the 'Other 99 Percent.' [J]. Science, 2014 (344): 843 –851.

[77] Autor D. Why Are There Still So Many Jobs The History and Future of Workplace Automation [J]. The Journal of Economic Perspectives, 2015, 29 (3): 3 –30.

[78] Avinash K, Dixit, et al. Monopolistic Competition and Optimum Product Diversity [J]. The American Economic Review, 1977.

[79] Berriman R, Hawksworth J. Will Robots Steal Our Jobs? The Potential Impact of Automation on the UK and Other Major Economies [R]. UK Economic Outlook, March 2017.

[80] Blankenau, William F, and Steven P Cassou. Industry estimates of the elasticity of substitution and the rate of biased technological change between skilled and unskilled labour [J]. Applied Economics, 2011, 43 (23): 3129 –3142.

[81] Brynjolfsson, E, Andrew M. The Second Machine Age [J]. Nz Business, 2014, 14 (11): 1895 –1896.

[82] Brynjolfsson, E, and Tom M. What can machine learning do? Workforce implications [J] Science, 2017, Vol. 358, No. 6370, pp. 1530 –1534.

[83] Calvo G A. Staggered prices in a utility-maximizing framework [J]. Journal of Monetary Economics, 1983, 12 (3): 383 –398.

[84] Card D., Lemieux T. Can Falling Supply Explain in the Rising Return to College for Younger Men? A Cohort-Based Analysis [J]. Quarterly Journal of Economics, 2001, 116 (2): 705-746.

[85] Chirinko, B, and Debdulal M. The Substitution Elasticity, Factor Shares, Long-Run Growth, and the Low-Frequency Panel Model. American Economic Journal: Macroeconomics, 2017, 9 (4): 224-253.

[86] Chirinko, Robert S. The long and short of it [J]. Journal of Macroeconomics, 2008, 30 (2): 671-686.

[87] Chiacchio F, Petropoulos G, Pichler D. The impact of industrial robots on EU employment and wages: A local labour market approach [J]. Working Papers, 2018.

[88] Christiano L J, Fisher J D M. Stock market and investment good prices: implications of macroeconomics [J]. Jonas Fisher, 1998.

[89] Chui, Michael, James Manyika, and Mehdi Miremadi. Four fundamentals of Work place automation [R] McKinsey Quarterly, 2015: 1-9.

[90] Cummins J G, Violante G L. Investment-Specific Technical Change in the United States (1947-2000): Measurement and Macroeconomic Consequences [J]. Cepr Discussion Papers, 2002, 5 (2): 243-284.

[91] Dauth, W., S. Findeisen, J. S, and N. Woessner. German robots-the impact of industrial robots on workers [R]. CEPR Discussion Paper, 2017: 12306.

[92] David B. Computer Technology and Probable Job Destructions in Japan: An Evaluation [J]. Journal of the Japanese and International Economies, 2017, 43 (1): 77-87.

[93] DeCanio, Stephen J. Robots and humans-complements or substitutes? [J]. Journal of Macroeconomics, 2016 (49): 280-291.

[94] Fallon, Peter R, and P Richard G Layard. Capital-skill complementarity, income distribution, and output accounting [J]. Journal of political economy, 1975, 83 (2): 279-302.

[95] Fisher, J. D. M. The Dynamic Effect of Neutral and Investment Specific Technology Shocks [J]. Journal of Political Economy, 2006, 114 (3),

413-451.

[96] Furlanetto F, Seneca M. Investment specific technology shocks and consumption [R]. Central Bank of Iceland working paper, 2010: 49.

[97] Freeman, Richard B. Who owns the robots rules the world [J]. IZA World of Labor. 2015.

[98] Frey, Carl Benedikt, and Michael A Osborne. The future of employment: how susceptible are jobs to computerization [J]. Technological Forecasting and Social Change, 2013 (114): 254-280.

[99] Goos M., Manning A.. Lousy and Lovely Jobs: The Rising Polarization of Work in Britain [J]. Review of Economics and Statistics, 2007, 89 (1): 118-133.

[100] Gordon, R. J. The Measurement of Durable Goods Prices [M]. Chicago: University of Chicago Press, 1990.

[101] Grace, Katja, John S, Allan D, Baobao Z, and Owain E. When Will AI Exceed Human Performance? Evidence from AI Experts [R]. Techn. rep. 2017.

[102] Greenwood, J. etal. Long-RIB implications of investment specific technological change [J]. American Economic Review, 1997 (3): 342-362.

[103] Greenwood J, Hercowitz Z, Krusell P. Long-run implications of investment-specific technological change [J]. American economic review, 2001, 87 (3): 342-362.

[104] Gregory, T, Anna S, and Ulrich Z. Racing With or Against the Machine? Evidence from Europe [R]. ZEW Centre for European Economic Research Discussion Paper No. 16-053.

[105] Greenwood J., Hercowitz Z., Huffman G W. Investment, Capacity Utilization, and the Real Business Cycle [J]. American Economic Review, 1998, 78 (2): 402-417.

[106] Hamermesh, D. Labor Demand [M]. Princeton, 1993, NJ: Princeton University Press.

[107] Hemous, D, and Morten O. The Rise of the Machines: Automation, Horizontal Innovation and Income Inequality [P]. Society for Economic

Dynamics. 2015.

[108] Hicks J. The Theory of Wages [J]. London: Macmillan, 1932.

[109] IFR. WR Industry Robot 2018 [R]. 2018.

[110] Jeffrey D. Sachs, Benzell S G LaGarda G: Robots: Curse Or Blessing? A Basic Framework [R]. 2016, NBER Working Paper, NO. 21091.

[111] Johnson, George E. Changes in earnings inequality: the role of demand shifts [J]. The Journal of Economic Perspectives, 1997, 11 (2): 41-54.

[112] Justiniano A, Primiceri G E, Tambalotti A. Investment shocks and business cycles [R]. CEPR disscussion papers, 2009: 6739.

[113] Justiniano A, Primiceri G E, Tambalotti A. Investment shocks and the relative price of investment [J]. Review of economic dynamics, 2009, 14 (1): 102-121.

[114] Karabarbounis, L, and Brent N. The global decline of the labor share [J]. The Quarterly Journal of Economics, 2014, 129 (1): 61-103.

[115] Katz, L. and Murphy, K. Changes in relative wages, 1963~1987: Supply and demand factors [J]. Quarterly Journal of Economics 1992 (107): 35-78.

[116] Kennedy C. Induced Bias in Innovation and the Theory of Distribution [J]. Economic Journal, 1964, 74 (295): 541-547.

[117] Keynes, John Maynard. Economic Possibilities for our Grandchildren [J]. Chapterin Essays in Persuasion. 1930.

[118] Kiley M. The Supply of Skill Labor and Skill-Biased Technological Progress [J]. Economic Journal, 1999, 109 (10): 705-724.

[119] Klump, R, Peter M, and Alpo W. Factor substitution and factor? augmenting technical progress in the United States: a normalized supply-side system approach [J]. The Review of Economics and Statistics, 2007, 89 (1): 183-192.

[120] Kydland, F. and Prescott, E. Time to Build and Aggregate Fluctuations [J]. Econometrica, 1982 (50): 1345-1370.

[121] Krusell, Per, Lee E O, José-Víctor R, and Giovanni L V. Capital? skill complementarity and inequality: A macroeconomic analysis [J]. Econometrica, 2000, 68 (5): 1029-1053.

[122] Krueger A. How Computers have chage the wage stucture: evidence from microdata: 1984 – 1989 [J]. Quarterly Journal of Economics, 1993 (110): 33 – 60.

[123] Leontief, Wassily. Machines and Man [J]. Scientific American. 1952.

[124] Lawrence J. Christiano, Martin Eichen baumand Charles L. Evans, Nominal Rigidities and the Dynamic Effects of a Shock to Monetary Policy [J]. Journal of Political Economy, 2005, 113 (1): 1 – 45.

[125] Makridakis S. The Forthcoming Artificial Intelligence (AI) Revolution: Its Impact on Society and Firms [J]. Futures, 2017, 90 (6): 46 – 60.

[126] Martin F. Rise of the Robots [M]. New York: Basic Books, 2015.

[127] McKinsey Global Institute: Jobs Lost, Jobs Gained: Work Force Transitions In A Time Of Automation [R]. 2017: 11.

[128] Michaels G, Natraj A, Reenen J V. Has ICT Polarized Skill Demand? Evidence From Eleven Countries Over Twenty-Five Years [J]. Review of Economics and Statistics, 2014, 96 (1): 60 – 77.

[129] Milgrom, P, Roberts, J. The Economics of Modern Manufacturing: Technology, Strategy, and Organization [J]. American Economic Review, 1990, 80 (3): 511 – 528.

[130] Nelson R R, Phelps E S. Investment in Humans, Technological Diffusion, and Economic Growth [J]. American Economic Review, 1965, 56 (1 – 2): 69 – 75.

[131] Nordhaus, William D. Are We Approaching an Economic Singularity? [J]. Information, 2015.

[132] Novales, A, Esther F, and Jesús R. Economic growth: theory and numerical solution methods [J]. Springer Science & Business Media, 2008.

[133] Oberfield, E. Devesh R. Micro data and macro technology [J]. Techn. Rep. 20452, National Bureau of Economic Research, 2014: 49.

[134] Oener. Technical Change, Job Tasks, and Rising Educational Demands: Looking outside the Wage Structure [J]. Journal of Labor Economics, 2006, 24 (2): 235 – 270.

[135] Papageorgiou, Chris, and Marianne S. Two-level CES Production Technology in the Solow and Diamond Growth Models [J]. The Scandinavian Journal of Economics, 2008, 110 (1): 119-143.

[136] Primiceri G E, Justiniano A. The time varying volatility of macroeconomic fluctuations [J]. American economic review, 2008, 98 (3): 604-641.

[137] Rader, Trout. Normally, factor inputs are never gross substitutes [J]. Journal of Political Economy, 1968, 76 (1): 38-43.

[138] Raval, D. Beyond Cobb-Douglas: Estimation of a CES Production Function with Factor Augmenting Technology [R]. Center for Economic Studies, U. S. Census Bureau. Working Papers 11-05, 2011.

[139] Rodrik, D. Premature de industrialization [J]. Journal of Economic Growth, 2016, 21 (1): 1-33.

[140] Romer P M. Human Capital and Growth: Theory and Evidence [J]. Carnegie Rochester Conference, 1990, 32 (1): 251-286.

[141] Sachs, Jeffrey D, Seth G Benzell, and Guillermo LaGarda, 2015, "Robots: Curse or blessing? A basic framework," Techn. Rep. 21091, National Bureau of Economic Research.

[142] Sachs, Jeffrey D, Kotlikoff L J. Smart machines and long-term misery [R]. National Bureau of Economic Research. 2012, Techn. Rep. 18629.

[143] Seth G. B, Laurence J. K, Guillermo L, J D. Sachs: Robots Are Us: Some Economics Of Human Replacement [R]. 2016, NBER Working Paper, NO. 20941.

[144] Smets F., Wouters R.. Shocks and Frictions in US Business Cycles: A Bayesian DSGE Approach [J]. American Economic Review, 2007, 97 (3): 586-606.

[145] Summers, L. A Disaster is Looming for American Men [J] Washington Post, 2016, September 29. The Atlantic.

[146] The South China Morning Post. Foxconn's Foxbot army close to hitting the Chinese market, on track tomeet 30 percent automation target, Techn. rep, 2015.

[147] The White House. Artificial Intelligence, Automation, and the E-

conomy [J]. Techn. rep, 2016.

[148] Technology and the Future of Economic Growth, Techn. Rep. 21547, National Bureau of Economic Research.

[149] World Bank: World Development Report [R]. 2016, Digital Dividends, P. 10.